Herbert Lindenberg

Tschechoslowakei per Rad

Ein CYKLOS-Fahrrad-Reiseführer

Verlag Wolfgang Kettler

Herbert Lindenberg

Tschechoslowakei per Rad

Ein CYKLOS-Fahrrad-Reiseführer

Verlag Wolfgang Kettler

Herausgeber: Wolfgang Kettler

Die Deutsche Bibliothek - CIP-Einheitsaufnahme

Herbert Lindenberg:
Tschechoslowakei per Rad / Herbert Lindenberg. [Hrsg.: Wolfgang Kettler]. 1. Aufl. - Berlin : Kettler, 1992
(Ein Cyklos-Fahrrad-Reiseführer)
ISBN 3-921939-45-3

Umschlagzeichnung: Jutta Herold

Alle Fotos und Karten vom Verfasser.

Das Frontispiz zeigt die Marienkirche in Lukov.

1. Auflage April 1992

ISBN 3-921939-45-3

Druck: Grafik & Design Labenski GmbH, W-1000 Berlin 61

Inhalt

Eine Etappen-Übersichtskarte (ausklappbar) befindet sich am Schluß des Buches.

Marktplatz in Domažlice

Mit dem Fahrrad auf Reisen: Tschechoslowakei

"...an diesem wetterlaunischen Maientage näherten wir uns einem besonders prominenten Gotteshaus. Schon von weitem waren die ungewöhnlichen Zeltdächer der gotischen Barbarakirche von Kutná Hora zu erkennen. Doch es war schon spät und Nieselregen fiel, so daß uns ein Quartier zu dieser Stunde mehr interessierte als der Dom. In der Altstadt standen wir mit unseren Fahrrädern vor der verschlossenen Tür der Touristenherberge. Die Rezeption sei nur zwischen 18 und 19 Uhr besetzt, verkündete uns der einzige Gast der Herberge: ein Pole. Spontan zog er mit uns los, um die Lady mit dem Schlüsselbund ausfindig zu machen. Bald hatte er sich zu einer erfolgversprechenden Adresse durchgefragt. Nach einigem slawischen Palaver tauchte schließlich eine ältere deutschsprechende Dame auf, und dann Jaromir, das hemdsärmelige Mechaniker- und Organisationsfaktotum des örtlichen Radsportclubs. "Cyklistas?" hörten wir ihn sagen, und: "Kein Problem!" Wenig später hatten wir die Schlüssel zum Clubhaus des Radsportvereins - gratis und solange wir mochten..."

Vergleichbares können Radreisende eigentlich überall in der Tschechoslowakei erleben, denn bei aller äußeren Zurückhaltung entpuppen sich die Menschen im Lande doch meist als verblüffend hilfsbereit, zugleich haben sie viel Geduld und können oft ganz bezaubernd lächeln.

Die Tschechoslowakei ist ein überwiegend hügeliges Land. Radreisende müssen also mit einem erhöhten "Rollwiderstand" rechnen, und wer mit einem Hollandrad hier auftaucht, wird auf Dauer wohl nicht recht froh über diese Entscheidung sein. Mit dem richtigen Fahrrad allerdings ist das Radreisen in der Tschechoslowakei eine herrliche Angelegenheit. Papageienbunt flitzen junge Tschechen wollüstig über Hügel und Höhen, im Alltagsgrau radelt die Omi gemächlich zum Bäcker, in Böhmen wird radgefahren, viel radgefahren. Es gibt wohl kaum ein Land, in dem mit solch lässiger Nonchalance gerennradelt wird. Hügelauf und hügelab werden Sie besonders in Böhmen die Freiläufe tschechischer Räder surren hören. Das "kolo" ist ein weitverbreitetes Transportmittel, aber auch Sportgerät, und glauben Sie bloß nicht, daß man sich den Hals nach Ihnen verrenken wird, wenn Sie gerade mal wieder eine Steigung erklimmen. Was in anderen Ländern ein Kopfschütteln oder ein Bravo hervorruft, gehört zum tschechoslowakischen Alltag.

Verkehrsarme Nebenstraßen ziehen sich durch eine von Wiesen, Wäldern und Feldern, Stauseen, Flußtälern und Karsterscheinungen geprägte Landschaft. Radwanderer haben es hier deutlich seltener mit hemmenden Gegenwinden zu tun als etwa in klassischen Radlerländern. Doch auch flache Strecken müssen deshalb nicht entbehrt werden. Die mittelböhmische Elbe-Niederung, die südböhmische Teichlandschaft um Trebon, das südmährische Becken, die westslowakische Donautiefebene und das Tal der Waag, das durch die West- und Mittelslowakei mäandert, sind Regionen, die sich für entspanntes Radeln anbieten. Zu der landschaftlichen Attraktivität des Landes gesellt sich ein beeindruckender historischer Reichtum. In keinem Land Mitteleuropas sind dermaßen viele sehenswerte

Bauten des Mittelalters erhalten geblieben wie in der Tschechoslowakei, allein über 600 Burgen, Schlösser und Klöster, und viele hundert sehenswerter Kirchen. Es gibt Orte, wo die Uhren im Spätmittelalter stehengeblieben zu sein scheinen. Andererseits: in keinem anderen Land Europas ist das Zeitalter des Barock zugleich auch so lebendig geblieben wie in der Tschechoslowakei. Von der Romanik über Gotik und Renaissance bis hin zu Empire und Klassizismus sind aber auch alle anderen Baustile eindrucksvoll vertreten.
Der Zahn der Zeit, der an vielen "minderwichtigen" Bauwerken nagt, korrespondiert mit einem gravierenden Problem der Tschechoslowakei: den Umweltschäden in den Braunkohlerevieren des nördlichen Böhmen und Mähren. Nicht nur aus Industriekaminen kriecht hier der schwefelgelbe Rauch, auch zigtausend Hausschornsteine sondern jenes stark riechende Endprodukt ab, das durch die Täler schleicht und die Wälder erstickt. Dieser Radreiseführer meidet diese Regionen daher.
Zwar ist die Tschechoslowakei noch lange kein Reiseland westlichen Standards, aber ein warmes Essen und einen Platz für das müde Haupt finden Radreisende eigentlich immer. Kommt hinzu, daß selbst ein Mahl in einem Schlemmerlokal oder eine Nacht in einer Vier-Sterne-Herberge keine abgrundtiefen Löcher in die Reisekasse reißt muß, denn die Tschechoslowakei zählt zu den preiswertesten Reiseländern Europas. Also denn: Auf geht's!

Kalvarienberg bei Banská Štiavnica

Anleitung zur Benutzung

Adressen von Autowerkstätten werden Sie in diesem Reiseführer nicht finden: Er ist voll und ganz auf Fahrradreisen ausgerichtet und läßt folglich alle Informationen, die für Radreisende bedeutungslos sind, unter den Tisch fallen. Stattdessen legt dieses Buch Wert auf Fahrradwerkstätten, günstige Unterkünfte, velogeeignete Straßenkarten und ruhige Nebenstraßen.

Jedes Land ist einzigartig. Auch die Tschechoslowakei hat aufgrund ihrer speziellen Geografie, Geschichte und Bevölkerung ein unverwechselbares Profil. Um Ihnen Annäherung und Verständnis zu erleichtern, bildet daher etwas Basis- und Hintergrundwissen den Auftakt dieses Buches. Nach diesen geistigen Blicken aufs Ganze folgen jene auf die praktischen Details, wie z.B. Einreisebedingungen, Straßenkarten, Unterkünfte, Kulinarisches, Tips fürs Fahrrad.

Der eigentliche Fahrrad-Reiseführer beginnt erst danach. Die Tschechoslowakei wird dabei etappenweise behandelt, wozu das Land in 95 miteinander verknüpfte Strecken aufgeteilt wurde, wie sie die am Ende des Buches befindliche Übersichtskarte zeigt. Auf diese Weise soll es Radreisenden ermöglicht werden, sich einen Routenverlauf zu gestalten, der den persönlichen Interessen und Vorgaben möglichst weitgehend entspricht. Die durchnumerierten Etappen sind mit Kartenskizzen und Streckenverlauf ausführlich beschrieben, Städte und Sehenswürdigkeiten werden in der Regel optisch abgesetzt behandelt. Detaillierte Informationen zu einem Ort finden sich stets nur in der numerisch ersten Etappe, die mit dem Ort in Berührung kommt. Plzeň (Pilsen) beispielsweise wird zwar in Etappe 9 ausführlich beschrieben, nicht mehr jedoch in den "höheren" Etappen 10 bzw. 22. Alle beschriebenen Orte und Stätten lassen sich aber auch leicht über das Register am Ende des Buches aufspüren.

Meist ist es nicht die kürzeste Verbindung zwischen den Endpunkten, die in den Etappen beschrieben wird, denn die Streckenführung ist speziell auf die Bedürfnisse von Radreisenden ausgelegt: so weit wie möglich und wo immer sinnvoll werden Nebenstraßen benutzt, die verkehrsarm und landschaftlich attraktiv sind, dabei sollen aber auch die historischen Sehenswürdigkeiten dieses Landes nicht zu kurz kommen. Steigungen - leichte wie auch anspruchsvollere - gehören zu einer Radreise durch die Tschechoslowakei wie Wasser zur Seife; in den Etappenbeschreibungen wird auf diesen Umstand besonders eingegangen. Um die nötige Aktualität zu gewährleisten, wurden die Recherchen zu den Streckenempfehlungen in den Monaten vor Drucklegung durchgeführt.

Zwar enden die Etappen in der Mehrzahl an touristisch interessanten Orten mit Unterkunftsmöglichkeit, sie stellen jedoch keine Vorschrift über die zu erbringende Tagesleistung dar - das Tagespensum bestimmen ausschließlich Sie selbst!

Als Faustregel mag gelten, daß sich *eine* längere bzw. *zwei* kürzere Etappen gut innerhalb eines Tages zurücklegen lassen. Längere Wanderungen, Besichtigungen oder Siestas können das Tagesergebnis allerdings auch leicht halbieren. Und noch eines: Sie müssen sich natürlich nicht sklavisch an die beschriebenen Etappenverläufe halten, wenn Sie glauben, eine Ihnen angenehmere Route auf der Straßenkarte entdeckt zu haben, denn die Etappen erlauben Ihnen auch den "Quereinstieg". Potentielle Anknüpfungspunkte stellen dabei alle von der Strecke abzweigenden, numerierten Straßen dar, wie sie auch in den Etappenskizzen vermerkt sind.

Ortsnamen werden in den Streckenbeschreibungen prinzipiell in der landessprachlichen Version verwendet; so wie sie Ihnen auch auf Wegweisern und Landkarten begegnen. Soweit es dem Verständnis und der Orientierung nicht abträglich ist, werden Flüsse, Gebirge und Regionen jedoch vorrangig mit ihren deutschsprachigen und damit einprägsameren bzw. geläufigeren Bezeichnungen erwähnt; die tschechoslowakischen Namen sind dann in Klammern nachgestellt. Landschaftsbeschreibungen sind in die Vorstellung der jeweiligen Etappen eingebettet.

Die in den Beschreibungen enthaltenen Details über Ortschaften sollen sowohl der Vorauswahl der jeweils zu Aufenthalt und/oder Übernachtung anvisierten Dörfer und Städte dienen als auch touristische Tips vor Ort geben. Sie nehmen Ihnen jedoch nicht das Selbstentdecken ab; Näheres dazu im Kapitel "Die Tschechoslowakei selbst entdecken". Die Auswahl der Informationen ist dabei so gehalten, daß sie den goldenen Mittelweg zwischen den strikten Vorschriften üblicher Radwanderführer und den für Radtouristen unbrauchbaren Angaben üblicher Reiseführer anbieten. Alles nach dem Motto: soviel Unterstützung wie nötig, soviel Freiheit wie möglich. Aus diesem Grund, aber auch um für Eventualfälle wie etwa Umleitungen gewappnet zu sein, ist neben diesem Fahrrad-Reiseführer die Mitnahme einer ergänzenden, guten Straßenkarte unerläßlich (s. Kapitel "Karten"); denn weder sollen die in diesem Buch enthaltenen Skizzen mit der Präzision einer mehrfarbigen Karte konkurrieren noch decken sie das Gebiet der ČSFR komplett ab.

Damit Sie nicht mit dem aufgeschlagenen Buch in der Hand durch die Tschechoslowakei radeln müssen und dabei womöglich die besten Eindrücke verpassen, empfiehlt es sich, die Streckenführung im voraus mit einem Stift oder Textmarker auf die von Ihnen benutzte Karte zu übertragen. Markieren Sie dabei zugleich auch solche Punkte, um die entsprechenden Informationen dann an Ort und Stelle nachzuschlagen. Mit dieser Methode stellt auch die Umkehrung einer Etappenbeschreibung kein Problem dar.

Land und Leute

In der Mittelslowakei

Fläche und Topographie

Flächenmäßig nimmt die Tschechoslowakei im Vergleich mit den deutschsprachigen Staaten den zweiten Rang ein.

41.293 km² Schweiz
83.855 km² Österreich
127.869 km² Tschechoslowakei
357.011 km² Deutschland

Dem Zusammenschluß zweier Teilstaaten verdankt sie ihre für ein Binnenland ungewöhnliche, langgestreckte Form. Während die west-östliche Landesausdehnung nämlich 767 km beträgt, sind es in Nord-Süd-Richtung nur 276 km. Auf die geografisch zentrale Lage innerhalb Europas spielt die Landeswerbung an, wenn sie die ČSFR als "Herz Europas" bezeichnet. Folgt man dieser Assoziation, wird man in geologischer Hinsicht allerdings feststellen müssen, daß dieses Herz zwei grundverschiedene "Herzkammern" besitzt: im Westen das zum Variskischen Gebirge gehörende Böhmische Massiv, im Osten die erdgeschichtlich jüngeren, zum alpiden System zählenden Karpaten. In Mähren stoßen beide Formationen aufeinander, unschwer zu erkennen an den in Nord-Südrichtung verlaufenden Mittelgebirgszügen, die eine gemäßigte Barriere bilden.

Die durchschnittliche Seehöhe der Tschechoslowakei liegt bei 450 m ü. NN. Gut ein Fünftel des tschechoslowakischen Reliefs besorgen Mittel- und Hochgebirge, zwei Drittel Hügel- und Hochland, ein Zehntel Becken- und Tieflandschaften. Zahlreich sind die Sandsteinformationen, Karsterscheinungen, Tropfsteinhöhlen, Mineralquellen, Stauseen und Teiche, die das Land birgt.

Einen geschlossenen Großraum bildet aufgrund seiner speziellen landschaftlichen Gliederung **Böhmen**. Das zur Elbe hin leicht abfallende Böhmische Becken ist von den Randgebirgen Böhmerwald (Český les und Šumava), Erzgebirge (Krušné hory) und Riesengebirge (Krkonoše) umgeben. Sie ragen bis zu 1602 m auf (Schneekoppe/Riesengebirge) und haben dem ehemaligen Kronland den Beinamen "Festung" eingetragen. Weitgehend flach ist hingegen das zentrale Elbebecken, an das sich Böhmens charakteristische Hügel- und Hochlandschaften anschließen, mit Höhenunterschieden bis zu 150 m. Die zum Teil tief in das Land schneidenden Täler von Eger (Ohře), Beraun (Berounka) und Moldau (Vltava) entwässern das Böhmische Becken großräumig zur Elbe hin. Den Übergang zu Mähren bildet die Böhmisch-Mährische Höhe. Östlich davon streben fast alle Flüsse Mährens und der Slowakei der Donau zu. Über die Hälfte aller Flüsse der ČSFR werden so über die Donau ins Schwarze Meer entwässert, 39 % fließen über die Elbe in die Nordsee, 7 % via Oder und Weichsel in die Ostsee. Die Tschechoslowakei gilt deshalb als Hauptwasserscheide oder auch "Dach" Europas.

Die höchste Erhebung im beckenreichen **Mähren** bildet im Norden das 1491 m hohe, zu den Sudeten gehörende Altvatergebirge (Hrubý Jesenik). Bevor östlich davon die Karpaten beginnen, haben eiszeitliche Gletschermassen noch ein Bekken eingefügt: die Mährische Pforte (Moravská brána), die mit den sich anschließenden Grabenlandschaften den bedeutendsten Nord-Süd-Durchgang im mitteleuropäischen Raum bildet. Ein Umstand, der Mähren bereits in der frühen Eisenzeit zum Durchzugsgebiet der auf der "Bernsteinstraße" von der Ostsee zur Adria ziehenden Händler machte. Zu den fruchtbarsten Landesteilen der Tschechoslowakei gehört das Einzugsgebiet der March (Morava). Mährens größter Fluß mündet mit seinen zahlreichen Nebenflüssen in die Donau.

Besonders stark gegliedert präsentiert sich die kontrastreiche Landschaft der **Slowakei**. Bogenförmig durchzieht eine Staffel von drei den Westkarpaten zuzurechnenden Gebirgszügen die Slowakei in West-Ost-Richtung. Entstehungsgeschichtlich betrachtet gehören sie in die Rubrik der Alpen, sind dabei allerdings deutlich niedriger als diese und weisen auch keine ewigen Gletscher auf. Der äußere Gebirgsbogen beginnt bei Bratislava mit den Kleinen Karpaten (Malé Karpaty) und verläuft über die Hohe Tatra (Vysoké Tatry) bis zu den Niederen Beskiden (Nizké Beskidy) ganz im Osten. Die 2655 m hohe Gerlsdorfer Spitze markiert den höchsten Gipfel der Hohen Tatra und damit des ganzen Landes. Der nächste Parallelschwung wird vor allem von der Großen Fatra (Velká Fatrá) und der Niederen Tatra (Nízke Tatry) bestritten, beides Hochgebirge zwar (höchster Gipfel 2045 m), aber ohne den glazialen Formenreichtum der Hohen Tatra. Den südlichsten Gebirgsbogen beherrscht das Slowakische Erzgebirge (Slovenské rudohorie); es ist die ausgedehnteste und eisenerzreiche Gebirgsregion der Slowakei, deren höchster Gipfel es allerdings "nur" noch auf 1459 m bringt. In Form weiträumiger Gebirgskessel finden sich in der Slowakei eine Anzahl von Becken, durch die u.a. die Hauptflüsse Waag (Váh) und Gran (Hron) der Donau zustreben. Über fruchtbare Tiefländer verfügt die Slowakei im südwestlichen und östlichen Bereich: An Ungarn grenzt das Donautiefland (Podunajská nižina), an die Ukraine die Ostslowakische Ebene (Východoslovenská nížina).

Wetter, Wind und Reisezeit

Während der Westen der Tschechoslowakei im atlantischen Klimabereich liegt, wird das **Wetter** im Osten des Landes vom kontinentalen Klimasystem geprägt. Im Resultat bedeutet dies für Böhmen ein gemäßigtes Klima, wie es auch in Deutschland herrscht. Westliche Luftströmungen, die über den Atlantik streichen, sorgen dabei für Feuchtigkeit und Temperaturausgleich. Einem warmen und nicht zu trockenen Sommer steht ein relativ milder Winter gegenüber. Mähren liegt im Übergangsbereich beider Klimasysteme.
Die Temperaturunterschiede zwischen den Jahreszeiten nehmen zum Osten des Landes hin zu. In der Slowakei sind die Sommer daher sonnenreicher und heißer als in Böhmen, die Winter frostiger und trockener. Insgesamt ist die Witterung in Böhmen dabei wechselhafter als in der Slowakei, die von Osteuropas stabilen Hochdruckgebieten profitiert. Die böhmischen Gebirge sind regenreicher als die slowakischen. Besonders heftig ist dies im Riesengebirge zu spüren, das durchschnittlich 200 Regentage pro Jahr abbekommt.

Relativ warm und wetterstabil können in der Tschechoslowakei bereits die zweite Maihälfte und der Juni sein, während der Juli zwar der heißeste, aber meist auch regenreichste Monat des Jahres ist; auch im August kann es noch überdurchschnittlich viel regnen. Vergleichsweise trocken und beständig sind der September und die erste Oktoberhälfte (Altweibersommer). In regnerischen Perioden bieten sich die tiefer gelegenen, trockeneren Landesteile (Mittelböhmen, Südmähren, Westslowakei) als Ausweichmöglichkeit an.

Eine Dauerwindrichtung gibt es nirgendwo im Land, irgendwann bläst der **Wind** einmal aus jeder Richtung. Dennoch läßt sich festhalten, daß er im Westen der Tschechoslowakei vorzugsweise aus SW, W und NW kommt, im Süden hingegen häufiger aus NW, S und SO. In den östlichen Landesteilen fällt der Wind in über 32 % der Fälle direkt vom Norden her ein. Die durchschnittliche Windstärke liegt zwischen 2 und 3, was nach offizieller Lesart einer leichten bis schwachen Brise entspricht. Einen nicht zu unterschätzenden Vorteil stellt die profilierte, waldreiche Oberfläche der ČSFR dar, die den Wind bricht und dem Radreisenden relativ häufig Windschutz gewährt. Außerdem herrscht an jedem dritten Tag statistische Windstille (Windgeschwindigkeit bis 0,5 m/sec).

Eröffnet wird die Sommersaison am 15. Mai (gern auch schon am 9. Mai, dem "Tag der Befreiung") und endet am 15. September. Die Zeit der **Hochsaison** bilden dabei die Schul- und Semesterferien, die landeseinheitlich am 1. Juli starten und bis 31. August andauern. Die Wintersaison fällt in den Zeitraum vom 20. Dezember bis 31. März.

Umwelt

Zwar war die Tschechoslowakei der erste Staat, der den Natur- und Landschaftsschutz 1960 verfassungsmäßig verankerte, doch da war es eigentlich schon zu spät. Artikel 15: "Der Staat sorgt für die Pflege und den umfassenden Schutz der Natur, als auch für die Bewahrung der landschaftlichen Schönheit der Heimat, um damit reichere Quellen für den Wohlstand des Volkes sowie eine entsprechende Umwelt zu schaffen, die der Gesundheit der Werktätigen zuträglich ist und ihre Erholung ermöglicht." Der Text spiegelt das damalige Umweltschutzverständnis wider: es ist dumm, die Kuh zu schlachten, die man zu melken gedenkt!
Daß aber selbst solches Kosten-Nutzen-Denken in der sozialistischen Tschechoslowakei kaum erfreuliche Resultate zeitigte, war systembedingt. Es war eben vordergründig einfacher, billiger und effizienter, Informationen über das Waldsterben, die Vergiftung der Wasservorkommen oder die Verringerung der Lebenserwartung (in Nordböhmen um 10 Jahre) zu unterdrücken als die Ursachen dafür zu beheben - und wenn auch nur ansatzweise. Stattdessen versorgte man Kleinkinder in Nordböhmen mit Atemluftfiltern für die besonders üble Winterluft und montierte in Städten wie Decín Ampeln, die die Schadstoffbelastung der Luft anzeigen sollten. Bei Rot sollten die Autofahrer ihre Gefährte stehen lassen, nur kamen die Ampeln praktisch nie über Gelb hinaus.
Zum Ausgleich wurden dann dort, wo es sich einrichten ließ, besonders große Nationalparks und Naturschutzgebiete geschaffen; mehr als ein Zehntel der ČSFR sind solcherart geschützt. Die sind zwar wunderschön für Urlauber und Touristen, doch können sie nicht die ökologischen Probleme andernorts kompensieren. Vielmehr gerät auch in solchen Zonen das ökologische Gleichgewicht allmählich aus der Balance. Der Saure Regen kennt keine Grenzen. Per "Luftfracht" wurden Erz-, Iser- und Riesengebirge auch aus Deutschland mit Schadstoffen berieselt.

Die osteuropäische Arbeitsteilung im einstigen RGW hat die Tschechoslowakei zu Europas größtem Stahlproduzenten gemacht; auch produziert sie das besonders umweltunfreundliche Aluminium in solch überreichlichem Ausmaß, daß sogar Hausdächer damit gedeckt werden. Problem Nummer 1 ist die dabei benötigte Energie, die zu 65 % aus dem schmutzigsten aller Fossilbrennstoffe gewonnen wird, der nordböhmischen Braunkohle. Um den Energiehunger der ineffizienten und überdimensionierten Industrieanlagen des Landes zu decken, muß überproportional viel Braunkohle verfeuert werden; allein Nordböhmen besitzt 70 Kohlekraftwerke. Da die Braunkohle in Nordböhmen aus immer größeren Tiefen gefördert wird, enthält sie auch einen Anteil radioaktiver Elemente und Schwermetalle, die nach der Verbrennung neben Schwefeldioxid und Stickoxid in die Atmosphäre geblasen werden.
Da die Modernisierung und Umstrukturierung der Industrien dem alten Regime zu teuer erschien, wurde ab den 80er Jahren ganz auf die billigere Lösung gesetzt:

Atomstrom (28 % der gesamten Elektrizität) und Wasserkraft sollten den Einsatz der giftigen Braunkohle vermindern. Aber es war so, als wollte man den Teufel mit dem Beelzebub austreiben. Seit der Wende liegen die meisten dieser Projekte deshalb auf Eis, und aus den Schornsteinen quillt weiterhin der gelbe Rauch. Auch die Überdüngung der Böden bleibt ein großes Problem. Neu angepflanzte Ebereschen oder Birken an der Straße weisen indirekt auf stark belastete Böden hin, denn diese Bäume gelten als besonders widerstandsfähig. Der übermäßige Stickstoffeintrag aus Luft und Wasser bewirkt auch, daß sich auf nichtbewirtschafteten Wiesen Brennesseln und großblättrige Ampferpflanzen zuungunsten der ursprünglich vielgestaltigen Wiesenflora ausbreiten.

Seltener als vielleicht vermutet, werden Sie jedoch als Radreisende(r) mit der ganzen Problematik konfrontiert. Jenseits der verdichteten Industrie- und Braunkohlegebiete präsentiert sich die Tschechoslowakei nämlich durchaus idyllisch. Und auch das Waldsterben kennen Reisende ja leider schon von zu Hause; allerdings mit dem Unterschied, daß abgestorbene Bäume in der ČSFR länger sichtbar bleiben, weil sie nur mit Verzögerung abgeholzt werden.
Die Umweltschutzbewegung war ein wesentlicher Motor der Revolution, und es hat den Anschein, daß sich der Wille zur Veränderung in den Köpfen der Tschechoslowaken damit nicht erschöpft hat.

Im Pürglitzer Hochland (Mittelböhmen)

Bevölkerung

Der Zweite Weltkrieg hat alles verändert, auch die Bevölkerungsstruktur. Lebten vor dem Krieg gut 3,3 Millionen Deutsche und 200.000 Juden in der Tschechoslowakei, so sind es heute gerade noch 80.000 Deutsche und lediglich eine Handvoll Juden. Erstere wurden nach dem Ende des Zweiten Weltkrieges ausgewiesen, letztere haben die Nationalsozialisten sich aufs Gewissen geladen.
Von 15,7 Mio. Einwohnern im Lande sind 61 % Tschechen und 30 % Slowaken. Beide Völker sind nah miteinander verwandt und repräsentieren die am weitesten im Westen lebenden aller Slawenvölker. Etwa 65 % der Bevölkerung sind römisch-katholischen Glaubens, 8 % werden den Protestanten (Lutheraner, Hussiten) zugerechnet. Die bedeutendste Minorität bilden ca. 600.000 Ungarn, von denen die meisten in der südlichen Slowakei entlang der ungarischen Grenze siedeln. Im Donaubecken rund um Komárno sind sie sogar deutlich in der Mehrheit. Diese Ungarn sind entschiedene Gegner der slowakischen Autonomiebestrebungen, weil sie eine erneute Unterdrückung ihrer nationalen Identität befürchten, sobald die Slowaken sich nicht mehr durch die Zentralmacht in Prag gebremst sehen. Die Slowaken wiederum fürchten den Revanchismus der Ungarn, die nie so recht akzeptiert haben, daß 1920 im Vertrag von Trianon ein Teil ihres damaligen Reiches der Tschechoslowakei zugesprochen wurde. Im Alltag kommen beide Völker trotz der gegenseitigen Hab-acht-Stellung ganz gut miteinander zurecht. Nur hätten die Ungarn jetzt gern eine eigene Universität in Bratislava, und diese Idee gefällt nun wieder den Slowaken nicht.
Eine weitere bedeutende Minderheit sind die Roma, auch Zigeuner genannt. Gezählt hat sie noch niemand so recht, aber ihre Zahl wird auf mindestens eine halbe Million geschätzt. Sie leben hauptsächlich in der Slowakei. Trotz hoher Kindersterblichkeit wächst ihre Anzahl weit schneller als die der Tschechoslowaken, was deren unterschwellige Überfremdungsangst nur noch weiter nährt. Denn Fremde sind die Roma trotz allen Integrations-Tam-Tams während der sozialistischen Ära geblieben. Allerdings geschah diese "Integration" auch nach einem Muster, das auf die kulturellen Eigenheiten der Roma wenig Rücksicht nahm. Man unterband ihre nomadische Lebensweise, zerriß große Sippenverbände und siedelte sie, wo es gerade paßte, in festen Behausungen an. Muttersprachliche Schulen fehlten in der Regel, so daß die Analphabetenrate weiterhin beträchtlich blieb. Meist werden die Roma als saisonale Hilfskräfte eingestellt, und die, die keinen Job finden, versuchen sich im Bereich der Schattenwirtschaft.
Die Unterschiede zwischen den einzelnen slawischen Volksgruppen (Choden, Walachen, Ruthenen u.a.) haben sich heutzutage weitgehend verwischt. Die Pflege kultureller Eigenheiten findet nur noch an Feiertagen und im Rahmen der Fremdenverkehrswerbung statt. Das ist der Lauf der Zeit.
Insgesamt ist die Tschechoslowakei nur halb so dicht besiedelt wie Deutschland; eine der am dünnsten besiedelten Regionen Europas bilden dabei die Randbezirke des Böhmerwaldes.

Sprache

Was die Lutherbibel der deutschen Sprache war, war die Kralitzer Bibel dem Tschechischen. Ende des 16. Jh. erlaubte der gerade erfundene Buchdruck die weite Verbreitung dieser von den "Böhmischen Brüdern" übersetzten Bibel. Sie wurde zum Leitfaden für die Entwicklung der tschechischen Schriftsprache. Mit der Gegenreformation wurde aber schon bald darauf (ab 1620) die tschechische Sprache zugunsten des Deutschen unterdrückt. Erst Anfang des 19. Jh. wurde mit der Suche nach dem verschütteten slawischen Nationalgefühl auch das Tschechische wieder reaktiviert. Die tschechische Literatur wurde zum Motor der nationalen Wiedererweckung. Man ging sogar so weit, frühmittelalterliche Handschriften zu fälschen, um sie als Belege für die alte Sprachkultur in Umlauf zu bringen (Königinhofer Handschriften).

Der eng mit dem Tschechischen verwandten slowakischen Sprache (beides sind westslawische Sprachen) erging es noch schlechter: Bis in das 19. Jh. wurde sie von den Ungarn rigoros unterdrückt. Die slowakischen Literaten, die sich ab dem Ende des 18. Jh. im Zuge des Panslawismus rührten, waren deshalb zunächst

Zipser Burg (Ostslowakei)

auf die tschechische Sprache angewiesen. Erst der Schriftsteller Ludovít Stúr kodifizierte 1843 die slowakische Sprache, zimmerte ihr also das Regelsystem, das sie zur Schriftsprache tauglich machte.
Beide Sprachen sind heute gleichberechtigte Staatssprachen, aber im Zweifelsfall ist das Tschechische wohl doch etwas "gleicher".
Außerhalb der Tschechoslowakei sind im Grunde nur tschechische Literaten zu Ruhm gelangt. Zu ihnen gehören Karel Capek, Jaroslav Hašek, Franz Kafka, Jaroslav Seifert, Bohumil Hrabal, Milan Kundera und last not least Václav Havel.
Deutsch ist besonders in West- und Mittelböhmen recht verbreitet, im touristischen Sektor spricht hier nahezu jeder Deutsch. In der Slowakei werden Sie hingegen eher mit Englisch Glück haben.

Um Ihnen auf Ihrer Radtour die richtige **Aussprache** der Ortsnamen nicht völlig zum Glücksfall geraten zu lassen, finden Sie hier die Ausspracheregeln des Tschechischen und Slowakischen, soweit diese sich vom Deutschen unterscheiden:

a kurzes *a* wie in Lamm
á langes *a* wie in Ahnung
c scharfes *z* wie in Zahn
č *tsch* wie in Matsch
Ď, d' *dj* wie *g* in ital. Giorgio
e kurzes *ä* wie in trächtig
é langes *ä* wie in Mähren
ě offenes *ä* wie in jäh
h wird stets stimmhaft gesprochen wie in Hallo
i kurzes *i* wie in Licht
í langes *i* wie in Diebe
ň *nj* wie *gn* in franz. Cognac
o kurzes *o* wie in Lok
ó langes *o* wie in Not
ř *rsch* wie *rg* in franz. Marge
s stets wie *ß*
š *sch* wie in schön
t' *tj* wie in russ. Tatjana
u kurzes *u* wie in Lurch
ú, ů langes ů wie in Hut
v *w* wie in Wiese
y kurzes *i* wie in Licht
ý langes *i* wie in Diebe
z weiches *s* wie in Hase
ž weiches *j* wie in Jean

Die **Betonung** liegt stets auf der ersten Wortsilbe.

Zeugen der Geschichte

25.000 v. Chr.
Die Cromagnon-Menschen haben die Neandertaler auf der Bühne der menschlichen Evolution abgelöst. Auf dem Gebiet der heutigen Tschechoslowakei jagen sie Mammuts, siedeln in dorfähnlichen Gemeinschaften und schnitzen aus den Stoßzähnen der Mammuts Fruchbarkeitsidole (sog. Venusstatuetten).

6.000 v. Chr.
Auf die eiszeitlichen Jäger und Sammler folgen Ackerbauern und Viehzüchter. Sie werden zunächst in den Donau-Niederungen seßhaft und wandern von dort aus ins Landesinnere (exemplarische Ausgrabungen beim Dorf Bylani in der Nähe von Kutná Hora).

750-500 v. Chr.
Während sich in der Slowakei die Illyrer ansiedeln, breiten sich in Böhmen und Mähren die Kelten aus (Funde aus dieser Zeit sind im Moravské muzeum in Brno ausgestellt).

500 v. Chr. - um Christi Geburt
Aus Südwestdeutschland wandern die keltischen Boier an und kultivieren das Gebiet bis zur Ostslowakei hinauf. Aus dem Namen ihres Landes machen teutonische Zungen später Böhmen.

Um Christi Geburt - 500 n. Chr.
Noch vor Christi Geburt weichen die Kelten den in das Land drängenden germanischen Völkern. Die Markomannen lassen sich in Böhmen nieder, die Quaden in Mähren, die Langobarden in der Slowakei.

6.-8. Jh.
Aus bislang ungeklärten Gründen verlassen die Germanen das Land. Slawische Stämme nehmen ihren Platz ein. Gleichzeitig fallen aber auch die aus Mittelasien kommenden, kriegerischen Awaren ein und zwingen die Slawen zu Tributzahlungen. Um 623 formt der Kaufmann Samo, der seine Handelskarawanen stets von wirksamen Schutztruppen begleiten läßt, aus mehreren Slawenstämmen das erste Slawenreich. Er beendet die Tributzahlungen an die Awaren und wird von den Slawen zu ihrem König erhoben. Nach seinem Tod (658) zerfällt das Reich und kommt schließlich unter die Herrschaft der Franken.

833-895
Der slowakische Fürst Mojmir I. vereinigt die Fürstentümer Mährens und der Westslowakei zum Großmährischen Reich. Sein Neffe Rastislav und dessen Neffe Svatopluk erweitern es gegen den Widerstand der ostfränkischen Heere über

Böhmen hinaus bis nach Polen. 863 entsendet der Kaiser von Byzanz dem Wunsche Rastislavs folgend die Missionare Konstantinos und Methodius. Sie führen die kyrillische Schrift als slawische Kirchensprache ein und sorgen für eine weitere Verbreitung des Christentums im Lande. Nach dem Tode Svatopluks fallen die böhmischen Fürstentümer, die nicht mehr von einem Slowaken regiert werden wollen, vom Großmährischen Reich ab und leisten 895 dafür dem ostfränkischen König den Lehnseid.

907
erliegen die Mährer schließlich dem wiederholten Ansturm der Ungarn (Magyaren), die sich seit dem 9. Jh. im mittleren Donautiefland befinden. Das Großmährische Reich verschwindet von der Bildfläche, die Slowakei wird ungarisch und bleibt es bis 1918.

10.-13. Jh.
Es ist das Zeitalter der Romanik (950-1250). Deren fester, erdverbundener Baustil arbeitet mit klaren, einfachen Formen und geometrischer Präzision. Typisch sind die Rundkapellen dieser Zeit, sog. Rotunden, wie beispielsweise die Veitskapelle im Prager Hradschin. An die Zeit der Romanik knüpft die Gotik an. Ein Großteil der gotischen Burgen und Stadtbefestigungen entstehen in der zweiten Hälfte des 13. Jh. als Sicherung gegen die heranstürmenden Tataren.

In Böhmen und Mähren regieren für drei Jahrhunderte die Přemysliden, das erste tschechische Herrschergeschlecht des Landes. 950 wird Böhmen Mitglied des (deutschen) Heiligen Römischen Reiches. Um 1029 vereinigt Herzog Břetislav Mähren dauerhaft mit Böhmen. 1212 erhält Otokar I. vom deutschen Kaiser Friedrich II. das Erbkönigtum für Böhmen zugesprochen. Derselbe Přemyslidenkönig ruft auch deutsche Handwerker und Bauern ins Land, die in der Folge nach deutschem Stadtrecht die Mehrzahl der böhmischen Städte gründen. Der Silberbergbau in Kuttenberg und Iglau liefert dem Böhmischen Königreich das nötige Kleingeld, um es im 13. Jh. zu einem der mächtigsten Länder in Europa zu machen. Der Böhmische Groschen gilt als stabilste Währung Europas. Nach dem Tartareneinfall von 1241 werben auch die ungarischen Könige verstärkt um deutsche Einwanderer, die daraufhin in der slowakischen Zips eine prosperierende Städtegemeinschaft gründen.
Mit der Ermordung Václav III. stirbt das Přemyslidengeschlecht 1306 aus.

14. Jh.
Die Regierungszeit von Kaiser Karl IV. (1347-1378) wird zur Glanzperiode des Feudalstaates Böhmen. Unter ihm steigt Prag zur größten Stadt Mitteleuropas auf, wird Böhmen in friedlicher Weise um etliche Fürstentümer erweitert, kulminiert der gotische Baustil in monumentalen Bauwerken, wird Mitteleuropas erste Universität gegründet, entsteht mit der böhmischen Kanzleisprache die Grundlage der modernen deutschen Schriftsprache. Doch der kulturellen und wirtschaftlichen Entfaltung steht kein sozialer Fortschritt gegenüber. Der Unmut der Tsche-

chen über die verweltlichte Kirche (Ablaßhandel, Steuern) und ihre Abneigung der wirtschaftlich privilegierten deutschen Minorität gegenüber münden in die nationale Reformbewegung des Predigers Jan Hus. Er fordert die Zerschlagung der klerikalen Hierarchien, die Rückkehr der Kirche zu Demut und Brüderlichkeit und die Freiheit der Predigt. Der "Laienkelch", der die Ausgabe des Abendmahles in *beiden* Formen auch an kirchliche Laien fordert, wird zum Symbol der kämpferischen Hussiten.
Das 14. Jh. ist das Jahrhundert der Hochgotik. Ihr himmelwärtsstrebender, finessenreicher, aber auch strenger Baustil bringt aufsehenerregende Sakralbauten hervor (in Prag z.B. die Teynkirche oder den Veits-Dom).

15. Jh.
Hus stirbt 1415 im deutschen Konstanz als Ketzer auf dem Scheiterhaufen. Vier Jahre später bildet der Erste Prager Fenstersturz den Auftakt zu den Hussitenkriegen, die bis 1435 durch das Land und über dessen Grenzen hinweg toben. Die Stadt Tábor ist dabei das Zentrum der besonders radikalen Taboriten, die das Reich Gottes durch das Schwert errichten wollen. Nach dem Ende der Hussitenkriege ist die Macht der katholischen Kirche gebrochen, sind viele Deutsche vertrieben und enteignet und ist das tschechische Nationalbewußtsein bedeutsam gestärkt worden. 1458 wird Georg von Podiebrad, der Hussitenführer der gemäßigten Utraquisten von den böhmischen Ständen zum König gewählt, nachdem er angeblich heimlich zum katholischen Glauben übergetreten ist. Vergeblich versucht er außenpolitisch die hussitischen Ideen zur Friedenssicherung zu verwirklichen.

16. Jh.
Nach einem Zwischenspiel der polnischen Jagiellonen als böhmische Könige wird aufgrund von durch Heirat herbeigeführten Erbansprüchen Ferdinand I. aus dem Hause der Habsburger 1526 zum König von Böhmen und Ungarn gekürt. Für die kommenden vier Jahrhunderte herrschen die Habsburger nun über Österreich, Böhmen, Mähren und das die Slowakei miteinschließende Ungarn. Der kunstbegeisterte, aber politisch desinteressierte Rudolf II. erhebt Prag letztmalig zu einer kaiserlichen Residenz. Unter ihm erlebt es seine zweite Blütezeit. Die Baukunst besinnt sich zurück auf die Formen der griechisch-römischen Antike. Es entstehen weltliche Renaissancebauten, die der Philosophie der Renaissance folgend das Individuelle und die Eigenständigkeit der einzelnen Komponenten betonen (in Prag etwa das Lustschloß Belvedere).

1618-1648
Die sich unterdrückt und betrogen fühlenden protestantischen Fürstenstände lösen über das vergleichsweise harmlose Ereignis des zweiten Prager Fenstersturzes

Foto rechts: Blick vom Prager Rathausturm auf den Altstädter Ring mit der Teynkirche

zes, bei dem die hinausgeworfenen kaiserlichen Statthalter unverletzt auf einem Misthaufen landen, eine lange Kette religiöser Kriege aus: den in aller Grausamkeit geführten Komplex des Dreißigjährigen Krieges, in den sich halb Europa verstrickt. Nach seinem Ende ist in Böhmen nichts mehr wie es war. Das Land ist verwüstet, die Bevölkerung um über die Hälfte dezimiert, tschechischer Adel und Intelligenz emigriert.

17.-18. Jh.

Mit der nach dem Dreißigjährigen Krieg einsetzenden Rekatholisierung, die sich in Hexenverbrennungen und zahlreichen Barockkirchen niederschlägt, nimmt der Einfluß der (österreichischen) Deutschen in Wirtschaft, Verwaltung und Wissenschaften enorm zu. Nur das einfache Volk ist noch tschechisch. Die in die Höhe getriebenen Feudalabgaben haben in Böhmen eine Reihe von Bauernaufständen zur Folge. Auch in der Slowakei, die in der Zeit, da die Türken das restliche Ungarn besetzt halten, das ungarische Kernland bildet, kommt es wiederholt zu ständischen Revolten.
Die österreichische Kaiserin Maria Theresia zentralisiert ihre Monarchie (1740-1780) in Wien; Böhmen und Mähren sinken auf den Status abhängiger Provinzen herab. 1745 verliert Österreich das industriereiche Schlesien an Preußen, dies ist der Startschuß für die Industrialisierung Böhmen und Mährens. Die 1781 von Kaiser Joseph II. verfügte Abschaffung der Leibeigenschaft und das religiöse Toleranzpatent von 1782 sorgen zudem für das erforderliche Arbeitskräftepotential: die Bauern sind nicht mehr an ihre Scholle gefesselt, die Juden nicht mehr an ihre Getthos, die Protestanten müssen sich nicht mehr auf dem Land verstecken. Mit der Industrialisierung erwacht auch das tschechische Nationalbewußtsein wieder. Das Barock wird nach dem Ende des Dreißigjährigen Krieges der prägende Architekturstil der Tschechoslowakei. Voller Kraft und Spannung, verschwenderisch und bewegt, in ein Spiel mit Licht und Schwüngen sich steigernd, vergißt er bei aller Detailfreudigkeit nie das (kirchliche) Dogma der Unterordnung des Einzelnen unter das Ganze zu betonen. Die Tschechoslowakei ist bis heute ein Land des Barocks geblieben.

19. Jh.

Die nationale Wiedererweckungsbewegung bindet Tschechen und Slowaken in ihrem gemeinsamen Slawentum fester aneinander. Im europäischen Revolutionsjahr 1848 leitet der große tschechische Historiker Palacký in Prag den panslawischen Kongreß, der die Gleichstellung aller Völker im österreichischen Kaiserreich forderte. Daraufhin entflammt in Prag ein Barrikadenkampf, der nach fünf Tagen gewaltsam erstickt wird.
Unter dem habsburgischen Kaiser Franz Joseph I. setzt eine zögernde Liberalisierung nationaler und bürgerlicher Rechte ein.

1918-1945

Nach dem Ersten Weltkrieg lösen sich Böhmen, Mähren und die Slowakei von der auseinanderbrechenden österreichisch-ungarischen Monarchie. Die Siegermächte lassen sich von der Notwendigkeit eines starken mitteleuropäischen Staates überzeugen, und so kann Masaryk als erster Präsident am 28.10.1918 die Tschechoslowakische Republik ausrufen. Bis zur Weltwirtschaftskrise von 1929 entwickelt sich das Land in ruhigen Bahnen. Allerdings bringen die tonangebenden Tschechen mit ihrer nicht sehr feinfühligen Minderheitenpolitik im Laufe der Jahre Slowaken und Deutsche gegen sich auf. Die "Sudetendeutschen" radikalisieren sich und liefern Hitler den Hebel, um über den Anschluß des Sudetenlandes (1938) am 15. März 1939 Böhmen und Mähren zu annektieren. Bereits am Tag zuvor hat sich die Slowakei mit Ministerpräsident Tiso an der Spitze als autonomer Staat proklamiert, um im Zweiten Weltkrieg die Rolle eines deutschen Vasallenstaates spielen zu dürfen. 1942 fällt der Reichsprotektor Heydrich in Prag einem Attentat zum Opfer, die SS radiert als Vergeltung das Dorf Lidice aus. Am 18.8.1944 überschreiten sowjetische Truppen die Grenze zur Slowakei, elf Tage später bricht der, später nur noch kurz SNP genannte "Slowakische Nationalaufstand" aus. Die deutsche Wehrmacht schlägt den Aufstand innerhalb von zwei Monaten blutig nieder, während sich die Rote Armee unter großen Menschenopfern (über den Dukla-Paß) den Weg in die Slowakei freikämpft. Am 4. April 1945 erobert sie Bratislava, am 9. Mai Prag.

1945 - heute

Die Tschechoslowakei lehnt eine Teilnahme am amerikanischen Marshall-Plan ab und bindet sich unter der von Klement Gottwald geführten Kommunistischen Partei KPČ an die Sowjetunion. 1960 wird die Verfassung geändert und die ČSR um das Wort sozialistisch bereichert. Der Prager Frühling von 1968, mit dem sich vor allem der Name Dubčeks verbindet, bleibt nur ein reformerisches Strohfeuer. Die einmarschierenden Warschauer-Pakt-Staaten ersticken es unter Bruch des Völkerrechtes. Aus Protest verbrennt sich am 16.1.1969 der Student Jan Palach auf dem Prager Wenzelsplatz und wird damit zu einer Symbolfigur aller weiteren Freiheitsbestrebungen. Bis zum osteuropäischen Revolutionsjahr 1989 zählt die ČSSR jedoch zu den getreuesten Gefolgsgängern der UdSSR. 1977 treten tschechoslowakische Bürgerrechtler, unter ihnen der Schriftsteller Václav Havel, an die Öffentlichkeit. In der "Charta 77" fordern sie die Demokratisierung des Landes und lassen damit einen Geist aus der Flasche, den das sozialistische Regime, trotz des Einsatzes seines gesamten Repressionsapparates, nicht mehr zurückzudrängen vermag. Am 17.11.1989 prügelt die Prager Polizei zum letzten Mal eine Studentendemonstation auseinander. Die anschließenden Massenproteste und Streiks erzwingen in einer unblutigen, "samtenen" Revolution den Rückzug der Kommunistischen Partei aus der Regierung. Am 29. Dezember 1989 wird der Sprecher des "Bürgerforums", Václav Havel, zum Staatspräsidenten gewählt.

Übersichtskarte

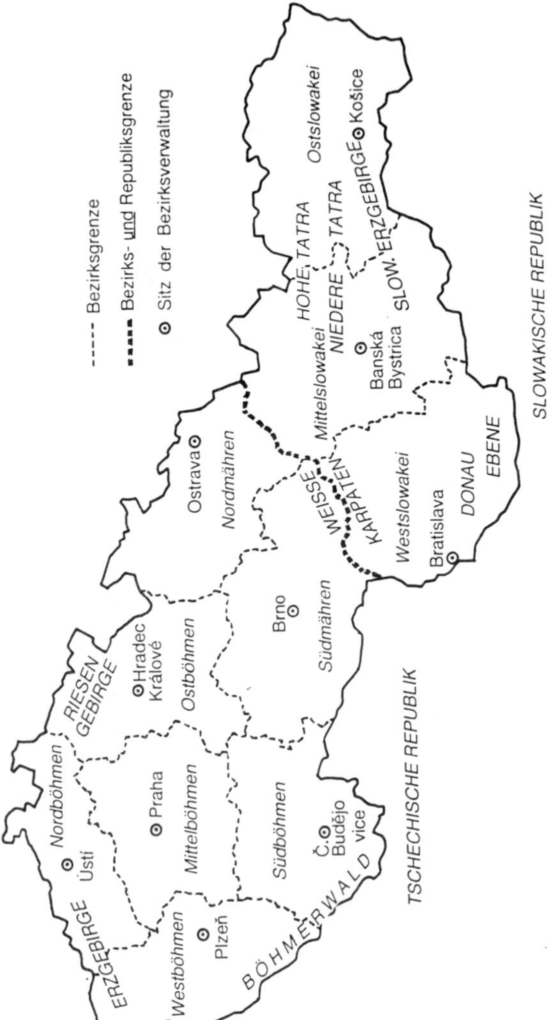

Staat, Verwaltung, Wirtschaft

Nach der Revolution des Jahres 1989 wurde zunächst einmal der Name des Landes geändert, aus der ČSSR wurde die ČSFR: die Tschechische und Slowakische Föderative Republik. Regiert wird allerdings noch immer wie anno 1969, als der sozialistische Einheitsstaat in einen sozialistischen Bundesstaat umgewandelt wurde. Seitdem regeln beide Teilstaaten ihre internen Angelegenheiten in einem eigenen Länderparlament. Gemeinsam ist beiden die aus Volks- und Länderkammer bestehende Bundesversammlung, die den Staatspräsidenten wählt. Am 5. Juli 1990 wurde, erstmals von einem demokratisch legitimierten Parlament, Václav Havel für 2 Jahre in dieses Amt gewählt. Der Präsident ernennt seinerseits die Regierung.
Seit der Wende sägen die slowakischen Nationalisten eifriger denn je am gemeinsamen Staatenbett. Eine Entwicklung, an der die Tschechen - historisch betrachtet - nicht ganz unschuldig sind, denn in der Frühzeit der Republik hatten sie den östlichen Landesteil wie eine Kolonie behandelt, und das daraus resultierende Unterdrückungstrauma sind die Slowaken offenbar nie ganz losgeworden. Großes Gewicht erhält deshalb nun die Ausgestaltung der ersten postsozialistischen Verfassung, die auch das Verhältnis der beiden Völker zueinander neu regeln soll. Denkbar ist aber auch eine völlige Autonomie beider Staaten, die dann nur noch eine Währungs- und Zollunion gemeinsam hätten.

Noch bis 1949 galt die von der österreichisch-ungarischen Monarchie übernommene Verwaltungsgliederung in die "Kronländer" Böhmen, Mähren (dem ein Teil Schlesiens zugeschlagen wurde) und Slowakei. Mit der Verwaltungreform entstanden 10 Bezirke (Mittel-, Süd-, West- und Nordböhmen; Süd- und Nordmähren; West-, Mittel- und Ostslowakei), denen 112 Kreise zugeordnet wurden. Prag, Plzeň, Ostrava, Brno und Bratislava bilden eigenständige Verwaltungseinheiten.
Über 60 % des Nationaleinkommens werden im industriellen Sektor erzeugt, nur 8 % in der Landwirtschaft. Und das, obwohl über die Hälfte des vergleichsweise rohstoffarmen Landes agrarisch genutzt wird. Die Tschechoslowakei war im ehemaligen Ostblock das Land mit dem höchsten Verstaatlichungsgrad (in der Landwirtschaft: 95 %), zugleich aber auch mit den geringsten Auslandsschulden (1990: 7,9 Mrd. U$). Anders als in Ungarn und Polen wird die Reprivatisierung vorsichtig betrieben, daher ist die Arbeitslosigkeit auch noch vergleichsweise gering (1991: 5,9 %). Die Freigabe der Preise im Frühjahr 1991 brachte den TschechoslowakInnen einen Inflationsschub von über 50 %, während der durchschnittliche Monatslohn kaum über 3000 Kronen (175 DM) hinauskam. Ein Montagearbeiter bei den Škoda-Werken in Mladá Boleslav verdiente Ende 1991 mit 4500 Kronen bereits überdurchschnittlich viel; das Auto, das er produzierte - der Škoda Favorit - kostete zum selben Zeitpunkt 125.000 Kronen: 50 % mehr als zwei Jahre zuvor. Jetzt, da jeder ins Ausland reisen kann, haben ironischerweise die wenigsten das Geld dafür. Daß die Verschlechterung der persönlichen wirtschaftli-

chen Verhältnisse so diszipliniert ertragen wird, hat wohl auch mit der allgemeinen Berührungsangst vor der neuen Marktwirtschaft zu tun. Große Schwierigkeiten gibt es bezeichnenderweise bei der Suche nach geeigneten Bewerbern für die Direktorenposten privatisierter Betriebe. Ein weltweit einmaliges Experiment wurde im Frühjahr 1991 mit der Kupon-Privatisierungsaktion (Kupónová privatizace) staatlicher Unternehmen gestartet. Bei landesweit 650 Büros können sich die TschechoslowakInnen einschreiben und erhalten für einen Betrag von 1000 Kronen ein persönliches Scheckheft mit 1000 Investitionspunkten. Mit diesen Punkten sollen sich die Bürger nun an Unternehmen beteiligen, von denen sie sich einen Gewinn erhoffen. Eine Art Investitionslotto, denn es mangelt an konkreten Informationen zu den Zukunftsaussichten der zahlreichen zur Privatisierung anstehenden Betriebe.

Was der neuen Regierung im Nu gelang, war die Umwandlung der tschechischen Krone in die stabilste Währung des ehemaligen Ostblocks. Dazu trug neben dem Konsumverzicht der Bevölkerung auch die Sparpolitik des Staates bei, dessen Haushalt 1990 sogar einen Überschuß erzielte. Der private wie auch staatliche Sanierungssbedarf im Lande ist jedoch so umfangreich, daß sich die Regierung nicht mehr lange in der Tugend des Sparens wird üben können.

Donaubrücke in Bratislava

Geld

Die tschechoslowakische Krone stellt, wie erwähnt, zur Zeit die stabilste Währung der ehemaligen Ostblockländer dar. Der Kurs lag im März 1992 bei 17½ Kronen für 1 DM. Einen Schwarzmarkt im eigentlichen Sinne gibt es nicht mehr, da der Devisenverkehr weitgehend liberalisiert wurde. Privatleute versuchen lediglich, die ca. 7%ige Spanne zwischen An- und Verkaufskurs einzusparen, indem sie einen inoffiziellen Tausch vorschlagen. Wenn Ihnen dabei aber jemand einen Kurs anbietet, der über dem Ankaufskurs der Banken und Wechselstellen liegt, will er Sie mit hoher Wahrscheinlichkeit übers Ohr hauen. Am besten also Finger weg vom privaten Geldwechsel. Es ist wirklich nicht erforderlich, denn für Ihre DM, Schilling, Gulden oder Franken bekommen Sie einen Gegenwert, der 1991 kaufkraftmäßig etwa viermal so hoch war wie in den westeuropäischen Nachbarländern.

Von der tschechoslowakischen Krone (Koruna, Abk.: Kčs) und dem auf Heller (haléř, Abk.: h) lautenden Kleingeld sind folgende Stückelungen in Umlauf: als Münzen 5, 10, 20 und 50 Heller sowie 1, 2 und 5 Kronen; als Banknoten 10, 20, 50, 100, 500 und 1000 Kronen.

Durch die Zulassung privater Wechselstellen haben sich die Möglichkeiten, Bargeld zu tauschen, gegenüber sozialistischen Zeiten vervielfacht. Auch die Prozedur ist denkbar einfach geworden. Erfragen Sie jedoch vor dem Umtausch die Höhe der Kommission, in Prag schwankt diese beispielsweise je nach Anbieter zwischen 0 und 8 %. Geldwechselquittungen müssen Sie nur dann aufbewahren, wenn Sie einen Teil des Geldes zurücktauschen wollen.

Außerhalb von Prag, Bratislava und Brno können Eurocheques in der Regel nur bei Geschäftsbanken eingelöst werden (Maximum pro Scheck: 6500 Kčs), Reiseschecks nur bei ČEDOK. Eine Ausweitung der Akzeptanz ist jedoch absehbar. Die Gebühren entsprechen denen beim Bargeldumtausch. Kreditkarten werden u.a. in größeren Hotels akzeptiert.

Post und Telefon

Post

Die tschechoslowakische Post ist zwar nicht die schnellste, funktioniert aber recht zuverlässig. In der Regel benötigen Briefe wie Postkarten ein bis zwei Wochen bis zum Empfänger. Auch dem unscheinbarsten Dorfbriefkasten können Sie Ihre mühsam geschriebenen Ansichtskarten durchaus anvertrauen.
Setzen Sie unter die Adresse das Empfängerland:
Deutschland = Německo oder SRN (für BRD); Schweiz = Švýcarsko;
Österreich = Rakousko; Niederlande = Nizozemí.
Innerhalb Europas beträgt das Porto für Ansichtskarten 3 Kčs, für Briefe 4 Kčs. Nach Übersee frankieren Sie Luftpostbriefe (bis 10 g) mit 6 Kčs, Ansichtskarten mit 4,40 Kčs.
Postlagernde Briefe (Poste restante) lassen Sie sich am besten an das jeweilige Hauptpostamt (Pošta 1) der betreffenden Stadt schicken. Der Familienname des Adressaten sollte besonders hervorgehoben sein (entweder durch Unterstreichen, Großbuchstaben oder Voranstellung).

Telefon

Für Ortsgespräche sind die gelben und blauen Telefonapparate zuständig, während von den selten vorhandenen grauen Apparaten, vermittels 5-Kronen-Stükken, Fern- und Auslandsgespräche geführt werden können. Doch ist es allemal entspannender, dies in einem Postamt oder Hotel zu tun. Hotels berechnen u. U. einen Aufschlag (manchmal auch einen "Abschlag"; je nachdem, wie gut man dort mit dem Taschenrechner umgeht). Das Postamt berechnet übrigens bei Auslandstelefonaten mindestens 3 Minuten (bei einem Gespräch nach Deutschland sind das 60 Kronen), auch wenn das Gespräch kürzer gewesen sein sollte. Speziell in den Vormittagsstunden ist das altersschwache Telefonnetz der Tschechoslowakei stark belastet, Ferngespräche kommen daher schneller in den Nachmittags- oder Abendstunden zustande.
Die internationale Telefonvorwahl für die ČSFR ist 0042.
In umgekehrter Richtung lauten die Vorwahlnummern:
Deutschland: 0049
Österreich: 0043
Schweiz: 0041
Niederlande: 0031
Sie können Ihr Telefonat vom Postamt aus auch als R-Gespräch (hovor na účet volaného) anmelden, bei dem der Angerufene bezahlt.

Telefon-Notruf
Polizei: 158; Notarzt: 155; Feuerwehr: 150

Uhrzeit, Öffnungszeiten, Feiertage

Uhrzeit

In der Tschechoslowakei gilt die Mitteleuropäische Zeit (MEZ). Auch die übliche Sommerzeit hat man hier, so daß also die Uhrzeit stets die gleiche wie in den deutschsprachigen Ländern ist.

Öffnungszeiten

Je kleiner der Ort, desto kürzer die Öffnungszeiten der *Geschäfte*. Dörfliche Lebensmittelgeschäfte (Potraviny) orientieren sich an der Nachfrage der bäuerlichen Kundschaft, und da diese schon früh auf den Beinen ist, kann das im Extremfall bedeuten, daß der betreffende Laden nur morgens von 5-10 Uhr geöffnet ist. In der Regel sind Lebensmittelläden in etwas größeren Ortschaften allerdings zumindest dienstags bis freitags 8-18 Uhr geöffnet, samstags bis 12 Uhr. Der Montag hingegen ist außerhalb größerer Städte häufig nur ein "halber" Tag, an dem Sie schon ab der Mittagszeit vor verschlossenen Türen stehen können.
In den Zentren der größeren Städte können Supermärkte und *Kaufhäuser* auch bis 19 oder 20 Uhr geöffnet sein. Auch außerhalb der regulären Geschäftszeiten gibt es in einigen Orten die Möglichkeit, Lebensmittel einzukaufen. In Orten, die an stark befahrenen Fernstraßen liegen, gibt es des öfteren Krämerläden, die tagtäglich geöffnet sind.
Konditoreien (cukrárna) sind fast immer mit einem Café kombiniert und haben naturgemäß auch an Samstagnachmittagen und Sonntagen geöffnet.
Restaurants (restaurace) und *Bierstuben* (pivnice, hostinec) schließen in der Regel um 22 Uhr, *Weinstuben* (vinárna) sind bis Mitternacht geöffnet. Länger geöffnet sind einige Lokale in den Zentren touristisch beliebter Orte und natürlich die Bars großer Hotels. Es lohnt sich, nicht zu spät nach einer Gelegenheit für eine warme Mahlzeit zu spähen, denn die Auswahl auf der Speisekarte kleiner Gaststätten schrumpft ab dem frühen Nachmittag rapide.
Banken sind Mo-Fr zumindest von 9-12 Uhr geöffnet, häufig auch bis 14 Uhr. Die Büros von *ČEDOK* sind Mo-Fr von 8-16 (17) Uhr geöffnet, samstags bis 12 Uhr. *Behörden* sind Mo-Fr von 8.30-17 Uhr besetzt, kleine *Postämter* häufig nur von 8-13 Uhr, größere bis 17 (19) Uhr.
Fast alle touristischen *Sehenswürdigkeiten* wie Museen, Klöster, Schlösser, Burgen, Ausstellungen, Höhlen usw. sind montags geschlossen (Ausnahme: das Jüdische Museum in Prag, das stattdessen samstags geschlossen ist). Dasselbe gilt auch für den Werktag, der jeweils auf einen Feiertag folgt. An den übrigen Tagen der Woche, also Di-So, sind die meisten Objekte in der Sommersaison von 9-12 und 13-17 Uhr geöffnet. Besichtigt werden können sie allerdings zumeist nur im Zuge einer Führung, zu der es einer Mindestanzahl von Teilnehmern bedarf,

die im günstigsten Fall bei 5 liegt. Wenn die nicht erreicht wird, findet die Führung und damit die Besichtigung einfach nicht statt. Zu berücksichtigen gilt es auch, daß die letzte Führung jeweils eine bzw. eine halbe Stunde vor den angegebenen Schließungszeiten startet; und damit ist auch die Mittagspause gemeint.

Feiertage

In der Tschechoslowakei sind außer den kirchlichen Feiertagen (Ostern und Weihnachten) der Neujahrstag, 1. Mai (Tag der Arbeit), 9. Mai (Befreiung von den Nazis), 5. Juli (Tag der Slawenapostel) und 28. Oktober (Gründungstag der Republik) gesetzliche Feiertage. In der Slowakischen Republik wird zusätzlich der 1. November und in der Tschechischen Republik der 6. Juli als Feiertag begangen.

Normen

In der Tschechoslowakei gilt das metrische System. Aus österreichischer Zeit ist noch das Dekagramm (tsch.: deko, slow.: deka) als gebräuchliche Gewichtseinheit erhalten geblieben. Wurst und Käse werden daher nicht gramm-, sondern zehngrammweise geordert. Sonst kann es Ihnen passieren, daß Sie statt 50 g möglicherweise gleich ein halbes Kilo in Scheiben geschnippelter Wurst bekommen.
Alle Waren sind mit einer Mehrwertsteuer befrachtet (17 %). Nur Inländer können sich diese allerdings bei der Warenausfuhr zurückerstatten lassen.
Die Spannung des Haushaltsstromes beträgt 220 V. In die landesüblichen Steckdosen passen jedoch nur (schutzisolierte) Flachstecker.

Das Reisen

Kadaň an der Eger (Ohre)

Informationen

Die Tschechoslowakei unterhält keine speziellen Fremdenverkehrsämter im Ausland, diese Aufgabe wird von den Auslandsvertretungen der staatlichen ČEDOK-Reisebüros übernommen. Allerdings sehen diese Büros ihre Hauptaufgabe im Verkauf von Reisen und Unterkünften, auf den Informationshunger westlicher Individual-Touristen ist man noch nicht eingestellt. Karten und Prospekte sind in diesen Filialen bislang kaum vorrätig, schriftliche Anfragen werden in der Regel ignoriert; aus diesem Grund sind in diesem Buch auch keine Postanschriften (mit Postleitzahl) genannt. Tragen Sie Ihr Anliegen deshalb am besten auf telefonischem Wege vor. Alternativ besteht natürlich auch die Möglichkeit, sich direkt mit der ČEDOK-Auslandsverkehrsverwaltung in Prag in Verbindung zu setzen (ČEDOK, Na prikope 18, CS-111 35 Praha 1, Tel. 02-2127111), aber versprechen Sie sich nicht zu viel davon.

Deutschland
- ČEDOK, Strausberger Platz 8/9, O-1017 Berlin, Tel. 4394113/35
- ČEDOK, Kaiserstr. 54, W-6000 Frankfurt/M. 1, Tel. (069) 2740170
- ČEDOK, Prof.-Messerschmit-Str. 17b, W-8900 Augsburg, Tel. (0821) 593175.

Österreich
- ČEDOK, Parkring 12, 1010 Wien 1, Tel. (0222) 5132609, 5120199, 5125916

Schweiz
- ČEDOK, Uraniastr. 34/2, 8025 Zürich, Tel. (01) 2114245/42

Niederlande
- ČEDOK, Leidsestraat 4, 1017 PA Amsterdam, Tel. (020) 220101, 224888

Auch unterwegs werden Sie in der Tschechoslowakei immer wieder auf den Schriftzug ČEDOK stoßen, in der Slowakei kommen noch die Reisebüros von Slovakotour und Tatratour hinzu. All diese Büros verkaufen zunächst einmal Reisen und Tickets an Tschechoslowaken, und nur nebenbei bedienen sie auch die ausländische Kundschaft, der sie dann meist relativ teure Hotels oder Privatquartiere nachweisen, Geld umtauschen, vielleicht einen Prospekt in die Hand drücken, manchmal auch Wanderkarten und Stadtpläne verkaufen. Alles was darüber hinausgeht, vor allem die Beantwortung spezieller Fragen, sollten Sie von diesen Büros nicht unbedingt erwarten. Nur Bratislava und Prag unterhalten zu diesem Zweck spezielle Informationsbüros (BIPS und PIS; Adressen bei den entsprechenden Etappen).

Noch eine Adresse gibt es, die für Informationen allgemeiner Art in Frage kommt. Die tschechoslowakische Entsprechung eines deutschen Goetheinstitutes ist aus den Zeiten übriggeblieben, da die DDR und die ČSSR ein besonders inniges Verhältnis hatten.

- Kultur- und Informationszentrum der ČSFR

Leipziger Str. 60, O-1080 Berlin, Tel. 2002031

Anreise

Wenig Kopfzerbrechen dürfte die Anreise in die ČSFR bereiten. Österreich und Deutschland sind direkte Nachbarn der Tschechoslowakei, aus der Schweiz und den Niederlanden ist der Weg etwas länger. Welche Möglichkeiten bieten sich also an?

Per Fahrrad

Am schönsten ist es natürlich, gleich vom Heimatort aus loszuradeln und dabei die Anreise zum Teil des Radurlaubs zu machen. Wenn Sie nur zwei bis drei Tagesetappen von der ČSFR entfernt wohnen, ist diese Art der Anreise allemal eine Überlegung wert. So sind Sie schon im Radreiserhythmus, wenn Sie die Grenze zur Tschechoslowakei überschreiten.
Die Grenzübergänge zur ČSFR sind in letzter Zeit so zahlreich geworden, daß es keinen Sinn mehr macht, sie noch einzeln aufzählen zu wollen. Ein Blick in eine aktuelle Straßenkarte informiert Sie da weitaus besser (s. Karten). Beachten Sie jedoch, daß einige Neben-Grenzübergänge dem kleinen Grenzverkehr vorbehalten sind und daher nur von den Einwohnern der jeweils aneinandergrenzenden Staaten passiert werden können (also ČSFR-Deutschland, ČSFR-Österreich, ČSFR-Ungarn, ČSFR-Polen). In der Regel ist dies in den Straßenkarten entsprechend vermerkt; im Zweifelsfall wenden Sie sich vorab an das ČEDOK-Büro in Ihrem Heimatland (Adressen: s. Informationen).

Mit dem Auto

Die Anreise mit dem eigenen Auto kann für kürzere, spontane Radwanderungen durchaus in Betracht kommen. Für die Einreise benötigen Sie eine grüne Versicherungskarte, die in Schadensfällen verlangt wird. Treibstoff wird an den Tankstellen frei verkauft. Wenn Sie Ihr Auto für mehrere Tage oder Wochen abstellen wollen, um eine Rundreise mit dem Fahrrad zu starten, so tun Sie dies am besten in einer nicht zu großen Ortschaft (z.B. Marktplatz, Bahnhofsplatz, Rathausplatz, beim Hotel oder Campingplatz). Sorgen Sie dafür, daß einige Leute wissen, wem der Wagen gehört, indem Sie sich beispielsweise nach einem geeigneten Parkplatz umhören.

Mit dem Bus

Reisebusse, die im internationalen Liniendienst verkehren, transportieren keine Fahrräder, da ihre Laderäume in der Regel voll ausgelastet sind. Anders verhält

es sich bei den "Städtereisen" (Prag), die viele Busunternehmer oft ohne Übernachtungen anbieten. Da es sich um Kurzreisen handelt, bleibt im Gepäckabteil meist noch genügend Platz für einige Fahrräder. Natürlich sollten Sie sich die Fahrradmitnahme bei der Buchung einer solchen Busreise schriftlich bestätigen lassen, denn einen Anspruch haben Sie sonst nicht. Selbst wenn Sie die Rückfahrt verfallen lassen müssen, kann dies eine preisgünstige und vor allem problemlose Anreisemöglichkeit sein.
In den velofreundlichen Niederlanden werden "Fahrradbusse" ("fietsbus") offeriert, die von Ende Juni bis Anfang September im Wochenturnus nach Plzeň, Prag und zurück fahren. Das eigene Fahrrad fährt dabei in einem Anhänger mit. Dies sind reine Transportangebote, die eigentliche Radtour findet auf eigene Faust statt. Der Rückfahrttermin wird vorab mitgebucht. Keine Zusteigemöglichkeit besteht außerhalb der Niederlande. Da die Fietsbusse jedoch in den grenznahen Städten Groningen Nijmegen und Heerlen (nur 15 km nordwestlich von Aachen!) Station machen, besteht auch für Radreisende aus Deutschland, die in regionaler Nachbarschaft zu den Niederlanden wohnen, die Möglichkeit, diese unkomplizierte Form der Anreise zu nutzen. Das bedeutendste Unternehmen, das solche Reisen anbietet, ist "Fietsvakantiewinkel" (dt.: Fahrradreiseladen), Spoorlaan 19, NL-3445 AE Woerden, Tel. (03480) 21844.
Die Tochterfirma *Velomobil* des Allgemeinen Deutschen Fahrrad-Clubs (ADFC) hat zwar die Fietsbus-Idee für Deutschland übernommen, bietet aber bislang keine Fahrten in die Tschechoslowakei an.

Mit dem Flugzeug

Auch wenn das Fahrrad im Flieger eine ökologisch zweifelhafte Kombination ist, wird diese doch zunehmend beliebter. Unter zeitlichen Aspekten betrachtet, macht diese Anreise in die ČSFR eigentlich nur für Schweizer oder Niederländer Sinn. Für Deutsche und Österreicher kommt dieses Transportmittel nur in Betracht, wenn das Fahrrad direkt mitreisen soll. Sie müssen ihr Velo dann nicht, wie bei der Eisenbahn (s.u.), einige Tage zuvor als Frachtgut aufgeben.
Ruzyně, der internationale Flughafen von Prag, liegt etwa 14 km nordwestlich vom Zentrum der Hauptstadt. Direktflugverbindungen bestehen unter anderem mit Frankfurt/M., Genf, Zürich, Wien und Amsterdam.

Mit der Eisenbahn

Oft wird die Anreise wohl mit der Eisenbahn erfolgen. Nachteil: Fahrräder können im grenzüberschreitenden Bahnverkehr nicht im Gepäckwagen mitreisen, sondern müssen einige Tage zuvor als Reisegepäck bei der Bahn aufgegeben werden (zuvor Bahnkarte kaufen); gleiches gilt auch für die Rückreise. Wenn Sie die damit verbundenen Umstände vermeiden wollen, reisen Sie mit der Bahn doch einfach so dicht wie möglich an die Grenze der ČSFR heran, dann können Sie Ihr

Fahrrad im Gepäckwagen desselben Zuges mitnehmen. Klären sollten Sie die Modalitäten.

Die Tschechoslowakei ist durch eine Anzahl von Zugverbindungen mit dem benachbarten Ausland verbunden. So bestehen von Prag aus tägliche Direktverbindungen nach München (M'chen - Regensburg - Furth i. Wald - Plzeň - Prag), Stuttgart, Frankfurt (F'ft. - Nürnberg - Schirnding - Cheb - Mariánské Lázně - Plzeň -Prag), Berlin (via Dresden), Wien und Budapest (B'pest - Brno - Bratislava - Prag). Von Plzeň fahren seit Juni 1991 auch wieder Züge über Bayerisch Eisenstein nach München.

Ein Schmankerl: Anreise per Schnellboot

Früher verkehrte zwischen Wien und dem 60 km entfernten Preßburg (Bratislava) eine Straßenbahn. Heute kann, wer will, stattdessen das Donau-Schnellboot nehmen, das von April bis September im täglichen Rhythmus Wien und Bratislava verbindet. Vorausbuchungen sind in der Hochsaison jedoch unverzichtbar, Fahrradmitnahme ist möglich. Alles weitere über das österreichische ČEDOK-Büro (s. Informationen) oder bei der DDSG, Handelskai 235, Wien 1020.

Brunnen in der Altstadt von Jičín

Einreise

Personen

Bei einem Aufenthalt bis zu dreißig Tagen können Schweizer, Österreicher, Niederländer und Deutsche mit einem Paß oder Personalausweis ohne Visum einreisen. Kinder bis zum Alter von 16 Jahren müssen im Ausweis eines Elternteiles miteingetragen sein, sofern sie keinen eigenen Kinderausweis besitzen.

Tiere

Für Haustiere (Hunde, Katzen) werden bei der Einreise ein tierärztliches Gesundheitsattest (nicht älter als zwei Tage) und eine Tollwut-Impfbescheinigung (internationaler Impfpaß, der zugleich Identitätsbescheinigung ist) verlangt.

Zoll/Devisen

Alle Gegenstände des (angemessenen) persönlichen Reisebedarfs dürfen *vorübergehend* zollfrei eingeführt werden, müssen also auch wieder ausgeführt werden. Die früher obligatorische Deklaration von Wertgegenständen wie Kamera oder Fahrrad wird normalerweise nicht mehr verlangt. *Dauerhaft* zollfrei eingeführt werden dürfen: 3 kg Lebensmittel, 250 Zigaretten oder andere Tabakwaren, 2 l Wein, 1 l Spirituosen und Geschenke bis zum tschechoslowakischen Marktwert von 1000 Kčs.
Währung der ČSFR darf über einen Betrag von 50 Kronen hinaus weder ein- noch ausgeführt werden, ausländische Devisen hingegen in beliebiger Menge (große Bargeldbeträge bei der Einreise deklarieren).
Sollten Sie größere Erwerbungen auf Ihrer Radreise im Sinn haben (z.B. Antiquitäten oder böhmisches Kristall), so lassen Sie sich am besten bereits bei der Einreise die Zollbestimmungen aushändigen (es besteht ein Ausfuhrverbot für alle kunstgewerblichen Gegenstände, die älter als 50 Jahre sind!). Sie können sich aber auch beim Prager Hauptzollamt (Tel. 2322270) gezielt nach den Ausfuhrbeschränkungen erkundigen. Merke: auch Radler sind vor Stichproben des Zolls nicht gefeit.

Inländische Verkehrsmittel

Seien es nun Zeit-, Wetter- oder sonstige Gründe: Wer nicht gerade als beinharter Dogmatiker durch die Lande strampelt, wird wohl ein Stück des Weges auch einmal mit einem öffentlichen Verkehrsmittel zurücklegen wollen.

Busse

Eigentlich uninteressant für Radreisende, denn offiziell können Fahrräder in Bussen nicht mitgenommen werden. Da die Fahrer aber schon mal Ausnahmen machen (eine Panne beispielsweise dürfte eine solche Ausnahme rechtfertigen), sollen hier ein paar Anmerkungen zum Busverkehr dennoch folgen.
In nahezu jedes kleine Nest läßt die ČSAD ihre blauen Überlandbusse fahren. Die Busfolge orientiert sich dabei in ländlichen Gebieten an den Schul- und Arbeitszeiten, so daß tagsüber und an Wochenden der Busverkehr auf manchen Strecken gegen Null tendieren kann. Die meisten Busse verkehren zudem nur in einem festgelegten Bezirk, und die Fahrpläne, die an jeder Haltestelle hängen, lassen sich mangels Übersichtsplan nur mühsam umsetzen. Jedoch sind sämtliche überregionalen Linienbusse in einem gesonderten Kursbuch (Nr. 11: Medzinárodné a dialkové linky) aufgelistet, das halbjährlich neu erscheint und - sofern nicht bereits vergriffen - in Buch- und Zeitungshandlungen erhältlich ist.

Eisenbahn

Jede der in diesem Reiseführer beschriebenen Etappen berührt zumindest einen Ort, der an das Eisenbahnnetz angeschlossen ist.
Schon früh hat die intensive Industrialisierung des 19. Jahrhunderts der Tschechoslowakei ein relativ dichtes Eisenbahnnetz beschert, dem allerdings heute noch anzusehen ist, wohin der Warenstrom floß: von den Kolonien im Norden (Böhmen, Mähren und die Slowakei) zu den Kolonialherren im Süden (Österreich-Ungarn). "Glatte" Querverbindungen gibt es bis auf den heutigen Tag nicht, die Kurszüge müssen viele Haken schlagen, um vom Westen in den Osten zu gelangen. Insgesamt ähnelt das Eisenbahnnetz einem Flickenteppich.
Dennoch kommen Sie bei etwas Geduld mit den Zügen der Tschechoslowakischen Staatsbahnen ČSD in fast jeden gewünschten Winkel, und das bequem und zuverlässig. Ihr Fahrrad müssen Sie dabei stets als Gepäckstück aufgeben, denn eine Selbstverladung ist nicht möglich. Wenn Sie auf Strecken bis ca. 50 km mit einem der Nahverkehrszüge (Personenzug = osobní vlak, zumeist rote Schienenbusse) fahren, können Sie Ihr Velo im Auge behalten; es fährt dann im Abteil des Schaffners mit. In allen anderen Fällen sollten Sie einkalkulieren, daß das Rad erst einige Stunden nach Ihnen am Zielbahnhof eintrudelt; im schlechtesten

Dunajec bei Červeny Kláštor

Fall erst am nächsten Morgen. Versuchen Sie diesen Zeitpunkt vorher zu erfragen, damit Sie nicht ungewollt eine Nacht auf dem Bahnhof verbringen müssen, weil sich weder Hotel noch Campingplatz in der Nähe befindet.
Auch wenn die Gepäckbeförderung recht vertrauenswürdig verläuft, sollten Sie Ihr sonstiges Gepäck mit ins Abteil nehmen. Ein angemessenes Ersatz-Fahrrad läßt sich in der Tschechoslowakei zwar relativ problemlos und preiswert beschaffen, die gesamte Ausrüstung aber nicht. Um keine Mißverständnisse aufkommen zu lassen: das Risiko des Abhandenkommens ist insgesamt gering; eher kommt es schon mal vor, daß das Rad bei der Bahn einen Kratzer erhält.
Rabatte und Sondertarife sind im Geltungsbereich der ČSD unbekannt und für den ausländischen Touristen eigentlich auch kein Thema; denn die Beförderungspreise machen ohnehin nur einen Bruchteil dessen aus, was westeuropäische Eisenbahnen verlangen.

Falls Sie zur Bahnbeförderung noch eine spezielle Frage haben, können Sie es bei folgenden Adressen versuchen (am besten telefonisch):
- Generalvertretung der Tschechoslowakischen Staatsbahnen ČSD, Leipziger Str. 61, O-1080 Berlin, Tel. 2080004
- Generalvertretung der Tschechoslowakischen Staatsbahnen ČSD, Kaiserstr. 60, W-6000 Frankfurt/M. 1, (069) 234567
- Generalvertretung der Tschechoslowakischen Staatsbahnen ČSD,
Parkring 12, 1010 Wien 1, (0222) 528974

Übersichtskarte: Eisenbahn-Fernverkehrsstrecken

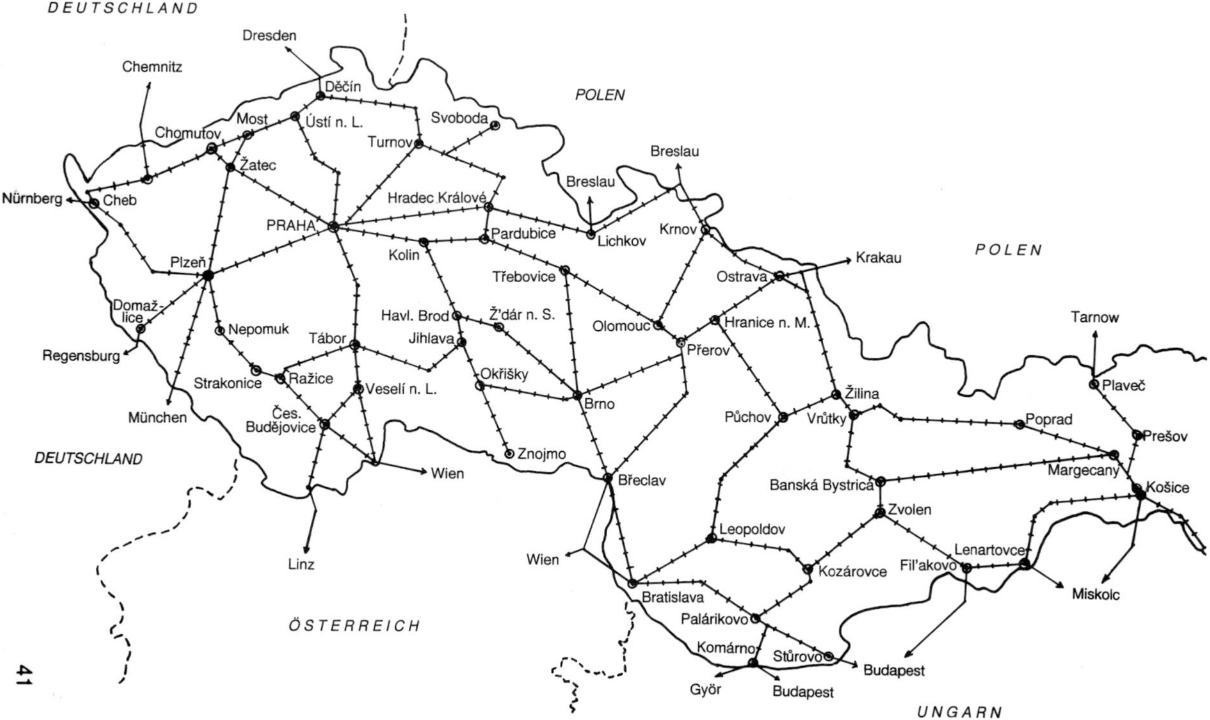

Straßen und Verkehr

Eines muß man den Tschechoslowaken ja lassen: eher verfällt ihnen mal ein Schloß, als daß sie ihre Straßen nicht in Schuß halten würden. Im Ergebnis bedeutet dies, daß auch die Asphaltdecken kleiner Nebenstraßen zumeist erstaunlich gut sind. Zu den Stuckerstrecken zählen allerdings manche Dorfdurchfahrten, die noch gepflastert sind. Auch an manchen Steigungsstrecken wurde offenbar bewußt auf eine Asphaltierung zugunsten kleiner Pflastersteine verzichtet; vielleicht um den Autos im Winter das Emporkommen zu erleichtern. Irgendwann, irgendwo kommt es auch mal vor, daß sich der Asphalt einer Straße regelrecht auflöst und nur noch eine "Erdpiste" weiterführt. Aber nach wenigen Kilometern beginnt doch wieder der Asphalt.

Von der üblen Sitte manch anderer ehemaliger Ostblockländer, Radfahrer auf wichtigen Fernstraßen kraft Verbotszeichens von der Benutzung auszuschließen, macht man in der Tschechoslowakei gottlob kaum Gebrauch. Dort, wo dies dennoch der Fall ist, bietet sich meist eine Ausweichmöglichkeit an. In der Regel wird aber auch kein Polizeihahn nach Ihnen krähen, sollten Sie doch einmal auf einer "verbotenen" Autostraße radeln (die Sie aber bitte nicht mit der Auto*bahn* verwechseln wollen). Für den gerechten Ausgleich sorgen die Wald- und Wanderwege der ČSFR, die stets für *Kraft*fahrzeuge aller Art gesperrt sind, nicht jedoch für Radler.

Unvermeidbar ist die gelegentliche Konfrontation mit folgendem Verkehrsschild: Achtung Steigung 12 % ! Wobei Sie die Zahl nicht ernst nehmen sollten. Die steht nämlich auf nahezu allen Steigungsschildern und soll einfach nur einen überdurchschnittlichen Anstieg ankündigen, egal ob der nun 10 oder 14 % hat. Nebenstraßen sind in der Regel zwar steigungsintensiver als Hauptstraßen trassiert, doch stets radelbar. Selbst in gebirgigen Regionen sind Steigungen, die nach der kleinsten Übersetzung schreien, eher die Ausnahme als die Regel. In den Etappenbeschreibungen sind solche (Aus-)Reißer jeweils vermerkt.
Längere Radwege gibt es nur in wenigen Städten (Hradec Králové, Uherské Hradiště), ihr Zustand ist eher mäßig. Verkehrsreiche Fernstraßen sind häufig mit einer mehr oder weniger breiten Standspur versehen, die sich als Quasi-Radweg nutzen läßt. Gänzlich unbekannt sind in der ČSFR bislang Radwanderwege.

Auto- und Lastwagenfahrer gehen rücksichtsvoll mit Radlern um, oft genug bleiben sie geduldig zurück, wenn ihnen das Überholen wegen einer Bergkuppe oder einer Kurve zu unübersichtlich erscheint. Die Hupe wird selten bemüht. Eine Spezies von Kraftfahrzeugen ist jedoch nervig, und das sind die älteren Universal-LKWs der Marke "Tatra". Schon bei geringer Geschwindigkeit heulen ihre Motoren wie überforderte Turbinen, bei der kleinsten Unebenheit krachen und scheppern ihre Stahlaufbauten. Wenn ein solcher "Kleinsaurier" mit schiefstehenden

Vorderrädern in der Kurve entgegenkommt, kann leicht den Eindruck entstehen, der Fahrer würde im nächsten Moment die Gewalt über sein Fahrzeug verlieren. Tut er aber nicht, die Kurve kriegen sie alle. Aber es nervt. Gottseidank gibt es in Böhmen/Mähren eine Vielzahl verkehrsarmer Straßen, auf die man ausweichen kann. Nicht ganz so gut gelingt dies in der Slowakei. Dort läßt das aufgrund der gebirgigen Topographie weitmaschigere Straßennetz deutlich weniger Variationsmöglichkeiten zu.

Grundsätzlich ist die Wegweisung in der ČSFR gut und zuverlässig, nahezu jeder an das Straßennetz angeschlossene Ort ist auch ausgeschildert. Dennoch kommt es aus unerfindlichen Gründen immer wieder vor, daß an entscheidenden Stellen einmal ein Hinweis fehlt. Die Etappenbeschreibungen gehen hierauf besonders ein. Tschechoslowaken, sofern zur Stelle, geben gern Auskunft. Fragen Sie dabei stets nach dem nächstgelegenen Ort, den Sie ansteuern möchten.

Karten

Zur Übersichtsplanung empfiehlt sich die Tschechoslowakei-Karte aus dem Verlag *Freytag & Berndt*. Eine schwache Schummerung stellt die Gebirge dar, prägnantes Grün kennzeichnet die ebenen Landesteile. Grenzübergänge werden deutlich in internationale und bilaterale unterschieden. Der Maßstab 1:500.000 fällt unter die Rubrik Augenwischerei, denn es handelt sich um die altbekannte 1:600.000-Karte, die lediglich etwas "aufgeblasen" wurde. Zur kleinräumigen Orientierung ist diese Karte daher nicht detailliert genug. Zu diesem Zweck kommen allein die beiden folgenden Kartenwerke in Frage.

Nummer eins stammt aus dem *RV-Verlag*, nennt sich *Euro-Regionalkarte* und ist im Maßstab 1:300.000 unterteilt in die beiden Blätter *ČSFR-West* und *ČSFR-Ost*. Außer Höhenlinien weist diese übersichtlich strukturierte Karte eigentlich alles auf, was an touristischen Hinweisen so zu brauchen ist. Sehr schön sind die Markierungen landschaftlicher und lokaler Sehenswürdigkeiten, weil sie auch wenig bekannte Flecken erfassen. Sämtliche Orte mit Straßenanschluß sind enthalten. Weniger schön ist, daß den Karten an kritischen Stellen regelmäßig die Detailschärfe fehlt (kleine Orte sind stets nur als Punkte abgebildet, Straßenverbindungen vereinfacht dargestellt). Achten Sie beim Kauf auf das Jahresdatum in der rechten unteren Ecke der Karten.

Das präziseste Kartenmaterial zum Radeln offeriert der *Velký* (= Großer) *Autoatlas Československa* im Maßstab 1:200.000; auf ihm basieren die meisten Angaben in diesem Radreiseführer. Das einzige Problem mit dem guten Stück ist sein lenkertaschenfeindliches Format (24 x 33 cm). Da sich der Atlas mit seinen 96 Seiten (davon 64 Kartenseiten) nicht knicken läßt, kommt eigentlich nur das blattweise Auftrennen der gesamten Broschüre in Frage; eine Maßnahme, die sich in der Praxis durchaus bewährt hat.
Neben der erfreulich akkuraten Darstellung von Ortsausdehnungen und realen Straßenverläufen (Brücken, Kreuzungen, Gabelungen, kleine Flüsse und Teiche, usw.) glänzt dieser Atlas durch eine Anzahl hilfreicher Skizzen wichtiger Ortskerne. Das umfangreiche Registerwerk im Anhang werden Sie hingegen kaum nutzen. Was diesem Atlas allerdings fehlt sind Höhenlinien, lediglich Höhenpunkte, Waldmarkierungen und rare Steigungspfeile lassen grobe Rückschlüsse auf die Topographie zu. Auf ein ungewöhnliches Zeichen in diesem Atlas sei noch hingewiesen: es ist ein mit einem Häkchen versehener Kreis, der Wege und Straßen markiert, die aus irgendwelchen Gründen gesperrt sind. Wenn der Atlas mal schiefliegt, was äußerst selten geschieht, ist es in den jeweiligen Etappenbeschreibungen vermerkt.
Diesen Autoatlas können Sie nun entweder direkt und billig in den meisten Buchhandlungen der ČSFR erstehen, oder aber bereits daheim als fünfmal so teure - dabei immer noch preiswerte - Lizenzausgabe von *Freitag & Berndt: Straßen und*

Städte ČSFR. Achten Sie auf das Erscheinungsdatum, jeweils auf der vorletzten Seite.

Nur für Wanderungen und Radtouren abseits aller Straßen empfehlen sich die "Touristischen Karten" (*turistická mapa*), die überwiegend im Maßstab 1:100.000 daherkommen. Hier finden Sie zwar Höhenlinien und sämtliche Wanderwege mit den dazugehörenden Farbmarkierungen, dafür sind aber die eigentlichen Straßen völlig unzureichend dargestellt. Zudem sind die einzelnen Regionalblätter schon bis zu zwölf Jahre alt.

Die Kartenskizzen in diesem Buch sind weder dazu gedacht noch geeignet, als Landkartenersatz zu dienen. Eine derart präzise Darstellung würde ein eigenes Kartenwerk in entsprechendem Maßstab und vielfarbigem Druck erfordern. Eine Umsetzung der Skizzen auf die während der Reise benutzten Landkarten ist unbedingt erforderlich!

Pestsäule auf dem Marktplatz in Kadaň

Reiseführer und -literatur

Allgemeine Informationen zum Thema Fahrradreise vermittelt Jürgen Rieck mit seinem Buch: *Der Wind kommt immer von vorn.* Mit dem Fahrrad auf Reisen, Verlag Wolfgang Kettler, Berlin 1989.

Zahlreich sind die Städte-Reiseführer, die zum Thema Prag erschienen sind. Nun, da das Interesse über die "Hunderttürmige Stadt" hinausgeht, wächst auch das Angebot an Reiseführern, die sich mit dem *ganzen* Land beschäftigen. Allzu groß ist die Auswahl allerdings noch immer nicht.

Tschechoslowakei-Handbuch, David Stanley, Verlag Gisela E. Walther, Bremen 1991
Dieses "Handbuch" ist eine Auskoppelung aus dem englischen Reiseführer "Eastern Europe on a shoestring" und daher relativ dünn geraten. Die Übersetzung ist gut, nur sind alle Preise in US-$ angegeben. Wenig Unterkunftshinweise.

Tschechoslowakei auf eigene Faust, Simon Hayman, Conrad Stein Verlag, Kiel 1991
Ein nicht besonders brillant übersetzter Reiseführer aus dem Englischen. Zwar recht aktuell, aber für seine optische Dickleibigkeit viel zu lückenhaft. Setzt das Schwergewicht aufs Wandern.

Czechoslovakia - The Rough Guide, Rob Humphreys, Harrap Columbus, London 1991
Wer die englische Sprache gut beherrscht, ist mit dem Rough Guide bestens bedient. Sehr gute Hintergrundinfos und pointierte Ortsbeschreibungen, die auch mit Kritik nicht sparen. Aktuell und umfassend.

ČSFR/Tschechoslowakei, Grieben Reiseführer, Grieben-Verlag, Stuttgart 1991
Der alte Grieben wirkt jetzt wesentlich frischer. Knapp und kompetent geschrieben. Keinerlei Unterkunftshinweise. Typisch Grieben ist die alphabetische Abfolge der Ortsbeschreibungen. Wer's gewohnt ist, mag es so.

Tschechoslowakei/Prag, Reiseführer Olympia, Ludvík/Mohyla, Olympia-Verlag, Prag 1989
Dieser in der Tschechoslowakei hergestellte Reiseführer beschreibt in etwas steifem Deutsch zahlreiche Orte, enthält aber wenig bis gar keine touristischen Informationen. Nicht aktuell, nicht veraltet - zeitlos.

Tschechoslowakei, DuMont Kunst-Reiseführer, Erhard Gorys, DuMont Buchverlag, Köln 1991. Von einem Kunsthistoriker geschrieben, dem man anmerkt, daß er um die Zusammenhänge der Geschichte weiß. Anschauliche und kompetente Darstellung der wichtigen kulturhistorischen Sehenswürdigkeiten. Zu schwer für die eigentliche Radreise, gut für die Vor- und Nachbereitung.

Tschechoslowakei - ein politisches Reisebuch, Marie Cupalová, Katerina Wolf (Hrsg.), VSA-Verlag, Hamburg 1989
Dieses lebendige Buch wurde von tschechoslowakischen Exil-AutorInnen verfaßt, als ihre alte Heimat noch ČSSR hieß. Es ist trotz der Revolution in fast allen Bereichen aktuell geblieben. Sehr sympathisch und (hintergrund-)informativ.

Tschechoslowakei, Kompass-Wanderführer, Otakar Mohyla, Dt. Wanderverlag Dr. Mair & Schnabel & Co., Stuttgart 1979
Skizzenunterstützte Tourenbeschreibungen für Wanderungen u.a. durch Böhmerwald, Adlergebirge, Kleine Fatra, Hohe und Niedere Tatra. Eine Neubearbeitung täte diesem Buch gut.

Tschechoslowakei, Goldstadt-Reiseführer, Goldstadt-Verlag, Pforzheim 1991. Eine alte Auflage im neuen Gewand. Zahlreiche Ortsbeschreibungen, die aber häufig zu knapp geraten sind. Keine Detail-Informationen zu Unterkunft, Öffnungszeiten oder Verkehrsmitteln. Nur als Zweitführer brauchbar.

Schloß Eisgrub in Lednice

Ein Dach überm Kopf

Ungleich sind die Übernachtungsmöglichkeiten übers Land verstreut. Das ganze Gewerbe hat gerade erst die Startlöcher verlassen, um sich den neuen Verhältnissen und dem zunehmenden Tourismus anzupassen. Unterkünfte vorauszubuchen wird wohl für die meisten Radreisenden nur ganz vereinzelt in Betracht kommen. In der Hochsaison sollten Sie deshalb unbedingt eine Zeltausrüstung dabeihaben, um bei der Quartiersuche möglichst flexibel zu sein. Behalten Sie die Vokabel "Ubytovany" im Hinterkopf, sie bedeutet Unterkunft und wird Ihnen mit Sicherheit irgendwo unverhofft begegnen, nicht überall steht schließlich auf deutsch geschrieben "Zimmer frei". Welche Optionen Ihnen nun insgesamt offenstehen, erfahren Sie im folgenden.

Hotels

Von der Kleinstadt an aufwärts verfügen die meisten Orten über zumindest *ein* Hotel. Aber, um es gleich vorweg zu nehmen, es sind darunter auch etliche, die ihre Tore geschlossen haben und z.Z. nur als Zeichen auf der Landkarte existieren. Einige solcher Geisterhäuser werden gerade von privaten Erwerbern renoviert, andere warten im tiefen Dornröschenschlaf auf ihren Prinzen.
Hotels der Klassen B*, B und C gehören in die Kategorie der preiswerten Übernachtungsmöglichkeiten. Abstriche bei der Einrichtung werden Sie häufig machen müssen, aber dafür betragen die Preise für ein Doppelzimmer auch nur 10-30 DM. Für die Dusche müssen Sie in den C-Hotels noch einen Aufpreis bezahlen, und nicht immer ist das Wasser dann auch warm. In der Hochsaison (Juli-August) werden Sie auch in unscheinbaren Hotels unverhofft die lapidare Antwort "kein Zimmer frei" hören; selbst wenn dort kein Gast weit und breit zu sehen ist. Schuld daran ist meist ČEDOK oder ein anderer Reiseveranstalter, der das betreffende Hotel pauschal gebucht hat. Wenn Sie solche Überraschungen nicht mögen, lassen Sie sich bereits einige Tage zuvor, über ein ČEDOK-Büro oder von der Rezeption Ihres Hotels, ein Zimmer reservieren. Solche Buchungen sind allerdings in der Regel nicht ganz billig: auch bei Nichterfolg tragen Sie die Telefongebühren und selten wird man Ihnen ein besonders preiswertes Quartier vermitteln.

Herbergen

Strenggenommen gibt es keine *Jugendherbergen* in der ČSFR. Das tschechoslowakische Jugendreisebüro CKM betreibt jedoch eine handvoll sog. *Juniorhotels*, in denen jeder übernachten kann, Inhaber eines IYHF-Ausweises aber einen etwas niedrigeren Übernachtungspreis bezahlen. Diese Häuser sind im Internat.

Jugendherbergsverzeichnis aufgeführt. Vorausbuchungen über das Hauptbüro von CKM, Zitná 12, 12105 Praha 2, Tel. (02) 299941, möglich.
Der Begriff *Youth Hostel* und das offizielle Logo tauchen immer öfter im Lande auf, aber bis auf weiteres gilt, daß die Übernachtung auch in diesen Häusern nicht an eine Mitgliedschaft gebunden ist.
An dieser Stelle soll auch auf eine Ex-Ostblock-Spezialität hingewiesen werden: die Vermietung von Zimmern in *Studentenwohnheimen* während der Semesterferien. Da deren Vermittlung aber nicht mehr durch das CKM monopolisiert ist, und die Adressen jedes Jahr wechseln, lassen sich diese Unterkünfte oft erst vor Ort ermitteln (CKM, ČEDOK, Bahnhofswerbung) und direkt buchen. Studenten mit Internat. Studentenausweis erhalten Rabatt. Hochschulen bzw. Fakultäten gibt es in folgenden Orten: Banská Bystrica, Bratislava, Brno, České Budějovice, Hradec Králové, Košice, Nitra, Olomouc, Ostrava, Pardubice, Plzeň, Praha, Prešov, Ústí nad Labem, Žilina, Zvolen.
Nur der Vollständigkeit halber sei noch auf die eher vage Möglichkeit einer Übernachtung in einer *Turistická Ubytovany (TU)* hingewiesen. Diese jugendherbergsähnlichen Einfachstunterkünfte liegen häufig am Ortsrand, sind relativ schwer zu finden und dann meist auch noch geschlossen; es sei denn, eine vorgebuchte Truppe trifft gerade ein.

Privatzimmer

Eine zunehmende Rolle im Beherbergungsgeschäft spielen die Privatunterkünfte, die seit der Wende wie Pilze nach dem Regen aus dem Boden schießen. Privatzimmer vermitteln ČEDOK, CKM, Slovaktour und private Reisebüros. Sie können Ihr Glück aber auch spontan versuchen, denn jeder Vermieter weist ja in der Regel mit einem Schild an der Straße auf sein Etablissement hin. Für ein Doppelzimmer müssen Sie 20 - 40 DM einkalkulieren.

Camping

269 Campingplätze listet die offizielle Camping-Karte des Ministeriums für Handel und Tourismus auf (erhältlich über ČEDOK). 234 dieser "*Autocamping*"-Plätze verfügen neben Stellplätzen für Zelte und Wohnwagen jeweils auch über eine Anzahl von Hütten, deren Palette vom umfunktionierten Weinfaß bis zum komfortablen Bungalow reicht. Meist sind sie für die Zeit der Hochsaison ausgebucht, möglicherweise haben Sie aber Glück, wenn Sie bereits um die Mittagszeit nach einer Hütte fragen. Sie können natürlich auch vorab einen telefonischen Reservierungsversuch starten.
Das Einfachste jedoch wird sein, wenn Sie Ihr mitgebrachtes Zelt aufbauen. Denn selbst wenn der Platz wegen Überfüllung bereits "geschlossen" sein sollte, wird man Sie als Radreisenden doch noch raufschlüpfen lassen.

Hauptplatz in Písek

Neben den Autocamping-Plätzen existieren noch weit über 300 *Biwakplätze*, die nur während der Hochsaison geöffnet sind. Sehr schlichte sanitäre Einrichtungen (Plumpsklos) und die Abwesenheit von Hütten sind Kennzeichen dieser meist sehr hübsch gelegenen Plätze. Billig sind sie außerdem.
Irgendwann, irgendwo werden Sie auch einmal in die Situation kommen, daß weit und breit weder Hotel noch Campingplatz in Sicht sind. Immer vorausgesetzt, Sie haben ein Zelt im Gepäck, können Sie dann bei einem Ihnen geeignet erscheinenden *Privatgrundstück* um Zelterlaubnis bitten. Es wird jedoch nicht immer ganz einfach sein, diesen Wunsch - zumal in der Landessprache - auch unmißverständlich zum Ausdruck zu bringen. Oft wird man Sie zunächst woanders hinschicken wollen. Nicht aus Unhöflichkeit etwa, sondern weil man glaubt, Ihnen die eigene schlichte Wiese nicht zumuten zu können.
Offiziell erlaubt ist es zwar nicht, aber häufig genug bieten sich dünnbesiedelte Regionen geradezu zum *Wilden Zelten* an (in den Bergen und Wäldern, an Flußläufen und Stauseen). Wenn Sie sich dabei nicht gerade in einem Nationalpark befinden und Ihren Abfall anderntags brav bis zur nächsten Mülltonne mitnehmen, wird kaum jemand etwas dagegen haben, zumal diese Art des Campens auch von Einheimischen ohne Scheu praktiziert wird.

Die Tschechoslowakei selbst entdecken

Bei der Auswahl von Übernachtungsmöglichkeiten und Restaurants stoßen Reiseführer an die Grenze ihrer Möglichkeiten. Die Überprüfung vieler hundert Quartiere und Lokale würde Jahre dauern und am Ende ein größtenteils veraltetes Ergebnis zur Folge haben - ein Punkt an dem die entsprechenden Reiseführer auch stets kranken. Dieses Buch bietet daher lediglich Hilfestellung.

Da die touristische Infrastruktur in der Tschechoslowakei noch recht große Lükken aufweist, wurde Wert auf den Nachweis von Niedrigpreisunterkünften gelegt. Hierbei kommen in erster Linie preiswerte Hotels und Campingplätze in Betracht, aber auch Privatzimmer und Herbergen aller Art (s. Kapitel "Ein Dach überm Kopf"). Die Nennung der Übernachtungsmöglichkeiten stellt keine Bewertung im Sinne einer Empfehlung dar. Dies vorzunehmen soll Ihnen überlassen bleiben.

Völlig verzichtet wird in diesem Reiseführer auf den Nachweis von Restaurants. Zum einen, weil Speiselokale in ausreichender Anzahl und Dichte im Lande anzutreffen sind, zum anderen weil gerade bei Restaurants die Qualität und das Flair schnell wechseln kann. Während des obligaten Orientierungsspazierganges am Übernachtungsort werden Sie aufgrund des äußeren Erscheinungsbildes der Lokalitäten und durch das Studium der ausgehängten Speisekarten Ihre Wahl sehr viel besser treffen können, als wenn Sie vagen Reiseführer-Verheißungen folgen. Zu den verschiedenen Möglichkeiten, den Radlerhunger zu stillen, gibt das Kapitel "Kulinarisches" Auskunft.

Auch die Ortsbeschreibungen in diesem Buch sind so gehalten, daß Sie Ihnen zwar einerseits sagen, worauf Sie achten sollten, Ihnen andererseits aber das Selbstentdecken nicht abnehmen. Je nach Interessenlage können Sie zu diesem Zweck dieses Buch mit einem detaillierten Reiseführer kombinieren (s. Kapitel "Reiseführer und -literatur"), sich in den Burgen und Schlössern einer der ohnehin obligaten Führungen anschließen oder sich in touristisch interessanten Orten auch einfach nur treiben lassen. Dazu brauchen Sie in den Klein- und Mittelstädten meist noch nicht einmal einen Stadtplan (den es ohnehin nicht gibt), gruppieren sich die interessantesten Bauwerke doch ohnehin fast stets um den zentralen ehemaligen Marktplatz; und die jeweils dazugehörenden Burgen oder Schlösser sind schon aufgrund ihrer Größe kaum zu verfehlen. In großen Städten sollten Sie sich jedoch einen Stadtplan spendieren, den Sie preiswert in Buchhandlungen erstehen können.

Kulinarisches

Einen Kocher brauchen Sie in der Tschechoslowakei eigentlich nur, um Kaffee oder Tee fürs Frühstück zuzubereiten. Vegetarische Radreisende vielleicht auch noch für andere Mahlzeiten, denn für sie ist die fleischreiche Landesküche keine Offenbarung. Auf manchen Speisekarten gibt es allerdings die Rubrik "bezmasa" (ohne Fleisch), wo das Fleisch kurzerhand durch ein Stück überbackenen Käses ersetzt wird.
Lokale sind in die Klassen (skupina) I - IV eingeteilt, ein entsprechendes Schild hängt jeweils aus. Am zahlreichsten sind die Vertreter der einfachen Klassen III und IV, wobei Sie sich bei letzterer stets selbst bedienen müssen.

Frühstück, Imbiß

Das Frühstück hat in der Tschechoslowakei keine Tradition. Wohl zu den ungemütlichsten Stätten solcher frühzeitigen Nahrungsaufnahme gehören die *bufet* genannten Stehimbißlokale. Einrichtung, Personal und Angebot machen meist einen genauso müden Eindruck wie die werktätige Bevölkerung, die hier ab dem frühen Morgen einkehrt. Typische Offerten sind etwa Erbsensuppe, Brühwürste, panierte Schnitzel, Bratgockel und diverse Mayonnaisesalate. Etwas frühstücksähnlicher ist das Angebot in den *mléčné lahůdky* genannten Milchtrinkhallen (mit Feinkostabt.), wo kein warmes Essen aber belegte Brötchen, kaltes Omelett, Palatschinken, Gebäck und natürlich Milch und Kakao angeboten werden. Auch bei einem *občerstvení* (Erfrischung) werden Sie neben Getränken meist etwas zu essen bekommen. Vom grauenhaften Hamburger bis zum schmackhaften Szegediner Gulasch ist alles möglich. Straßenhändler bieten häufig gekochte Maiskolben an, ganz ohne Fleisch!

Hauptmahlzeit

Die böhmische Küche wird ja stets als besonders nahrhaft, einfallsreich und schmackhaft beschrieben, doch nach vier Jahrzehnten zwangsweiser Isolation ist ihr der Pfiff weitgehend abhanden gekommen. Ähnlich verhält es sich mit der slowakischen Küche, die ihren einst ungarischen Charakter weitgehend verloren hat. Die Länge der Speisekarte in den Restaurants (tsch.: *restaurace*, slow.: *reštaurácia*) täuscht, es ist am Ende doch alles ähnlich. Suppe, Fleisch, Knödel und Bier bilden ein typisches Essen. Salat und Gemüse dienen eher der Verzierung als dem Verzehr. Gänsebraten, Forelle, Karpfen und Obstknödel zählen bereits zu den Spezialitäten, nach denen gefahndet werden muß. Gute Adressen sind natürlich die bekannten Großstadt-Restaurants, wo man ohne Reservierung abends keinen Einlaß findet. Aber auch die Weinkeller (tsch.: *vinárna*, slow.: *vináreň*) oder die neu entstehenden Privatlokale sind für angenehme Überraschungen gut.

Eis, Gebäck und Kuchen

Tschechoslowaken haben eine große Leidenschaft für alles Süße. Das geht soweit, daß die Konditorei-Cafés (tsch.: *cukrárna*, slow.: *cukráreň*) meist auch eine Kuchenecke für Diabetiker haben. Die Mehrzahl der Gebäckstücke ist mit einer Sahne-, Créme- oder sonstigen Füllung versehen. Tortenliebhaber kommen hier wirklich auf ihre Kosten. Die Konditoreien sind zugleich auch Cafés, so daß der am Tresen erstandene Kuchen an einem der nebenan aufgestellten Tische in aller Ruhe verzehrt werden kann. Unterstützt von einem kräftigen türkischen Kaffee (Káva turecká) oder einem schwachen Beutel-Tee (Čaj). Übrigens: dienstags ist der Kuchen am frischesten.
Eiscréme (*zmrzilina*) gibt es im Sommer auch noch im kleinsten Dorf, man gehe nur den Menschen mit der frischen Eistüte nach... Doch auch wenn der Himmel bedeckt ist, wollen Jung und Alt nicht von dieser Nascherei lassen. Oft schmeckt das Eis ziemlich künstlich (Softeis), manchmal aber auch fantastisch gut (italienisches Eis in einer guten Konditorei).

Getränke

Wenn Sie in ein Gasthaus (*hostinec*) oder eine Kneipe (*pivnice*) einkehren, kann es Ihnen passieren, daß Ihnen ungefragt ein Glas Bier serviert wird. Wenn Sie dann stattdessen einen Tee oder einen türkischen Kaffee verlangen, werden Sie merken, wie der Wirt oder die Wirtin erst einmal "umschalten" muß. Doch nach ein paar Minuten steht dann das gewünschte Getränk vor Ihnen: Tee immer, Kaffee meistens. Vor ein paar Jahren war es noch die Regel, daß neben den lokal gebrauten zehn- und zwölfgrädigen Bieren auch das alkoholfreie Pito-Bier angeboten wurde. Jetzt werden Sie Pito meist vergeblich suchen und können im Hochsommer nur noch mit Softdrinks oder Sodawasser die ausgeschwitzte Körperflüssigkeit ersetzen.

Brotzeit

Auch im kleinsten Dorf werden Sie stets einen Lebensmittelladen (*potraviny*) oder zumindest einen Gemischtwarenladen (*smíšené zboží*) finden, wo Sie das Nötigste für eine Brotzeit auftreiben können: Brötchen, Brot (auf Wunsch auch als Viertel = čtvrt), Margarine, Butter (auch als Hälfte), Milch (frische wie auch haltbare), Wurst in Scheiben (naja), Käse en bloc (meist Pseudo-Gouda oder -Edamer), Joghurt, Honig und Marmelade, sauer eingelegtes Gemüse in Gläsern, Pulverkaffee-Mix, Teebeutel (schwarzer Tee, Früchtetee). Je nach Ort und Laden ist diese Auflistung variabel erweiterbar. Denn eigentlich gibt es alles, nur nie alles gleichzeitig.
Recht bescheiden ist die Auswahl an Obst und Gemüse (*ovoce, zelenina*). In den Lebensmittelläden ist das Angebot nicht der Rede wert und meist auch schon verwelkt, und selbst in den nicht gerade zahlreichen Gemüseläden, wo die Ware frischer ist, verfällt wohl niemand in einen Kaufrausch.

Das Fahrrad

Ohne ein tourentaugliches Fahrrad werden Sie die meisten der in diesem Buch beschriebenen Etappen nicht er-fahren können. Die *Mitnahme* des eigenen tourentauglichen Fahrrades ist dabei grundsätzlich die beste Lösung. Denkbar wäre aber auch der *Kauf* eines Fahrrades in der ČSFR. Die meisten Fahrradhändler gibt es in Prag. Da der Nachholbedarf an westlicher Fahrradtechnik enorm ist, gleichzeitig der Geldbeutel aber noch schmal, sind die Modelle deutlich preisgünstiger als etwa in Deutschland. In der Mehrzahl liegen die Preise in der ČSFR unter der 1000 DM-Grenze. Grund: preiswertere Rahmen, lohngünstige Montage und knappe Verdienstspannen. Bedenken Sie jedoch, daß Sie bei der Einreise in Ihr Heimatland für das Fahrrad Umsatzsteuer entrichten müssen, es gleichzeitig aber noch nicht möglich ist, diese bei der Ausreise von tschechoslowakischer Seite erstattet zu bekommen.
Das *Mieten* von Fahrrädern ist in der ČSFR bislang nur in touristischen Ballungsgebieten wie der Hohen Tatra möglich. Meist handelt es sich dabei um arg preiswerte Mountain-Bike-Modelle, die keinen besonders reisetauglichen Eindruck machen.

Falls Sie die Absicht haben, sich für diese Tour ein neues Fahrrad anzuschaffen oder ein vorhandenes umzurüsten, sollten Sie die folgenden Empfehlungen berücksichtigen: *

Fahrradtyp: Entweder ein sog. Randonneur-Fahrrad, das speziell für Reisen konzipiert ist, oder ein sog. All-Terrain-Bike (ATB). Denkbar, aber nicht erforderlich für die beschriebenen Etappen und wegen des hohen Gewichtes eher unsinnig ist auch ein Mountain-Bike. Achten Sie auf die Ihnen angemessene Rahmenhöhe.

Rad und Reifen: Stabile Hohlkammerfelgen. Reifenbreite mindestens 28 Millimeter (28-622 bzw. 28-630), besser noch 32 Millimeter (32-622 bzw. 32-630). Denken Sie auch daran, daß ungedichtete Rad- und Tretlager sicherheitshalber im 2-Jahres-Rhythmus neu abgeschmiert werden sollten.

Gangschaltung: Ein wichtig Ding in der hügelig-bergigen Tschechoslowakei ist eine gut funktionierende Gangschaltung mit 12 bis 21 Gängen, von denen der leichteste eine Übersetzung von 1:1 haben sollte. In diesem Fall hat dann das kleinste der drei vorderen Kettenblätter ebensoviele Zähne wie das größte des hinteren Ritzelpaketes, z.B. 28:28. Aber auch noch kleinere Übersetzungen (etwa 28:32) können bei besonders strengen Steigungen durchaus Sinn machen. Das Klettern geht dann zwar recht schneckenhaft, aber dafür auch einen Tick harmonischer vonstatten.

Bremsen: Wer viel bergauf fährt, fährt auch viel bergab. Die Gefälle sind oft kilometerlang und beschleunigen einen ungebremsten Radler leicht bis auf 60 km/h und mehr. Als optimaler Bremsentyp haben sich Cantilever-Bremsen erwiesen und auch durchgesetzt. Tauschen Sie angerostete Bremskabel vor der Tour aus, auch wenn es nur wie Flugrost aussieht.

Ausstattung: Stabile Gepäckträger (optimal: aus CrMo-Rohren) und Schutzbleche sind unverzichtbar. Ein Schmutzfänger am vorderen Schutzblech schützt bei längeren Regenfahrten Füße und Kette. Ein gutes Spiralschloß reicht aus, um Gelegenheitsdiebe zu entmutigen. Ein elektronischer Tacho perfektioniert die Radtour.

* Die Kriterien für ein tourentaugliches Fahrrad sind ausführlich dargestellt in dem Buch *Der Wind kommt immer von vorn* von Jürgen Rieck (s. Reiseführer und -Literatur)

Reparaturen

Auch wenn das Netz der Fahrradwerkstätten ständig wächst, sind die Lücken immer noch recht groß. Hinzu kommt ein deutliches West-Ost-Gefälle, was bedeutet, daß besonders in der Slowakei kompetente Werkstätten nur in weiten Abständen zu finden sind. Allerdings sind die Slowaken auch nicht so radbegeistert wie die Böhmen. Wie auch immer: Sie sollten sich darauf einrichten, kleinere Pannen im Falle eines Falles selbst beheben zu können. Nichts ist ärgerlicher, als irgendwo zwischen Feld und Flur hilflos liegenzubleiben. Folgende Teile gehören daher ins Gepäck:

Luftpumpe
Flickzeug (reichlich)
Reifenheber
Ersatzschlauch und -ventil
Schraubendreher
Inbusschlüssel 3, 4, 5 und 6 mm
Schraubenschlüssel
Ersatzspeichen, Nippel, Nippelspanner
Abzieher für die Hinterradritzel
Brems- und Schaltzüge
Bremsschuhe (befestigungsfertig)
Ersatzglühbirnen
einige Reserveschrauben und -muttern
einige stabile Kabelbinder (universelles Befestigungsmittel)
Gewebeklebeband
Putzlappen
Fahrradöl

Einen Reservereifen müssen Sie nicht dabeihaben, wenn Ihre Reifen vor der Tour in rundum gutem Zustand sind. Sollte sich dennoch ein ungeplanter Reifentausch ankündigen, werden Sie am leichtesten einen Ersatzreifen der tschechoslowakischen Marke "Barum" auftreiben. Barum-Fahrradreifen werden in den gängigen Größen produziert, sind preiswert, aber nicht sehr langlebig. Falls Sie im Fahrradladen keine geeignete Größe finden sollten, können Sie es in einigen Städten auch direkt bei einer der Barum-Verkaufsstellen versuchen. Gutsortierte Fahrradläden führen mittlerweile auch Importfabrikate. Eine aktuelle und immer umfangreicher werdende Auflistung von Fahrradläden in der ČSFR bringt die monatlich erscheinende Radsportzeitschrift "Peloton".

Fahrradteile-Vokabular

Um Ihnen die mühselige und nicht immer von Erfolg gekrönte Suche nach fahrradspezifischen Ausdrücken in Ihrem Wörterbuch bzw. Sprachführer zu ersparen, ist hier eine Liste mit den wichtigsten Vokabeln zusammengestellt worden. Da die tschechischen Begriffe auch in der Slowakei gebräuchlich sind oder zumindest doch verstanden werden, beschränkt sich diese Zusammenstellung auf das tschechische Vokabular (zur Aussprache des Tschechischen s. Kapitel *Sprache*).

Aluminium	hliník
Bremse	brzda
Bremsklotz	brzdové špalík
Draht	drát
Durchmesser	průměr
Dynamo	dynamo
Ersatzteil	náhradní díl
Fahrrad	(jízdní) kolo
Felge	ráfek
Fett	tuk
Flicken	příštipek
Freilauf	volno běžka
Gabel	vidlice
Gangschaltung	rýchlosti
Gepäckträger	nosič
Gewinde	závit
Glocke	zvonek
Glühbirne	žárovka
Gummi	pryž
Hammer	kladivo
Kabel	kabel
Kabelseele	duše
Kette	řětež
Klebstoff	lepidlo
Konus	kónus
Kugel	koule
Kugellager	kuličkové ložisko
Kurbel	klika
Lampe	lampa
Lenker	řídítka
Luftpumpe	hustilka
Metall	kov
Mutter	matice
Öl	olej

Pedal	šlapadlo
Radachse	osa kola
Radnabe	náboj kola
Radkranz	věnec kola
Rahmen	rám
Reifen	obruč
Reparatur	oprava
Rohr	trubka
Rücklicht	koncové světlo
Sattel	sedlo
Schalthebel	rýchlostní páka
Scheinwerfer	světlomet
Schlauch	duše
Schraube	šroub
Schraubendreher	šroubovák
Schraubenschlüssel	klíč na šrouby
Schutzblech	ochranný plech
Speiche	paprsek kola, drát
Ventil	ventil
Werkstatt	opravna
Werkzeug	nástroj
Zahnkranz (Ritzel)	ozubeny věnec (pastorek)
Zange	kleště

groß/größer	velký/větší
klein/kleiner	malý/menší
mehr	více
weniger	méně

ersetzen	nahradit
löten	pájet
reparieren	opravovat
richten, justieren	nařídit
schweißen	svařovat
wann	kdy
wieviel	kolik
wo	kde
zentrieren	centrovat

Info-Service

Reisekrankenversicherung

Erste Hilfe bei einer akuten Erkrankung bzw. Verletzung wird in den Ambulanzen der staatlichen Hospitäler kostenlos gewährt. Alles was darüber hinausgeht, müssen Sie selbst tragen. Da zwischen Deutschland und der ČSFR kein Sozialversicherungsabkommen besteht, übernehmen die gesetzlichen Krankenkassen auch nicht die dort anfallenden Kosten. Reisekrankenversicherungen, die allesamt auch das finanzielle Risiko eines Rettungsfluges abdecken, werden für Reisen bis zu 2 Monaten schon für Prämien ab 20 DM angeboten. Sie können allerdings auch eine gebündelte Reiseversicherung abschließen, mit der dann gleichzeitig Ihr Gepäck gegen Verlust versichert ist (das Fahrrad jedoch nur, solange es sich im Gewahrsam eines Transportunternehmens bzw. Beherbergungsbetriebes befindet).

Hilferufe

Wenn Sie sich finanziell verkalkuliert haben oder Ihnen gar die gesamte Reisekasse gestohlen wurde, müssen Sie nicht gleich betteln gehen. Lassen Sie sich stattdessen Geld von daheim schicken. Entweder an die Adresse einer in Ihrer Nähe befindlichen Geschäftsbank (klären Sie dort zuvor die Formalitäten) oder per Postanweisung (auch mit Eilzustellung möglich) an das jeweilige Hauptpostamt (postlagernd, nur bis 250 DM) oder eine Privatadresse (max. 7000 DM). Sollten Ihnen auch die Ausweispapiere abhanden gekommen sein, lassen Sie das Geld an eine Person Ihres Vertrauens anweisen. Der überwiesene Betrag wird in Landeswährung ausbezahlt.
Wenn alle Stricke reißen, können Sie sich natürlich auch an die Botschaft Ihres Heimatlandes wenden. Deren Verpflichtung zur finanziellen Hilfeleistung beschränkt sich allerdings in der Regel auf die Übernahme der Kosten einer Heimfahrkarte und die Gewährung von etwas Taschengeld. Hinterher dürfen Sie dann alles, um Zinsen und Gebühren angereichert, zurückzahlen. Bei Ihrer Botschaft erhalten Sie auch Ersatz für verlorengegangene Ausweispapiere und Unterstützung in solchen Fällen, wo es um Leib oder Leben geht.

Die Adressen

Deutsche Botschaft
Vlašská 19
Palais Lobkowitz
Praha 1 (Malá Strana)
Tel. (02) 532351

Botschaft der Republik Österreich
ulice Viktoria Huga 10
Praha 5 (Smíchov)
Tel. (02) 546557

Botschaft der Schweiz
Pevnostní 7
Praha 6 (Střešovice)
Tel. (02) 328319, 320406

Botschaft der Niederlande
Maltézské nám. 1
Praha 1 (Malá Strana)
Tel. (02) 531378

Camping-Gaz

Die bei vielen Radreisenden beliebten Camping-Gaz-Kocher sind in der ČSFR noch wenig verbreitet.
Ersatzkartuschen C 206 bekommen Sie u.a.
- in Prag: in diversen Sportartikelgeschäften (z. B. "Sport-Bazar", Strakonická 510)
- in Bratislava: im Kaufhaus "Prior" (Sportabt.) am Kamenné nám.
- in Horny Smokovec (Hohe Tatra): im "Sport-Centrum" an der Durchgangsstraße

Preisermäßigungen

In den Genuß von Vergünstigungen kommen ausländische Besucher nur, wenn sie einen Internationalen ISIC-Studentenausweis vorweisen können. Rabatte gibt es bei Übernachtungen in Studentenwohnheimen und bei zahlreichen eintrittspflichtigen Sehenswürdigkeiten. Keinen Discount gibt es auf Bahnfahrten. Ausnahme: Sie kaufen eine Fahrkarte in ein anderes Ex-Ostblock-Land.

Rundfunknachrichten

Mit einem kleinen Kurzwellenempfänger können Sie überall im Land die Deutsche Welle empfangen (49 m-Band, 6075 kHz). In den an Deutschland und Österreich grenzenden Landstrichen werden Sie - bis zu 50 km im Landesinnern - auch auf UKW heimatliche Laute hören können.

Zeitungen

Deutschsprachige Zeitungen und Zeitschriften aus dem Ausland sind vor allem in Bratislava und Prag in breiter Auswahl erhältlich. In Prag werden aber auch drei deutsche Wochenzeitungen verlegt: das kommerzielle "Prager Wochenblatt", die staatlich subventionierte "Prager Volkszeitung" und neuerdings auch noch die "Prager Zeitung". Außerhalb Prags sind diese Zeitungen allerdings kaum erhältlich.

Unterwegs

In Südmähren

Unterwegs

Mit Ausnahme der nördlichen Randbereiche Böhmens und Mährens, die durch Umwelteinflüsse stark in Mitleidenschaft gezogen sind, wird die Tschechoslowakei mit einem weitgehend flächendeckenden Netz von 95 Etappen ausführlich behandelt. Von allen Straßengrenzübergängen aus ist der Einstieg in das Etappennetz problemlos möglich; es beginnt im Nordwesten und setzt sich "spiralförmig" nach Osten hin fort. Um die beschriebenen Etappen leichter zu einer Route verknüpfen zu können, die den individuellen Vorstellungen entspricht, ist jeder Etappe ein Kommentar vorangestellt, der Landschaft und Streckenverhältnisse charakterisiert und auf Besonderheiten aufmerksam macht. Die sich daran anschließenden Etappenbeschreibungen nennen die benutzten Straßen (und ihre Numerierung, soweit vorhanden), erwähnen die durchradelten Ortschaften sowie am Wege liegende Sehenswürdigkeiten und verweisen auf lohnende Abstecher. Dort, wo Höhenangaben eingearbeitet wurden, erheben diese keinen Absolutheitsanspruch (dazu bedürfte es aufwendiger Meßverfahren), sondern sollen vor allem der Einschätzung des Streckenprofils dienen. Die Richtungsangaben bei Abzweigungen ("Biegen Sie ab nach...") entsprechen den Hinweisschildern vor Ort. Für Radler, die die Etappen in Gegenrichtung befahren, sind zusätzliche Hinweise in die Beschreibungen eingeflochten worden.

Die in den Etappenbeschreibungen vorhandenen Kilometerstand-Angaben (z.B. "km 27") beziehen sich jeweils auf den Anfang der Etappe, nicht etwa auf Kilometersteine am Straßenrand.

Orte und Stätten, die ausführlicher dargestellt werden, sind durch Umrahmungen hervorgehoben. In diesen Kästen finden Sie auch praktische Details wie die Adressen von Informationsstellen, preiswerten Unterkünften und Fahrradläden (i.d.R. mit Werkstatt).
Alle Angaben entsprechen dem Stand von 1991, teils Anfang 1992.

Den Etappenbeschreibungen sind Kartenskizzen im Maßstab 1:400.000 zugeordnet, in denen der Streckenverlauf markiert ist. Wird im Text auf eine alternative Teilstrecke hingewiesen, so ist diese gestrichelt dargestellt. Die Skizzen enthalten alle in der Etappe benutzten Straßen sowie alle Hauptstraßen der entsprechenden Region (d.h. alle auf Landkarten farblich hervorgehobenen Straßen) und - ansatzweise gezeichnet - auch sämtliche Abzweigungen von der beschriebenen Strecke. Straßen 1. bis 3. Ordnung sind mit ihrer individuellen Nummer dargestellt. All dies soll Ihnen die Umsetzung der Etappenskizzen auf die während der Reise benutzten Straßenkarten ermöglichen; die Skizzen sind hingegen nicht dazu gedacht, als Straßenkartenersatz zu dienen (siehe hierzu das Kapitel *Karten*). Außerdem sind in den Etappenskizzen Ortschaften, Touristeninformationsbüros, Niedrigpreisunterkünfte, Campingplätze und Fahrradläden (i.d.R. mit Werkstatt) markiert. Die genaue Lage der Campingplätze entnehmen Sie dabei bitte dem Text.

- Touristeninformation
- preiswertes Hotel, Privatunterkunft oder Herberge
- Campingplatz
- Fahrradservice

Nobody is perfect

Und Reiseführer sind "schnellverderbliche Ware".
Deshalb werden sich auch in diesen Reiseführer Fehler eingeschlichen haben. Bei aller Sorgfalt ist es unvermeidlich, daß dieses Buch dem Anspruch der Unfehlbarkeit nicht gerecht werden kann.

Wir bemühen uns, bei jeder Neuauflage eine komplette Aktualisierung aller Informationen durchzuführen, und sind deshalb dankbar für jeden Hinweis zu Korrekturen, Ergänzungen, für Tips zu der Streckenführung, für jede Art konstruktiver Kritik.

Schreiben Sie uns:

Verlag Wolfgang Kettler
Redaktion "Tschechoslowakei per Rad"
Czeminskistr. 5
W-1000 Berlin 62

Etappen-Übersicht

Etappe 1: Litoměřice - Kloster Doksany - Libochovice - Louny (41 km)
Etappe 2: Louny - Řevničov - Křivoklát - Roztoky (46 km)
Etappe 3: Louny - Žatec - Kadaň (44 km)
Etappe 4: Kadaň - Klášterec - Stráž - Karlovy Vary (50 km)
Etappe 5: Karlovy Vary - Loket - Františkovy Lázně - Cheb - Všebor (66 km)
Etappe 6: Všebor - Mýtina - Stará Voda - Mariánské Lázně (30 km)
Etappe 7: Mariánské Lázně - Planá - Bor - Stráž (37 km)
Etappe 8: Stráž - Prostiboř - Kladruby - Stříbro (26 km)
Etappe 9: Stříbro - Nýřany -Plzeň (32 km)
Etappe 10: Plzeň - Litice - Nezvěstice - Blovice - Dvorec - Nepomuk (46 km)
Etappe 11: Stráž - Houstoň - Poběžovice - Domažlice (43 km)
Etappe 12: Domažlice - Koloveč - Burg Švihov - Klatovy (49 km)
Etappe 13: Klatovy - Žinkovy - Nepomuk (27 km)
Etappe 14: Nepomuk - Pačejov - Horažd'ovice - Třebohostice - Strakonice - Bavorov (70 km)
Etappe 15: Nepomuk - Orlík (57 km)
Etappe 16: Orlík - Zvíkov - Písek (33 km)
Etappe 17: Písek - Putim - Bavorov (24 km)
Etappe 18: Bavorov - Prachatice (15 km)
Etappe 19: Orlík - Tochovice - Milín - Příbram - Hostomice - Řevnice - Lety (76 km)
Etappe 20: Lety - Černošice - Praha (25 km)
Etappe 21: Lety - Karlštejn - Beroun - Nižbor - Roztoky (42 km)
Etappe 22: Roztoky - Radnice - Plzeň (65 km)
Etappe 23: Lety - Řevnice - Hradišt'ko - Konopiště - Benešov (52 km)
Etappe 24: Benešov - Český Šternberk - Uhrlířské Janovice - Kutná Hora (59 km)
Etappe 25: Kutná Hora - Červ. Janovice - Ledeč n. Sáz. (34 km)
Etappe 26: Kutná Hora - Záboří - Kladruby - Břehy - Opočínek - Pardubice (51 km)
Etappe 27: Pardubice - Ráby - Vysoká - Hradec Králové (23 km)
Etappe 28: Hradec Králové - Josefov - Jaroměř - Miletín - Lázně Bělohrad - Jičín (71 km)
Etappe 29: Jičín - Sobotka - Bakov - Mšeno (46 km)
Etappe 30: Mšeno - Kokořínský Důl - Mělník (26 km)
Etappe 31: Praha - Veltrusy - Mělník (53 km)
Etappe 32: Mělník - Roudnice - Terezín - Litoměrice (42 km)
Etappe 33: Bavorov - Netolice - Kratochvíle - Holašovice - Křemzě - Zl. Koruna - Č. Krumlov (55 km)
Etappe 34: Český Krumlov - Včelná - Českě Budějovice (23 km)
Etappe 35: Českě Budějovice - Hluboká - Pořěžany - Týn (40 km)

Etappe 36: Týn - Albrechtice - Písek (27 km)
Etappe 37: Ledeč - Želiv - Nova Cerekev - Černovice - Tábor (84 km)
Etappe 38: Tábor - Želeč - Sudoměřice - Týn (40 km)
Etappe 39: Týn - Ševětín - Lomnice - Třeboň (44 km)
Etappe 40: Třeboň - Stráž - Jindřichův Hradec - Žirovnice (48 km)
Etappe 41: Žirovnice - Studená - Mrákotín - Telč (25 km)
Etappe 42: Žirovnice - Horni Cerekev - Nový Rychnov - Jihlava (42 km)
Etappe 43: Jihlava - Šimanov - Herálec - Lipnice - Ledeč (55 km)
Etappe 44: Jihlava - Polná - Nové Veseli - Ždár n. Sáz. (39 km)
Etappe 45: Žd'ár - Sněžné - Borová - Litomyšl (59 km)
Etappe 46: Litomyšl - Luže - Řestoky - Chrudim - Pardubice (58 km)
Etappe 47: Telč - Nová Ríše - Domamil - Bítov (50 km)
Etappe 48: Bítov - Vranov - Znojmo - Vitonice (52 km)
Etappe 49: Vitonice - Hostěradice - Rajhrad - Brno (52 km)
Etappe 50: Brno - Rajhrad - Vranovice - Dolni Vestonice - Mikulov (53 km)
Etappe 51: Mikulov - Litobratřice - Vitonice (40 km)
Etappe 52: Brno - Říčany - Velká Bíteš - Velke Meziříčí (55 km)
Etappe 53: Velke Meziříčí - Měřín - Jihlava (34 km)
Etappe 54: Brno - Jedovnice - Macocha - Skalní Mlyn - Sloup (46 km)
Etappe 55: Sloup - Plumlov - Kostelec - Blatec - Olomouc (57 km)
Etappe 56: Litomyšl - Strakov - Dětřichov - Moravská Třebová - Bouzov (63 km)
Etappe 57: Bouzov - Bohuslavice - Náměšt' - Olomouc (41 km)
Etappe 58: Olomouc - Dřevohostice - Holešov - Zlín - Březolupy (86 km)
Etappe 59: Březolupy - Uherské Hradiště (12 km)
Etappe 60: Uherské Hradiště - Vlčnov - Březová - Nové Mesto n. Váh. (56 km)
Etappe 61: Nové Mesto n. Váh. - Beckov - Trenčín - Nemšová - Pruské (53 km)
Etappe 62: Pruské - Červený Kameň - Brumov - Slavičín - Luhačovice - Březolupy (74 km)
Etappe 63: Pruské - Púchov - Bytča (43 km)
Etappe 64: Nové Mesto - Piešt'any - Hlohovec (49 km)
Etappe 65: Hlohovec - Rišňovce - Nitra (26 km)
Etappe 66: Hlohovec - Trnava (28 km)
Etappe 67: Brno - Velké Hostěrádky - Kyjov - Ježov - Těmice (73 km)
Etappe 68: Těmice - Bzenec - Strážnice (15 km)
Etappe 69: Těmice - Boršice - Buchlovice - Velehrad - Uherské Hradiště (30 km)
Etappe 70: Strážnice - Skalica - Hodonín - Mikulčice - Břeclav (43 km)
Etappe 71: Břeclav - Lednice - Mikulov (23 km)
Etappe 72: Břeclav - Kúty - Vel'ké Leváre - Gajary (44 km)
Etappe 73: Gajary - Jakubov - Zohor - Devín - Bratislava (51 km)
Etappe 74: Bratislava - Král'ová - Senec - Báhoň - Častá - Trnava (76 km)
Etappe 75: Bratislava - Lehnice - Horný Bar - Gabčikovo (54 km)
Etappe 76: Gabčikovo - Číčov - Zlatná - Komárno (60 km)
Etappe 77: Komárno - Pribeta - Kolta - Dedinka - Bardoňovo - Kalná (76 km)
Etappe 78: Kalná - Zl. Moravce - Topol'čianky - Jelenec - Nitra (64 km)
Etappe 79: Kalná - Levice - Žemberovce - Banská Štiavnica (58 km)

Etappe 80: Banská Štiavnica - Zvolen - Sliač - Banská Bystrica (52 km)
Etappe 81: Banská Bystrica - Brezno (42 km)
Etappe 82: Brezno - Telgárt - Stratená L'adova Jaskyňa - Spišský Štvrtok (89 km)
Etappe 83: Spišský Štvrtok - Vrbov - Huncovce (17 km)
Etappe 84: Spišský Štvrtok - Levoča - Spišské Podhradie - Krompachy (38 km)
Etappe 85: Krompachy - Margecany - Žipov - Prešov (44 km)
Etappe 86: Prešov - Záhradné - Raslavice - Bardejov - Bardejovské Kúpele (58 km)
Etappe 87: Bardejovské Kúpele - Kl'ušovska Zábava - Krivé - Obručné - (L'ubotín) (56 km)
Etappe 88: (L'ubotín) - Stará L'ubovňa - Červ. Kláštor - Lesnica - Haligovce (65 km)
Etappe 89: Haligovce - Toporec - Spišská Belá - Kežmarok - Huncovce (36 km)
Etappe 90: Huncovce - Tatranská Lomnica - Starý Smokovec - Liptovský Hrádok (48 km)
Etappe 91: Liptovský Hrádok - Hliník - Ružomberok - Podhradie - Sučany (84 km)
Etappe 92: Sučany - Martin - Strečno - Žilina - Bytča (53 km)
Etappe 93: Bytča - Sú'lov (10 km)
Etappe 94: Sučany - Sklabiňa - Folkušová - Mošovce - Turč. Teplice (36 km)
Etappe 95: Turčianske Teplice - Harmanecká jaskyňa - Banská Bystrica (37 km)

Sgraffito-Haus in Prachatice

Etappen-Beschreibungen

Etappe 1:
Litoměřice - Kloster Doksany - Libochovice - Louny (41 km)

Der Anblick der markanten Hazmburk-Ruine dominiert den ersten Teil der Etappe, die auf verkehrsarmen, obstbaumgesäumten Alleen durch sanft geschwungenes Agrarland führt. Daran schließt sich in der zweiten Etappenhälfte eine in landschaftliches Grün gebettete, mäßig befahrene Straße an, die die kräftig profilierten Hügelketten des Böhmischen Mittelgebirges erfolgreich umgeht. Überwiegend eben und beschaulich präsentiert sich diese Etappe.

Litoměřice (Leitmeritz), Nordböhmen, 171 m, 25.000 Ew. entwickelte sich am Ort einer frühmittelalterlichen Slawenburg. Die südlich der Stadt in die Labe (Elbe) mündende Ohře (Eger) hat reichlich fruchtbare Schwarzerde in den Ebenen des Flußtales abgelagert, so daß der Ort von Wein-, Obst- und Hopfenfeldern umgeben ist. Leitmeritzer Aprikosen sind weithin bekannt. In der Stadt selbst läßt sich heute nahezu jeder kunstgeschichtliche Baustil finden. Im Mittelalter war der Marktplatz (Mirové nám.) einer der großen Umschlagplätze auf der Handelsstraße zwischen Hamburg und Paris. Heute wird er zu den sehenswertesten Stadtplätzen Böhmens gerechnet. Im Mittelpunkt steht eine Mariensäule, die wie so viele in Böhmen nach einer großen Pest errichtet wurde, diesmal der von 1681. Das bürgerliche Bergmeisterhaus aus dem Jahr 1584 schaut mit seinem Dach in der Form eines Hussitenkelches (die Ausgabe des Abendmahles in beiden Formen auch an kirchliche Laien war eine der Hauptforderungen der Hussiten, wofür der Kelch als Symbol stand) sehr bedeutend aus.
Westlich der Altstadt erhebt sich auf einem Hügel im barocken Gewand und mit wertvollem Interieur (Lucas Cranach, Karel Škréta) die 1663-81 erbaute Stephans-Kathedrale.
Telefonvorwahl: 0416.
Information: ČEDOK, Dlouhá 47, Tel. 25 88.
Unterkunft: "Hotel Rak", Mirové nám., Tel. 24 36.
Camping: "Střelecký ostrov", 1.5.-30.9., an der Brücke nach Terezín zwischen Eisenbahn, Tennisplatz und Elbe gelegen, Tel. 36 83.

Verlassen Sie Litoměřice, indem Sie der Beschilderung nach Terezín folgen. Wenn Sie die Labe-Brücke überquert haben, stoßen Sie nach 2 km auf die kreuzende 8/E55, die nach Prag führt. Über Bohušovice nad Ohrí fahren Sie weiter bis Brnany. Hinter diesem Ort ebbt der Verkehr spürbar ab, und Sie radeln durch Getreidefelder bis zum Ort Brozany.
Abstecher: Um zum einen Kilometer entfernten Kloster Doksany zu gelangen, müssen Sie nach links abzweigen. Die Klosterzufahrt geht dann direkt von der

8/E55 ab.

Die Gründung des ehemaligen Frauenklosters **Doksany** geht auf das Jahr 1144 zurück. Für den Barockbau (17./18. Jh.), der heute an der Stelle des romanischen Klosters steht, zeichnet der führende Baumeister des böhmischen Spätbarocks K.I. Dientzenhofer verantwortlich. Vom ursprünglichen Bau des Prämonstratenserordens ist noch eine große romanische Krypta (Gruftgewölbe unter der Kirche) erhalten geblieben. Besichtigung: Di-So, 9-17 Uhr.
Camping: 1.4.-30.10., an der Ohře zwischen Doksany und Brozany, ausgeschildert, Tel. Brozany 972 89.

Weiter geht es nach diesem Abstecher von Brozany rechter Hand auf einer sanft hügeligen, verkehrsarmen Straße nach Chotěšov. Als optische Peilmarke haben Sie dabei die zweitürmige Ruine der gotischen *Hazmburk* vor Augen; sie trohnt auf einem 418 m hohen Basaltfelsen und war im 14./15. Jh. eine der mächtigsten Burgen Böhmens. In Chotěšov biegen Sie zunächst links auf die 247 ab und nach ca. 500 m rechts nach Černiv. (*In Gegenrichtung:* Biegen Sie zunächst links auf die 247 nach Lovosice, dann rechts nach Roudnice ab.)

Über Slatina erreichen Sie Libochovice. Fahren Sie über die Umgehungsstraße 246 hinweg und biegen Sie rechts ab zum Marktplatz von **Libochovice** (Luftkurort; frühbarockes Stadtschloß mit Sammlungen und Geburtszimmer des bedeutenden tschechischen Naturwissenschaftlers Purkyně, englischer Schloßpark; **Unterkunft:** Hotel "U černěho Orla" am Marktplatz). Am verlängerten Ende des Marktplatzes biegen Sie linker Hand wieder auf die 246 ein, die nun das Böhmische Mittelgebirge umgeht. In Koštice folgen Sie dem Hinweis nach Louny. Nach der einzigen scharfen Abfahrt dieser Etappe, die Sie bis in den Ort Orasice hineinträgt, radeln Sie durch Hopfenplantagen weiter bis Louny.

Louny (Laun), Nordböhmen, 144 m, 25.000 Ew., gehörte im Mittelalter neben Kadaň und Žatec zum Festungsstadt-Trio, das den Verkehr auf der Ohře in gleichmäßigen Abständen von rund 22 km überwachte. Allerdings sind auch in Louny nur kärgliche Reste der spätgotischen Befestigungsanlagen aus dem 15./16. Jh. übriggeblieben, so das westliche Saazer Tor (Žatecká brána). Das einst perfekte gotische Stadtbild Lounys wurde 1517 durch eine Feuersbrunst nahezu vollständig zerstört. Da war es schon fast ein Wunder, daß der gotische Glockenturm der St.-Nikolaus-Kirche so gut wie unbeschädigt geblieben war. Die Bauhütte des berühmten Steinmetzes und Baumeisters Benedikt Ried übernahm den Wiederaufbau, wobei der alte Glockenturm, leicht angewinkelt, in den dreischiffigen Hallenneubau mit den dreifach gestaffelten Dachzelten integriert wurde. 1538 waren die Arbeiten beendet, das Ergebnis ist durchaus sehenswert. Von der Turmgalerie läßt sich ungehindert über die Stadt blicken.
Unterkunft: Hotel "Union" vis-à-vis der Nikolauskirche.
Fahrradservice: Cyklocentrum, Žatecká 12; Jiří Jelínek, Zápotockého 2035, Tel. (085) 3841.

Kartenskizze Etappen 1 & 2

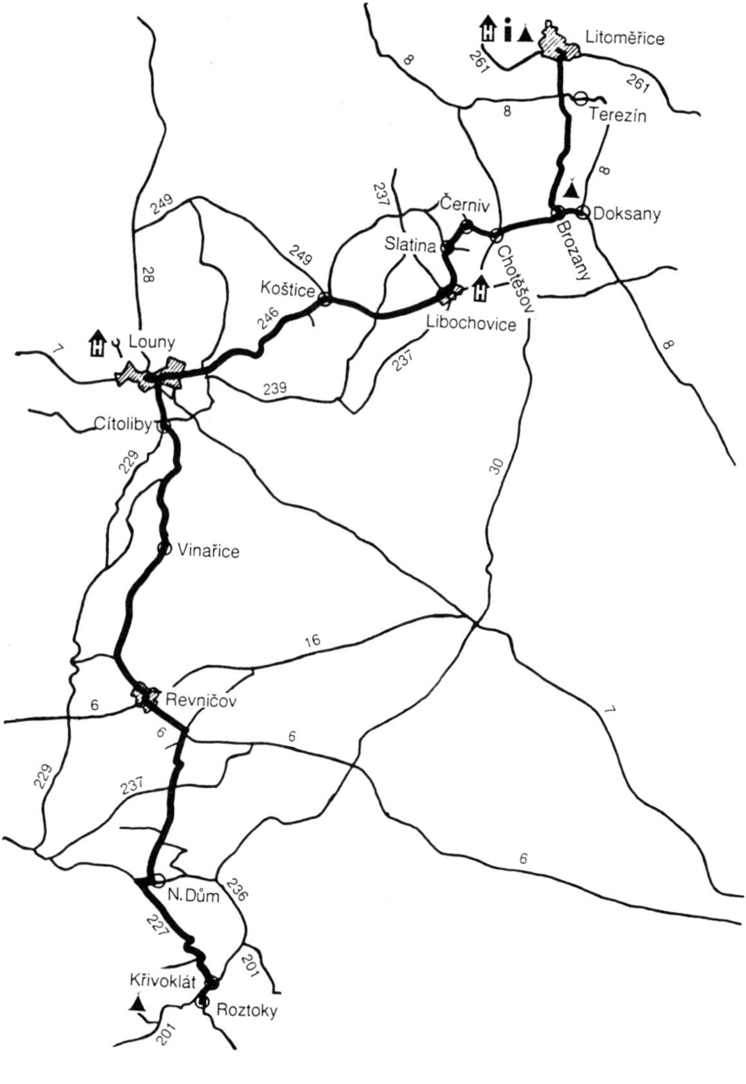

Etappe 2:
Louny - Řevničov - Křivoklát - Roztoky (46 km)

Vom westlichen Zipfel des Böhmischen Plateaus in den Zban-Wald (Džbán), von dort in das Pürglitzer Hochland, so verläuft diese Etappe durch Hopfenfelder und Wälder. Der Verkehr ist überwiegend gering, die Steigungen sind wie das Leben: mal leichter, mal schwerer, aber meistens durchschnittlich. Eine sehr schöne und friedliche Radeletappe.

Verlassen Sie Louny zunächst auf der 7, und biegen Sie östlich der Altstadt auf die 229 nach Rakovník ab. Ab Cítoliby folgen Sie nun den Hinweisen nach Řevničov. Die beschauliche Nebenstrecke führt über die Dörfer Brloh, Divice, Vinarice, Kozojedy, Smilovice, Pochvalov und Kroučová, bei leichten bis mäßigen Steigungen, allmählich auf das höhere Niveau des Böhmischen Plateaus. Řevničov (400 m, ausgeschilderte Privatunterkunft) erreichen Sie nach 23 km.

Fahren Sie östlich weiter auf der 6 in Richtung Praha, verlassen Sie diese verkehrsreiche Straße nach 3 km beim Rechtsabzweig nach Novy Dům. (*In Gegenrichtung:* Biegen Sie in Řevničov zunächst nach "Slany" und gleich darauf nach "Kroučová" ab.) Folgen Sie nun den Hinweisen nach Křivoklát. Die verkehrsarme Nebenstraße pendelt um 350-400 m, bei leichten bis mittleren Steigungen, durch ein ausgedehntes, nur von kleineren Freiflächen unterbrochenes, Waldgebiet. Hinter Novy Dům stoßen Sie dann auf die stärker befahrene 227, wo Sie vor Městečko ein 1000 m langes, mittelstarkes Gefälle erwartet. Anschließend erreichen Sie den kleinen Ort Křivoklát.

Křivoklát (Pürglitz), Mittelböhmen, 200 m, ist ein kleiner Ort inmitten des Pürglitzer Hochlandes (Křivoklátsko), ein unter UNESCO-Schutz stehendes wald- und hügelreiches Landschaftsreservat. Über dem Ufer der Berounka erhebt sich der Namenspate von Ort und Region: die Burg Křivoklát.
Bereits im 9. und 10. Jh. waren die umliegenden Wälder beliebte Jagdgründe der damaligen Přemslyden-Herrscher, und einer ihrer Jagdsitze war dabei die hölzerne Festung Křivoklát. Im 13. Jh. wurde sie zu einer steinernen Burganlage gotischen Stiles ausgebaut. Ihr damaliger Name: Burglin. Hier lebte ab 1334 für wenige Jahre der spätere Kaiser Karl IV. mit seiner ersten Frau Blanche de Valois, die er fünf Jahre zuvor in Frankreich als 13jähriger geheiratet hatte.
Das im 19. Jh. spätgotisch restaurierte Křivoklát ist weniger überlaufen als Karlštejn, obwohl die Burg kaum weniger beeindruckend ausschaut.
Besichtigungen: April/Sep/Okt Di-So 9-16 Uhr; Mai-Aug Di-So 8-12 Uhr und 13-17 Uhr.
Camping: "Višňová", 1.6.-15.9., 3 km südwestlich, zwischen der 201 nach Týřovice und dem Fluß Berounka gelegen, ausgeschildert.

Radeln Sie von Krivoklát auf der 201 weiter zum benachbarten, am nördlichen Ufer der Berounka gelegenen **Roztoky**.

Etappe 3:
Louny - Žatec - Kadaň (44 km)

Durch Hopfen- und Gemüsefelder führt die von Apfel- und Birnbaumspalieren gesäumte Strecke. Kaum glaublich, daß sie dabei mitten durch das Böhmische Braunkohlebecken führt, das sich von hier aus nördlich bis Ústí nad Labem zieht. 75 % der tschechoslowakischen Braunkohle werden im Tagebau von monströsen Schaufelbaggern gefördert. Da aber nur das Gebiet nördlich der Eger (Ohře) ausgebeutet wird, bleibt diese Etappe davon unberührt. Steigungsmäßig ist die Strecke überwiegend von leichter Natur, der Verkehr gering bis maßvoll.

Verlassen Sie Louny westlich, indem Sie zunächst ein Stück auf der 7 in Richtung Chomutov zurücklegen und dann, noch innerorts, beim Hinweis Žatec links abbiegen. Auf der sanft hügeligen 225 (Ausnahme: eine scharfe Abfahrt mit anschließender Steigung 2 km westlich von Drahomyšl) radeln Sie bis Žatec, das Sie nach 21 km erreichen.

Um **Žatec** (Saaz), Nordböhmen, 240 m, 23.000 Ew., herum werden auch Gurken angebaut, aber allemal berühmter ist der Hopfen, den die Bauern von Žatec seit dem 12. Jh. anbauen. Ohne Saazer Hopfen wären die Biertrinker der ČSFR arm dran, denn zwei Drittel der tschechoslowakischen Hopfenproduktion kommen hierher. Das grüne Gold verleiht nicht nur dem Pilsner Urquell die rechte Würze, es ist auch bei zahlreichen Brauereien rund um den Globus die Krönung der jeweiligen Hopfenmischung. Goethe aß hier auf der Durchreise Salat aus Hopfensprossen und empfand Saaz als "wahrhaft schöne Stadt". Mit Kadaň und Louny gehört Žatec zu den drei befestigten Städten, die seit dem frühen Mittelalter die Übergänge an der Ohře (Eger) bewachten. Ein Teil der gotischen Stadtmauern mit dem Stadttor Kněžská brána blieb erhalten, die Burg jedoch wurde durch eine gotische Kirche ersetzt. Das Rathaus mit dem barocken Zwiebelturm entstand in der Spätgotik, die Mariä-Himmelfahrts-Kirche ist fast so alt wie die Stadt selbst (11. Jh.), nur leider nicht mehr in ihrer ursprünglichen, romanischen Gestalt erhalten, sondern "nur" noch barock. Die Altstadt steht zu Recht unter Denkmalschutz, zum rauschhaften Erlebnis gerät sie einmal pro Jahr: Ende September, wenn das Hopfenerntefest stattfindet.
Information: ČEDOK, am Marktplatz (nám. Svobody).
Unterkunft: Hotel "Zlatý lev", Oblouková.

Folgen Sie nun der Ausschilderung nach Karlovy Vary/Kadaň und verlassen Sie Žatec auf der 225. Nachdem die 225 auf die 224 eingemündet ist, schwillt der Verkehr an und "grüßen" von der anderen Seite der Ohře Kühlwassertürme und Stromleitungen herüber. Nach 23 km erreichen Sie Kadaň und haben dort, wo die 224 die Ohře überquert, sofort eine bilderbuchmäßige Stadtansicht.

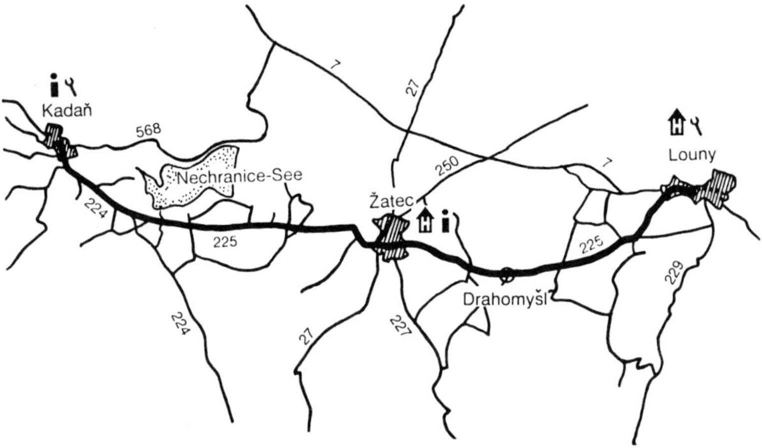

> **Kadaň** (Kadaan), Nordböhmen, 297 m, 19.000 Ew., liegt im Vorland des Erzgebirges und am Rand des böhmischen Braunkohlebeckens. Ab dem 13. Jh. bewachte die befestigte Stadt eine der für den Handel wichtigen Furten über die Ohře. Am Marktplatz springt der mächtige, behelmte Rathausturm ins Auge, der um 1400 entstand und als Wachturm diente. Er teilt sich den Platz mit bürgerlichen Laubenhäusern, einer skulpturenreichen Pestsäule, dem Stadtmuseum und der barockisierten, ursprünglich gotischen Hl.-Kreuz-Kirche. Von den Befestigungen der Siedlung, die bereits im 13. Jh. zur königlichen Stadt erhoben wurde, sind noch zwei Tore erhalten (Žatecka-Tor und Mikulovská-Tor).
> **Information:** ČEDOK, Komenského 1189, Tel. (0398) 4608.
> **Camping:** "Hradec", 15.6.-30.9., 6 km südöstl. beim Ort Hradec.
> **Fahrradservice:** Hnízdil, Mírové nám. 62, Tel. (0398) 5814.

Etappe 4:
Kadaň - Klášterec - Stráž - Karlovy Vary (50 km)

Zwischen Erzgebirge (Krusné hory) und Duppauer Gebirge (Doupovské hory) laviert sich das liebreizende Egertal hindurch. Diese Etappe begleitet es dabei - auf kleinen Straßen, die an den waldreichen Hängen des Flußtales entlangstreifen. Die ersten beiden Drittel der überwiegend verkehrsarmen Strecke sind dabei in puncto Steigungen etwas anspruchsvoll, das letzte Drittel hingegen ist flach wie eine Kurpromenade. Eine überaus lohnenswerte Etappe.

Verlassen Sie Kadaň durch das westliche Stadttor der Altstadt. Direkt dahinter beginnt die 568 nach Klášterec, die Strecke ist stärker befahren und hügelig. Wenn Sie die "neue" Porzellanfabrik linker Hand passieren, sind Sie bereits in Klášterec.

Klášterec nad Ohří (Klösterle), Nordböhmen, ist ein Ort, der seit dem 18. Jh. von der Porzellanherstellung lebt. Der Hauptrohstoff hierfür, das Kaolin, findet sich in den Randgebieten der benachbarten Braunkohlereviere des Erzgebirgsvorlandes. Unter den jungtertiären Kohleflözen lagern dort die erdgeschichtlich älteren Kaolinvorkommen. Diese Rohstoffnähe und die Nachfrage der Fürstenhäuser, die im 18. Jh. einer verfeinerten Lebensweise huldigten, animierte eine Reihe von Orten in der nordwestböhmischen Region zur Herstellung künstlerisch wertvollen Porzellans, wobei Klášterec in Böhmen die Vorreiterrolle zukam. 1794 wurde hier in einem Rundbackofen, den man im Schloßpark errichtet hatte, das erste Porzellan Böhmens gebrannt. Die Manufaktur, die daraufhin entstand, wurde 1967 stillgelegt, als die neue Fabrik "Karlovarský porcelán" ihre Arbeit aufnahm - mit Produkten, die so ungefähr das Gegenteil dessen darstellen, was einst den Ruhm der lokalen Porzellane ausmachte.
Das im 19. Jh. im Stil der englischen Neugotik umgestaltete Renaissance-Schloß beherbergt heute eine der reichsten Porzellansammlungen des Landes, die das Thunsche Grafengeschlecht aus China, Japan, Meißen, Böhmen und eben Klášterec zusammengetragen hatte. Hier können Sie grünes, pflanzengefärbtes Porzellan bestaunen, und ebenso Porzellan, das so fein ist, daß die Umrisse der haltenden Hand hindurchscheinen.
Um zum Schloß zu gelangen, fahren Sie auf der 13 in Richtung Karlovy Vary und zweigen dann links ab nach Rašovice. Im umfriedeten englischen Schloßpark stoßen Sie auf das eher unscheinbare Schloßgebäude. Stündliche Führungen für Gruppen ab 5 Personen: Mai-Sep Di-So 9-17 Uhr; April u. Okt Sa u. So 9-17 Uhr.

Verlassen Sie Klášterec vom Schloß aus westlich durch den Schloßpark. Radeln Sie im Park an der Ohře entlang und überqueren Sie dann die Ohře und die Eisenbahngleise. Biegen Sie dann beim Hinweis nach Kotvina rechts ab und fahren Sie von dort weiter über Oslovice, Okounov und Korunni nach Stráž. Die wenig befahrene Straße steigt dabei in ihrem kurvigen Verlauf (überwiegend leichtere, aber auch einige kurze, mittlere Steigungen) so hoch über das Tal der Ohře, daß sich zwischen den bewaldeten Abschnitten immer wieder tolle Einblicke in das idyllische Flußtal ergeben. In Stráž (22 km) biegen Sie auf die 13 nach Karlovy Vary ein. (*In Gegenrichtung:* Zweigen Sie von der 13 beim Hinweis "Kamenec/ Korunní" rechts ab, halten Sie sich an der Straßengabelung östlich von Stráž rechts.) Nach 4 km verlassen Sie die 13 nach "Damice" und lassen sich bis Vojkovice auf Flußniveau herabschleusen. Dann steigt das Sträßchen erneut an und beschert Ihnen weitere malerische Ausblicke. Schließlich folgen ab Kyselka zum Ausklang vierzehn beschauliche, völlig ebene Kilometer, die direkt an der Ohře entlangführen. Die Vegetation des Uferstreifens lädt dabei geradezu zum wilden Biwakieren ein, was vor allem Kanuwanderer vormachen. Auf der 6/E48 fahren Sie dann nach Karlovy Vary hinein. (*In Gegenrichtung:* Verlassen Sie Karlovy Vary auf der 6 in Richtung Praha und biegen Sie beim Hinweis nach Kyselka links ab.)

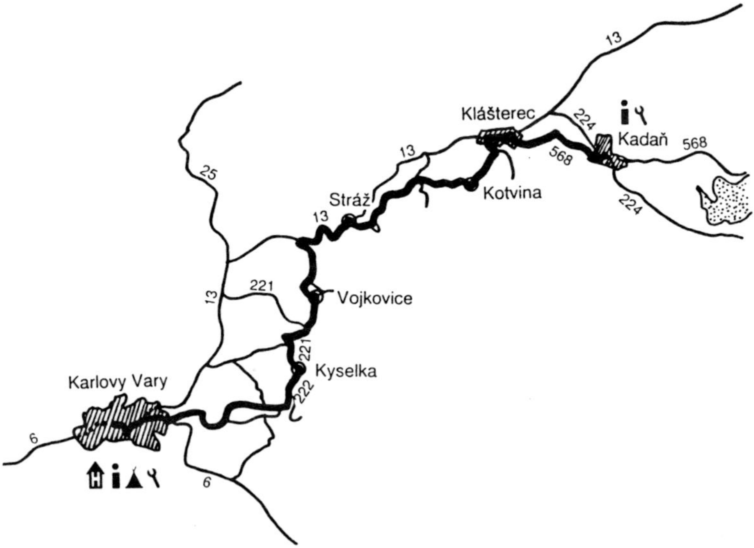

Die Kartenskizzen in diesem Buch sind weder dazu gedacht noch geeignet, als Landkartenersatz zu dienen. Eine derart präzise Darstellung würde ein eigenes Kartenwerk in entsprechendem Maßstab und vielfarbigem Druck erfordern. Eine Umsetzung der Skizzen auf die während der Reise benutzten Landkarten ist unbedingt erforderlich!

Karlovy Vary (Karlsbad), Westböhmen, 375 m, 61.000 Ew., hat sich an der landschaftlich reizvollen Einmündung der Teplá in die Ohře entwickelt. Namensgeber war Kaiser Karl IV., der hier aufgrund eines positiven Gutachtens seines Leibarztes 1348 den Kurort gründete. In den ersten beiden Jahrhunderten wurde in den "wundertätigen", aus zwölf heißen Quellen (zwischen 43° und 73° C) entspringenden Wassern nur gebadet, ab dem 16. Jh. begann man das alkalische Glaubersalzwasser dann auch zu süffeln. Mit dem 18. Jh. erlangte Karlsbad Weltgeltung, als sich der politische und finanzielle Hochadel aus aller Herren Länder hier beim Kuren ebenso traf wie die Herren Goethe, Schiller und Beethoven. Bis heute ist Karlovy Vary die berühmteste Kurstadt der Tschechoslowakei geblieben, mit einem immer noch spürbaren Hang zur traditionsbewußten Eleganz. Hier verfaßte Karl Marx, der trotz chronischen Geldmangels gerne als feiner Herr auftrat, zwischen 1874 und 1876 Teile seines "Kapitals".
Frühe Bauten sind das Armenhospital (1531) und das Kurhaus an der Alten Wiese (1711). Zentrum des heutigen Kurbetriebes ist die klassizistische, zwischen 1871-1881 enstandene Mühlbrunn-Kolonnade, eine Säulenwandelhalle, wo sich dem trinkbecherschwingenden Besucher vier der wichtigsten Thermalquellen anbieten. Die Juri-Gagarin-Kolonnade (Gagarin besuchte den Ort 1960) führt zum "Sprudel" (Vřídlo), der ältesten und mit 73 °C wärmsten Quelle Karlovy Varys. Bis zu zwölf Meter hoch stemmt der "Sprudel" 2000 l Wasser pro Minute. Aus dem extrem mineralstoffhaltigen Wasser (6,46 g/l) wird seit dem Mittelalter das "Karlsbader Salz" extrahiert, ein beliebtes und wirksames Abführmittel. Nicht minder bekannt ist die Stadt für ihre Riesenoblaten und ihren Kräuterschnapsmix "Karlsbader Becher" (Karlovarská Becherovka), der 1805 vom Apotheker Becher unters Volk gebracht wurde und seitdem als Karlovy Varys "13. Quelle" gilt.
Das Grandhotel Pupp (1701), einst größtes Hotel der Welt, war um die Jahrhundertwende einer der Treffpunkte der europäischen Adelselite; die Übernachtungspreise erinnern auch heute noch daran. Eine der Möglichkeiten, ein Thermalbad zu nehmen, offeriert das hochgelegene *bazén*, ein offener, quellwassergespeister Swimmingpool, wo man zugleich einen prächtigen Ausblick auf die Stadt hat (montags bis samstags: 14.00-21.30 Uhr, sonntags: 9.00-21.30 Uhr; geschlossen jeden dritten Montag im Monat).

Information: ČEDOK, Tržiště 23, Tel. (017) 26705.

Unterkunft: Hotel "Národní dům", Masarykova 24, Tel: (017) 241 15; Motel "Březova", beim Campingplatz (s.u.); "Juniorhotel Alice", Pětiletky 1, Tel. (017) 24848-9.

Camping: "Březová", Slovenská 9, 4½ km südlich der Stadtmitte an der Tépla gelegen, Tel. (017) 251 01, 1.5.-30.9.

Fahrradservice: Cyklo-Böse, Varšavská 4, Tel. (017) 26871; Velosport servis Josef Pokorný, Sedlec 24; Cyklocentrum, Roman Vondráček, Vrchlického 26, Tel. (017) 2756.

Etappe 5:
Karlovy Vary - Loket - Františkovy Lázně - Cheb - Všebor (66 km)

Zwischen Erzgebirge (Krušné hory) und Kaiserwald (Slavkovský les) liegt das Falkenauer Becken (Sokolovská pánev). Diese Region liefert seit dem Mittelalter Braunkohle, Erz und Kaolin; Rohstoffe, die vorzugsweise im Tagebau gefördert werden. Besonders bei Poříčí Vrchb und Bukovany haben Sie im zweiten Etappenviertel Gelegenheit, in die Mondkrater zu blicken, die die mechanisierten Erdkrustennager dabei hinterlassen. Geradezu idyllisch wirkt da die unverletzte Landschaft im weiteren Verlauf der Etappe. Steigungen wie Verkehr halten sich auf dieser wechselhaften Etappe in Grenzen.

Verlassen Sie Karlovy Vary westlich auf der 6 in Richtung Cheb. Bei Hory zweigen Sie links nach Loket ab, das Sie nach einem mäßigen Anstieg erreichen.

Loket (Ellbogen) verdankt seinen Namen der scharfen "ellbogenförmigen" Kehre, die der Fluß Ohře (Eger) hier beschreibt. Unterhalb einer Burg schmiegt sich der kleine, seit dem 19. Jh. für feines Porzellan bekannte Ort an einen Granitberg. Auf seinen Reisen nach Marienbad und Karlsbad stieg Goethe regelmäßig in der Burgsiedlung aus dem 13. Jh. ab. Von ihm stammt die Mitteilung, daß Ellbogen "über alle Beschreibung schön liegt" und ein "landschaftliches Kunstwerk" sei, das sich von allen Seiten betrachten ließe. Heutzutage präsentiert sich der Ort in erschreckend baufälligem Zustand. Deshalb ist die Burg wegen Restaurierungsarbeiten auch bereits geschlossen, und da solche Arbeiten in der Tschechoslowakei traditionell ganz langsam voranzuschreiten pflegen, ist der Wiedereröffnungstermin noch ungewiß. So kann zur Zeit also weder das in der Burg untergebrachte Porzellanmuseum besichtigt werden noch der 108 kg schwere Meteorit, der 1775 im Burgbrunnen gefunden wurde und der der Sage nach der versteinerte Burggraf sein soll.
Im Hotel "Weißes Roß", auch heute noch der einzigen Unterkunft am Ort, traf der siebzigjährige Goethe seine späte große Liebe: die siebzehnjährige Ulrike von Levetzov. Mit der "Marienbader Elegie" hat er sich diese entsagungsvolle Love Story wenig später von der Seele geschrieben.

Verlassen Sie Loket auf demselbem Weg, durch den Sie zuvor in den Ortskern gelangt sind, und fahren Sie weiter in Richtung "Chodov" (der entsprechende Hinweis ist nur aus der Gegenrichtung zu sehen). Rollen Sie bergab und zweigen Sie beim Hinweis "Nakládka Uhli" links ab. Eine Überführung bringt Sie unbehelligt vom Verkehr auf die andere Seite der Schnellstraße. Was nun folgt, ist Anschauungsunterricht in Sachen Landschaftszerstörung. Über Královske Poříčí und Sokolov, dem wenig einladenden Zentrum des hiesigen Braunkohlereviers, gelangen Sie nach Citice, wo Sie rechter Hand auf einer Brücke die Eisenbahngleise queren. Auf mäßig hügeliger und mäßig befahrener Straße gelangenen Sie nach Bukovany und radeln von nun an durch eine vergleichsweise heile Landschaft mit sanften Hügeln, blühenden Wiesen und Feldern und weitem Horizont. Über *Chlum* (barocke Marienkirche aus dem 17. Jh. im Dorfzentrum, klingeln!), Kaceřov und Hartoušov erreichen Sie Třebeň, wo Sie dem Verlauf der Hauptstraße folgen, um nach insgesamt 55 km Františkovy Lázně zu erreichen.

Františkovy Lázně (Franzensbad), 450 m, 6.000 Ew., das kleinste der drei westböhmischen Kurbäder, besitzt 24 kalte Mineralquellen, die bei der Behandlung von Herz-, Rheuma- und Frauenleiden ihre mehr oder weniger heiltätigen Kräfte entfalten dürfen. Dabei finden auch solche Dinge wie trockenes Kohlendioxid und radioaktive Moorerde ihre selbstverständliche Anwendung. Franzensbad, das seinen Namen dem österreichischen Kaiser Franz II. verdankt, entstand 1791. Obwohl der aufstrebende Ort 1865 die Stadtrechte erhielt, gehörten die Quellen und Kureinrichtungen noch bis zum Ersten Weltkrieg der Stadt Eger (Cheb).
Der abgezirkelte Grundriß ist typisch für die Badeorte des 19. Jahrhunderts. Nahezu jedes der klassizistischen Gebäude im Ortskern ist in leuchtendes Kaisergelb getaucht. Besondere Aufregungen hat Františkovy Lázně nicht zu bieten. Es ist ein in Wald und Parks gebettetes Groß-Sanatorium, wo man sich tagsüber in den Kureinrichtungen ergeht und abends früh die Lichter ausgehen.

Information: ČEDOK, Národní třida 5, Tel. 942 210.

Camping: "Amerika", Mai-Sep., 2 km südwestlich vom Ortszentrum, Hinweis an der Straße nach Strizov, Tel. 942 518.

In Františkovy Lazné benutzen Sie die westlich am Kurzentrum vorbeiführende Straße, um den Ort südlich nach Cheb zu verlassen. Wenn Sie Strizov passiert haben, fädeln Sie sich auf die 21 ein, die Sie nach Cheb bringt (*In Gegenrichtung:* Biegen Sie beim Hinweis "Strizov" von der 21 ab).

Cheb (Eger), 456 m, 32.000 Ew., entspringt einer aus dem 10. Jh. stammenden slawischen Burganlage, die im 12. Jh. in den Besitz von Kaiser Friedrich I. Barbarossa kam, der sie dann als Mittelpunkt des historischen Egerlandes (Chebsko) zur Kaiserpfalz ausbaute. Mit der Festung wuchs auch der benachbarte Marktflecken Egire rasch an und erhielt 1179 die Stadtrechte verliehen.
Von der Kaiserburg (Chebský hrad) ist nur die romanische Burgkapelle und der aus Basaltlava erbaute Bergfried ("Schwarzer Turm") gut erhalten (Burgbesichtigungen: Mai-Sep, Di-So, 9-12 und 13-17 Uhr).
Den Mittelpunkt Chebs bilden die gewaltige St. Nikolauskirche (urspr. romanisch mit gotischen und barocken Umbauten) und der historische Marktplatz mit einem aus dem 13.-16. Jh. stammenden Ensemble jüdischer Kaufmannshäuser, die als "Stöckl" bekannt sind, weil die Häuser auf die ursprünglich ebenerdigen Verkaufsstände aufgestöckelt wurden. Als der Freiheitsdichter

Schiller 1791 seine "Wallenstein"-Trilogie zu schreiben begann, wohnte er hier am Marktplatz (heute das sog. "Schillerhaus"). Aus seinem Fenster konnte er gegenüber das "Stadthaus" sehen, in dem 1634 sein literarisches Vorbild Albrecht von Wald(en)stein, mystifizierter und erfolgreicher Feldherr des Dreißigjährigen Krieges, auf kaiserlichen Geheiß ermordet wurde.
Ein gespaltenes Verhältnis zu seiner Geschichte hat das heutige Cheb aufgrund der Nachkriegsdeportation der einst überwiegend deutschen Bevölkerung, von der 1938 ein großer Teil für die Sudetendeutsche Partei und für den Anschluß ans "Dritte Reich" gestimmt hatte. Cheb verlor so über Zweidrittel seiner einstigen Bevölkerung.
Telefonvorwahl: 0166.
Information: ČEDOK, 1. máje 31 (Hauptstraße südlich des Marktplatzes), Tel. 30650.
Unterkunft: "Hotel Slavie", Svobody; "Hotel Hradní dvůr", Dlouhá, Tel. 220 06; "Hotel Hvězda", am Marktplatz, Tel. 225 49.

Um von Cheb auf den Camping Všebor zu gelangen, biegen Sie von der nach Prag führenden Schnellstraße nach einem Kilometer beim Hinweis "Lipová" rechts ab. Folgen Sie den Hinweisen zum spartanisch ausgestatteten Biwakplatz Všebor, der in der Saison nicht ganz so überfüllt ist wie der oberhalb gelegene, reguläre Campingplatz Dřenice. Ein Seeuferweg verbindet beide Plätze.

Etappe 6:
Všebor - Mýtina - Stará Voda - Mariánské Lázně (30 km)

Zugegeben: Der ehemalige Grenzpatrouillenweg des "Eisernen Vorhangs" im Grenzgebirgszug Český les (nördlicher Böhmerwald) ist ein ungewöhnlicher "Radweg", zugleich aber auch die einzige Möglichkeit, der verkehrsreichen Fernstraße 21 ein Schnippchen zu schlagen. Im zweiten Drittel dieser Etappe werden daher ein gesunder Orientierungssinn und verstärkte Kletterbereitschaft vorausgesetzt. Sonst bleibt eben doch nur die 21...

Vom Camping Všebor aus bietet sich die Möglichkeit an, das Fahrrad auf dem Bahndamm entlangzuschieben und so auf dem kürzesten Weg auf die andere Seite des Jesenice-Stausees zu gelangen. Hinter den Wochenendhäusern stoßen Sie dann auf die Straße nach Lipová, auf die Sie nach links einbiegen. Sollte Ihnen der Bahndamm nicht "schmecken", nehmen Sie die Brücke bei Podhrad, und zweigen Sie anschließend links nach Lipová ab.

Hinweis: Die im folgenden beschriebene Strecke von Lipová nach St. Voda ist in puncto Ausschilderung auf dem ehemaligen Grenzpatrouillenweg (noch) mangelhaft, sie beinhaltet zudem zwei bis drei strenge Steigungen. Wenn Sie deshalb lieber auf der verkehrsreichen, aber unproblematischen 21 radeln wollen, folgen Sie ab Lipová den Hinweisen nach Mariánské Lázně.

Kartenskizze Etappen 5 - 7

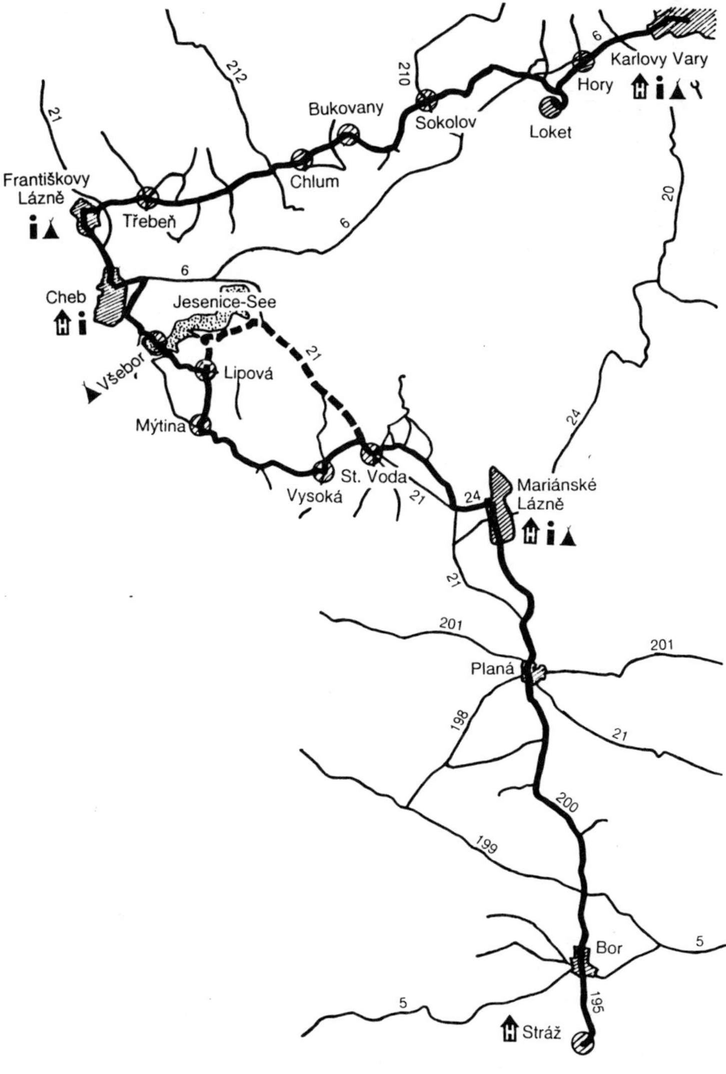

Marienbad

Wenn Sie sich nun aber für die unorthodoxere Strecke entschieden haben, folgen Sie in Lipová dem Hinweis nach Doubrava. Radeln Sie von dort weiter bis Mýtina, wo Sie gleich bei der ersten Möglichkeit links abzweigen in eine an einem Bauernhof vorbeiführende Asphaltstraße. Nach einigen hundert Metern geht die Straße in einen geschotterten Waldweg über (rote Wandermarkierg.) und stößt nach einem weiteren Kilometer auf die ehemalige Militärstraße; biegen Sie dort links ab. Dieser nunmehr öffentliche Asphaltweg schneidet schnurgerade durch die Wälder des nördlichen Böhmerwaldes und führt dabei, einer gestreckten Achterbahn nicht unähnlich, bis auf 800 m.
Nach 4 km wird dieser Weg von einem grün markierten, ebenfalls asphaltierten Weg gekreuzt. Biegen Sie hier links ab (geradeaus geht es weiter zu einem Militärposten), und radeln Sie weiter bis Vysoká, das Sie 3 km nach der Kreuzung erreichen.

Hinter Vysoká halten Sie sich rechts und radeln bis St. Voda. Dort biegen Sie, wiederum rechts, auf die 21, die Sie aber nach ca. 500 m beim Hinweis "Lázně Kynžvart" wieder verlassen. (*In Gegenrichtung:* Biegen Sie in St. Voda nach "Cheb" auf die 21 ein, und verlassen Sie diese anschließend links nach "Vysoká".) Folgen Sie nun den Hinweisen nach Valy, wobei Sie sich stets rechts halten. Über Klimentov erreichen Sie nach acht recht ebenen Kilometern die Kreuzung bei Velká Hled'sebe. Dort fahren Sie links auf der ortseinwärtsführenden 24 nach Mariánské Lázně hinein. (*In Gegenrichtung:* In Velká Hled'sebe halten Sie sich rechts und folgen dabei dem Hinweis nach Valy.)

Mariánské Lázně (Marienbad), Westböhmen, 628 m, 18.500 Ew., besitzt mit über vierzig Glaubersalz- und Eisensäuerlingsquellen und einer romantischen Tallage am Fuße des Kaiserwaldes die natürlichen Gegebenheiten, die den Ort im 19. und beginnenden 20. Jh. - neben Karlsbad - zu Europas beliebtestem Kurbad werden ließen. Es ist das jüngste der drei westböhmischen Heilbäder. 1818 zum Kurort erklärt, folgte der rasche Ausbau zu einer opulent herausgeputzten Kurstadt. Vom fortschrittlichen Marienbad ging im 19. Jh. der Impuls aus, an der Prager Universität den weltweit ersten Lehrstuhl für Balneologie (Bäderkunde) einzurichten. Einer der ersten bekannten Gäste, die Marienbad rühmten und berühmt machten, war wieder einmal Goethe. Insgesamt geht es in Mariánské Lázně heute jedoch deutlich biederer und gemütlicher zu als in Karlovy Vary. Bis auf einige klassizistische Empire-Gebäude herrschen Jugendstilbauten vor. Seit Jahren schon versperrt ein blecherner Bauzaun im Herzen der Stadt den Blick auf die Kolonnaden.
Gut siebzig Kilometer Kurpromenade durch die umliegenden Laub- und Nadelwälder, das als besonders erholsam gepriesene Klima und die Möglichkeit zu einer extensiven Palette von Bäderkuren machen das mehr recht als schlecht wett.
Information: ČEDOK, im Hotel "Atlantik", Hlavní třída.
Unterkunft: CKM-Juniorhotel "Krakonoš", im östlichen Vorort Krakonoš, Zádub 53, 250 Betten, Tel. (0165) 2624.
Camping: Beim "Motel Start", Plzeňská, Tel. (0165) 20 62.

Etappe 7:
Mariánské Lázně - Planá - Bor - Stráž (37 km)

Eine angenehme Etappe ist das, mit wenig Verkehr, maßvollen Steigungen, Hügeln, Feldern, Wald und Wiesen. Unauffällig aber schön.

Verlassen Sie Mariánské Lázně auf der 24, die als südliche Verlängerung der Hauptstraße Hlavní třída nahtlos in die 230 nach Chodová Planá übergeht. Dort müssen Sie dann links auf die 21 nach "Planá" einmünden. Ein leichtes Gefälle unterstützt Sie beim Radeln bis Planá, das Sie nach 13 km erreichen.

Planá (Plan), Westböhmen, 500 m, 3.500 Ew., ist ein friedliches Städtchen aus dem 13. Jh. mit einem von schlichten Barockhäusern gesäumten Marktplatz, einem bescheidenen Schloß und zwei Kirchen aus dem Mittelalter. Der Denkmalschutz beschränkt sich hier bislang auf die Erhaltung des status quo.

Bleiben Sie hinter Planá auf der 21 bis zum Rechtsabzweig nach Bor. Radeln Sie nun auf der beschaulichen 200 bis *Bor* (km 32). Dort passieren Sie das barocke Stadtschloß, dem man noch deutlich ansieht, das es aus einer Burg entstanden ist. Überqueren Sie in Bor die 5 und fahren Sie weiterhin südlich auf schöner Strecke nach **Stráž** (Westböhmen, 400 m, **Unterkunft:** Pension "Yvonne", Hotel "Doping").

Etappe 8:
Stráž - Prostiboř - Kladruby - Stříbro (26 km)

Die nun folgende Strecke zeichnet sich durch ausgesprochen wenig Verkehr und leichte bis mäßige Hügel ohne große Höhensprünge aus. Kiefernwäldchen, Felder und Ahornbaumalleen gehören zu den landschaftlichen Attributen dieser hübschen Etappe.

Verlassen Sie Stráž hundert Meter vor dem nördlichen Ortsendeschild auf der östlich nach Bonětice führenden Nebenstraße (in südlicher Fahrtrichtung fehlt an der ortsdurchquerenden 195 der entsprechende Hinweis). Am Dlouhy-Teich vorbei radeln Sie durch Nadelwald über Bonětice und St. Sedlo nach Prostiboř. Dort fahren Sie nördlich weiter über Tuněchody und Brod nach Kladruby.

Kladruby (Kladrau), Westböhmen, 413 m, 1.100 Ew.
Benediktinermönche gründeten hier 1115 eine Abtei, die bis zu den Plünderungen des Dreißigjährigen Krieges als Böhmens reichstes Kloster galt. Schon die Größe und schloßähnliche Gestalt der klösterlichen Marienkirche, die im 12. Jh. entstand, vermittelt den Eindruck, daß die frommen Bauherren nicht klekkern mußten. Anfang des 18. Jh. wurde die Kirche umgestaltet. Das besorgte kein Geringerer als Giovanni Santini, der eigentlich Johann Santin Aichel hieß und in Prag geboren war. Er verband in seinem Schaffen italienischen Barock mit genau studierter Spätgotik zu einem neuen Stil, der einleuchtenderweise Barockgotik genannt wird. Zum eigentlich Genialen zählt dabei, daß diese Stilmischung, die er in unserem Falle der Marienkirche verpaßte, praktisch nicht als Mix wahrgenommen wird. Das Kircheninnere wartet u.a. mit Plastiken aus der Werkstatt des nicht minder berühmten Matthias Braun auf.
Die Klosteranlage befindet sich am östlichen Ortsrand von Kladruby an der Straße nach Plzeň. Besichtigungen jeweils Di-So, dabei von Juni-Aug 9-12 und 13-18 Uhr; April + Okt 9-12 und 13-17 Uhr; Sep-Mai 9-12 und 13-16 Uhr.
Unterkunft: Pension "Vakus", nám. Republiky.

Radeln Sie auf der 193 nördlich weiter nach Stříbro, biegen Sie dort links auf die 5 ein und folgen Sie dem Hinweis zum Centrum.
(*In Gegenrichtung:* Verlassen Sie Stříbro zunächst in Richtung Plzeň und biegen

noch innerorts beim Hinweis nach Kladruby rechts ab. Dort folgen Sie für ca. 1 km dem Hinweis nach Plzeň und anschließend dem nach Prostiboř.)

Stříbro (Mies), Westböhmen, 395 m, 5.000 Ew., ist das tschechische Wort für Silber. Denn hier waren seit dem 12. Jh. tschechische Bergleute damit beschäftigt Silberadern auszubeuten. Stříbro stellte seinerzeit so etwas wie einen informellen Grenzposten zwischen dem deutsch- und dem tschechischsprachigen Böhmen dar. Silber und Blei und die Lage an der Handelsstraße zwischen Bayern und Prag machten Stříbro reich, der Dreißigjährige Krieg wieder arm. Bemerkenswert ist hier das wohl schönste oder zumindest zweitschönste Renaissance-Rathaus Böhmens (wenn man dem von Prachatice den Vorzug gibt), seine beeindruckende Sgraffito-Fassade erhielt es im 19. Jahrhundert. Der kulturhistorische Rest von Stříbro ist schnell aufgezählt und nicht sehr bedeutsam: Brückenturm, Pestsäule, Allerheiligenkirche und ein Stück Befestigungsanlage.

Unterkunft: Hotel "Evropa", am Masarykovo nám. (Marktplatz), Tel. 2453, 2460.

Camping: "Stříbro", 15.5.-31.8., keine Hütten, südwestlich vom Zentrum an der Mže gelegen, ausgeschildert.

Etappe 9:
Stříbro - Nýřany - Plzeň (32 km)

Die folgende Etappe ist zwischen Sytno und Blatnice kaum befahren, landschaftlich sehr idyllisch - und mit einigen moderaten Anstiegen versehen. Die zweite Etappenhälfte hingegen ist sanft hügelig, aber relativ verkehrsreich. Dafür geht diese Reststrecke dank des günstigen Profils dann aber auch besonders flott vom Fuß.

Verlassen Sie Stříbro auf der stark befahrenen 5 nach Plzeň, und biegen Sie hinter Sytno beim Hinweis nach Heřmanova Hut' rechts ab. An der Kreuzung mit dem einsamen Hinweis nach Lhota müssen Sie links abbiegen. Nach 1 km biegen Sie bei einem Vorfahrt-achten-Schild rechts ab und fahren über Hněvnice nach Blatnice, wo Sie der Hinweis nach Heřmanova Hut' zur 203 führt, auf die Sie links nach Plzeň einbiegen. Über Nýřany und Vejprnice schnüren Sie nun auf der 203 bis Plzeň. Um zur Altstadt zu gelangen, folgen Sie innerhalb der Stadt dann den Hinweisen nach Karlovy Vary.
(*In Gegenrichtung:* Verlassen Sie Plzeň vom nám. Republiky aus westlich durch die Solní ul., und fahren Sie geradeaus in Richtung Rozvadov. Wenn die Ausfallstraße dann zum zweiten Mal rechts abknickt, folgen Sie dem dünnen Geradeauspfeil und sind nun auf der 203 nach Nýřany; der entsprechende Hinweis folgt erst nach der Kreuzung. Westlich von Nýřany biegen Sie dann nach Blatnice ab und folgen hinter Hněvnice zunächst dem Hinweis nach Lhota und nach 2 km dem nach Stříbro.)

Plzeň (Pilsen), Westböhmen, 322 m, 180.000 Ew.
In einer Senke des Pilsener Hügellandes liegt die zweitgrößte Stadt Böhmens. Den schon seit dem 10. Jh. als Handelsplatz fungierenden Ort, baute König Wenzel II. im 13. Jh. zur befestigten Stadt aus. Zahlreiche Feuersbrünste und der Dreißigjährige Krieg - in Plzeň schwor Wallenstein im Winter 1633/34 die ihm ergebenen Offiziere des Kaisers auf sich ein, was ihm später die Ermordung einbrachte - verwüsteten die Stadt.
Wenzel II. war es, der Pilsen 1295 die Brauereirechte verlieh, das berühmte "Pilsener Urquell" (Plzeňský Prazdroj) hingegen erblickte erst im 19. Jh. die Zapfhähne. Bis dahin hatte man in Pilsen eher schlecht als recht gebraut, so daß sich das Volk ob der mangelnden Bierqualität zunehmend erzürnte. 1842 schloß sich schließlich ein Teil der Pilsener Braumeister zu einer Genossenschaft zusammen und gründete das "Bürgerliche Brauhaus", wo seitdem in langen Kellergängen das Pilsener Bier mit der 12%igen Stammwürze heranreift. Im "Restaurace Prazdroj", der großen Bierstube neben dem Brauhaus (U Prazdoje 7, östlich der Altstadt) kann man das Ergebnis verkosten, und wenn auch die Tschechen behaupten, daß ihr Urquell früher besser schmeckte, ist es doch in frisch gebrautem Zustand immer noch unvergleichlich gut.
Plzeň hat mit dem "Ring" (nám. Republiky) den größten Stadtplatz Böhmens aufzuweisen (139 x 193 m²), allerdings nimmt die gotische St.-Bartholomäus-Kirche mit dem höchsten Kirchturm der Tschechoslowakei (104 m) einen so beträchtlichen Raum davon ein, daß der Platz nicht besonders geräumig wirkt. Sehenswerte Altstadtbauten sind das Renaissance-Rathaus (1568, ebenfalls am nám. Republiky), die Klosterkirche der Hl. Jungfrau Maria (13. Jh., Františkánská ul.), die Barockkirche St. Anna (1711, ul. B. Smetany), die reichverzierten Bürgerhäuser (Nerudova ul.) und das Brauereimuseum in der ehemaligen Mälzerei (Veleslavínova ul. 6; Di-So 10-18 Uhr). Rund um Bier und Altstadt ist Plzeň in erster Linie ein Industriestandort. Hier wird Steinkohle und Eisenerz gefördert, hier haben Kaolinvorkommen eine Keramikindustrie entstehen lassen, hier sind die Škoda-Werke zu Haus, wo unter anderem Atomreaktoren zusammengewerkelt wurden und werden.

Telefonvorwahl: 019.

Information: ČEDOK, Presovská 10, Tel. 37419; CKM, Dominikanská.

Unterkunft: Privatunterkünfte in der Sedlačkova; Studentenwohnheim "Internát Pozemních Staveb", U Borského Parku 5.

Camping: "Bilá Hora", 1.4.-15.9., Tel. 35611; "Ostende", 1.5.-30.9., Tel. 520194. Beide Plätze sind 5 km nördlich der Altstadt am Botevecký-See gelegen, Hinweise an der 203.

Fahrradservice: Cyklo Bartoníček, Sokolovská 74, Tel. 522387; Cyklocentrum-Hepos, Slovanská 25, Tel. 44104.

Etappe 10:
Plzeň - Litice - Nezvěstice - Blovice - Dvorec - Nepomuk (46 km)

Eine verkehrsarme Alternative zur Direktverbindung nach Nepomuk (E49) stellt die folgende Etappe dar: dazu ist bis Nezvěstice einiges an (unproblematischem) Abbiegen erforderlich. Die Strecke führt auf überwiegend leicht hügeligen Nebenstraßen durch Getreide- und Gemüsefelder sowie Tannen- und Mischwälder und eine relativ dichte Folge gepflegter Bauerndörfer. Insgesamt eine schlichte aber angenehme Radeletappe.

Vom nám. Republiky, dem ehemaligen Marktplatz Plzeňs, gelangen Sie durch die Solní ul. (Fußgängerzone) westlich der Altstadt auf die südliche Ausfallstraße 27/E53. Folgen Sie nun linker Hand den Hinweisen "Klatovy" bzw. "E53". In Litice biegen Sie erst links, dann rechts nach Radobyčice ab, nach weiteren 300 m biegen Sie erneut rechts ab in ein apfelbaumgesäumtes Sträßchen, das durch Felder nach Utušice führt. In Stěnovice halten Sie sich rechts - Hinweis nach Přěštice - und radeln über Čižice nach St. Borek und N. Borek. Anschließend müssen Sie bis Chválenice auf einem mittleren Anstieg 100 Höhenmeter gutmachen. Bis zum Linksabzweig nach Nezvěstice benutzen Sie in Chválenice für ein kurzes Stück die 20 gen Süden. In Nezvěstice machen Sie einen Schlenker über die 19 und fahren ohne weitere Abbiegemanöver über Zákava und Zdemyslice nach Blovice (31 km). Von dort geht es via Ždirec und Srby weiter nach Dvorec, wo Sie rechter Hand die 191 nach Nepomuk geleitet. (*In Gegenrichtung:* Verlassen Sie Nepomuk auf der 191 nach Dvorec/Rožmital, folgen Sie ab Dvorec dann den Hinweisen nach Blovice und Nezvěstice. Auch die weitere, oben beschriebene Strekke ist gut ausgeschildert.)

Nepomuk, Westböhmen, 470 m, 3.000 Ew., ist ein Städtchen aus dem 14. Jahrhundert. Hier wurde um 1350 Johannes von Nepomuk geboren, der später in der Funktion des erzbischöflichen Generalvikars als Böhmens Landesvater wirkte. Aufgrund eines ungeklärten machtpolitischen Streites mit König Wenzel ließ ihn dieser foltern und schließlich in der Moldau ertränken. Posthum stieg Nepomuk zum beliebtesten Heiligen Böhmens auf, und um seinen Tod rankte sich bald die Legende, daß ihn der König nur deshalb ermorden ließ, weil sich der Kirchenmann standhaft geweigert hatte, die Beichte der Königin preiszugeben. Da Nepomuk als Schutzheiliger der Brücken gilt, ist sein Standbild auf vielen alten Brücken zu finden. In Nepomuk selbst errichtete man an der Stelle seines Geburtshauses 1738 die barocke Johannes-Nepomuk-Kirche. Daneben hat der kleine Ort einen verschandelten Marktplatz, eine romanisch-gotische Jakobskirche aus dem 13. Jh. und ein bescheidenes Heimatmuseum anzubieten.

Camping: "Nový Rybník", 15.5.-30.9., 3 km westlich von Nepomuk an der 191 nach Klatovy gelegen, ausgeschildert, Tel. Nepomuk 152.

Kartenskizze Etappen 8 - 13

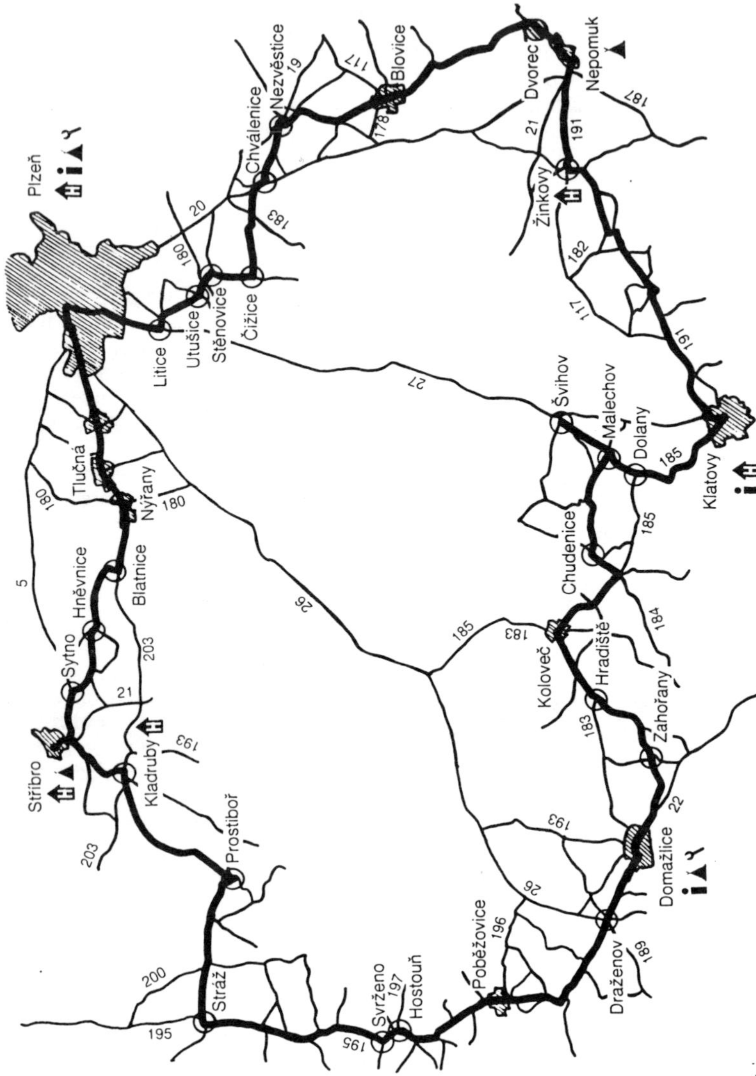

Etappe 11:
Stráž - Houstoň - Poběžovice - Domažlice (43 km)

Offen und mäßig hügelig ist die Beckenlandschaft, die sich entlang des nördlichen Böhmerwaldes (Český les) erstreckt. Wiesen, Wald und Felder, Obstbäume und Dorfweiher und der überwiegend geringe Verkehr machen die Strecke velosympathisch.

Radeln Sie ab Stráž südlich auf der 195 in Richtung "Klenči pod Čerchovem". Hinter Svrženo verläuft die 195 ein Stück gemeinsam mit der 197; folgen Sie via Houstoň weiterhin den "Klenči"-Hinweisen. Über Poběžovice erreichen Sie Draženov, wo die 195 linker Hand in die 189 mündet; biegen Sie anschließend nach rechts auf die 26 ab, die Sie bis an den Ortsrand von Domažlice führt. Um in die Stadt hineinzufahren, biegen Sie auf die 22 in Richtung Klatovy ein. (*In Gegenrichtung:* Verlassen Sie die Altstadt von Domažlice zunächst auf der 26 in Richtung Plzeň. Biegen Sie in Draženov zunächst nach "Klenči" und dann nach "Poběžovice" ab. Anschließend folgen Sie den Hinweisen nach Bor.)

Domažlice (Taus), Westböhmen, 428 m, 12.000 Ew., ist bis auf den heutigen Tag das Zentrum des historischen Chodenlandes geblieben. Im 11 Jh. beauftragte der böhmische Herzog Břetislav I. die slawischen Choden mit der Sicherung der Grenze nach Westen hin (tschechisch "chodit" für begehen). Vor allem den expansionslustigen Bayern galt dabei seine Sorge. Die unerschrockenen "Begeher" taten ihre Sache gut. Fortan vergewisserten sich alle böhmischen Könige ihrer Dienste. In einer Zeit der Leibeigenschaft und der Fron bezahlten sie die stolzen Choden mit dem Privileg, freie Menschen sein zu dürfen. Sie waren niemand untertan außer dem König, hatten ihre eigene Gerichtsbarkeit, konnten frei jagen und frei die Wälder nutzen. Dem Adel war Grundbesitz im Chodenland untersagt. 1620, nach der verlorenen Schlacht am Weißen Berg, die die Choden auf der Seite der aufständischen Hussiten geschlagen hatten, kamen auch sie ins Joch der Feudalherren.
Heute zählen sie zu den wenigen tschechischen Stämme, die sich ihre Identität bewahren konnten. Sie pflegen ihren speziellen Dialekt ebenso wie ihre reichhaltige Volkskunst, und wenn sie ihrer Lust zu Tanz und Musik frönen, spielt der quakende Dudelsack traditionell eine bedeutsame Rolle. Jedes Jahr am ersten Wochenende nach dem 10. August schreiben die Choden ihr Brauchtum mit einem fröhlichen Festival fort.
Die meisten historischen Bauwerke befinden sich, wie das in Böhmen so üblich ist, am Marktplatz. Der ist in Domažlice ungewöhnlich langgestreckt. Da sind zunächst die vertrauten Laubenhäuser und die Kirche Mariä Geburt, die vom böhmischen Barockbaumeister K.I. Dientzenhofer umgebaut wurde. Ihr Glokkenturm aus dem 13. Jh. war früher zugleich auch Wachturm. Wer seine 196 Stufen erstiegen hat, mag das Umland aus der Vogelperspektive betrachten. An die große Zeit der Choden erinnert unübersehbar die Chodenburg (Chods-

ký hrad) mit ihrem massiven Rundturm. Das Heimatmuseum in der Burg wird, was die Reichhaltigkeit der ethnographischen Sammlungen betrifft, allerdings vom nordöstlich der Altstadt gelegenen Jindrich-Jindrich-Museum deutlich übertroffen (Di-So 8.00-14.30 Uhr).
Information: ČEDOK, nám. Miru 129, Tel. (0189) 27 13.
Camping: "Babylon", 15.5.-30.9., 6 km südwestlich an der 26 beim Ort Babylon gelegen, Tel. Babylon 93286.
Fahrradservice: Jaroslav Turek, Žižkova 70, Tel. (0189) 3837.

Etappe 12:
Domažlice - Koloveč - Burg Švihov - Klatovy (49 km)

Diese schöne Strecke ist insgesamt mäßig hügelig und wenig befahren. Durch Felder, Wald und Wiesen, an Dorfweihern und dem Fluß Uhlava vorbei radeln Sie durch die überwiegend offene Landschaft des Böhmerwaldvorlandes.

Verlassen Sie Domažlice südöstlich auf der 22. Zweigen Sie von dieser an der Ortsgrenze auf die Nebenstraße nach Zahořany ab. Ab Hradište radeln Sie auf der 183 über Kanice nach Koloveč. Fahren Sie von dort nun auf der 185 in Richtung Klatovy weiter. Nach 6 km biegen Sie links beim Hinweis nach Chudenice auf die 184 ein. Linker Hand passieren Sie anschließend die Zufahrt zum Landschaftsschutzgebiet *Americká zahrada* (Waldwanderwege, kl. Schloß aus dem 18. Jh., Freibad). Hinter Chudenice folgt ein zäher, gut zwei Kilometer langer Anstieg bis vor Chlumská, vier Kilometer gemäßigten Gefälles schließen sich an. In Malechov zweigen Sie links nach Švihov ab.

Švihov, Westböhmen, 300 m, gehört zu den wenigen in ihrer ursprünglichen Gestalt erhalten gebliebenen Wasserburgen der Tschechoslowakei. Ihre spätgotische Gestalt erhielt sie in den Jahren 1480-1510. Beachtenswert sind die gotischen Fresken in der Schloßkapelle, die den heiligen Georg immer noch mit dem Drachen kämpfen lassen. Besichtigung: April-Okt Di-So 9-17 Uhr.

Verlassen Sie Svihov auf derselben Straße, die Sie gekommen sind. Auf ebener Strecke radeln Sie über Dolany an der Uhlava entlang nach Klatovy. (*In Gegenrichtung:* Entfernen Sie sich von Klatovy nach Südwesten auf der 185 in Richtung Staňkov.)

Klatovy (Klattau), Westböhmen, 405 m, 23.000 Ew., stand im Jahr 1547 im Verzeichnis der reichsten Städte Böhmens an siebenter Stelle. Tradition hat in der Stadt am Böhmerwald die Nelkenzucht. Den Marktplatz dominiert der 75 m hohe Schwarze Turm des Rathauses aus dem 16. Jh., sein Name ist aber weder auf das Hungerverlies noch die Folterkammer in seinem Innern zurückzuführen, sondern auf die schwärzenden Stadtbrände des Mittelalters. Vom Schwarzen Turm kann man nicht nur auf den Böhmerwald blicken, sondern auch auf den Weißen Turm: der freistehende Renaissance-Glockenturm der Dekanatskirche, wo am Altar ein Marienbildnis aufbewahrt wird, das im Mittelalter mit einem italienischen Einwanderer nach Böhmen gelangte. Es wird bezeugt, daß bereits zweimal (1424 und 1685) aus der Stirn der gemalten Maria Blut getreten sei. Die Kirche ist deshalb ein bekannter Wallfahrtsort.
In den Katakomben unter der frühbarocken Ignatius-Kirche hingegen lagern in verschiedenen Erhaltungszuständen die Mumien von Jesuitenmönchen (täglich geöffnet April-September).
Unter all den den gotischen, Renaissance- und Barockhäusern rund um den Marktplatz ist das Haus Nr. 149 besonders erwähnenswert. Es ist die Barock-Apotheke "Zum weißen Einhorn" aus dem 17. Jh., die erst 1964 ihren Betrieb einstellte. Jetzt ist sie ein von der UNESCO registriertes Bauwerk und kann besichtigt werden (April-Sep täglich 8-16 Uhr).
Information: ČEDOK, Nám. Míru 170/1, Tel. (0186) 37 62.
Unterkunft: Hotel "Bila Růže", nám. Míru 64.

Etappe 13:
Klatovy - Žinkovy - Nepomuk (27 km)

Dies ist eine wunderschöne und nur mäßig befahrene Strecke. Die würzig-grünen Hügel haben dabei aus Radlersicht - bei zwei, drei zäheren, bis zu 1 km langen Ausnahmen - ein überwiegend akzeptables Steigungsprofil.

Verlassen Sie Klatovy, indem Sie sich auf die nördlich nach Plzeň führende 27 begeben und noch vor der Stadtgrenze auf die 191 nach Nepomuk abbiegen. Anschließend können Sie einfach "der Nase nach" geradeaus weiterradeln. Nach 21 km erreichen Sie **Žinkovy**, fahren Sie am kleinen Žinkovsky-See vorbei weiter. Dort zweigt rechter Hand ein Weg zum Žinkovy-Schloß ab, das ganz allerliebst aus einem Wäldchen hinter dem See hervorlugt (**Unterkunft:** Hotel "Jelena" am Hauptplatz von Žinkovy).
3 km hinter Žinkovy passieren Sie den rechter Hand am Wald gelegenen (empfehlenswerten) Campingplatz "Nový Rybník". Die letzten 2 km bis **Nepomuk** legen Sie auf der 20 zurück. (*In Gegenrichtung:* Verlassen Sie Nepomuk nordwestlich auf der 20 in Richtung Plzeň, biegen Sie dann auf die 191 nach Klatovy ein.)

Etappe 14:
Nepomuk - Pačejov - Horažd'ovice - Třebohostice - Strakonice - Bavorov (70 km)

Für diese hübsche Etappe sollten Sie einen ganzen Radeltag veranschlagen. Die Strecke ist bis Horažd'ovice etwas stärker besiedelt und landschaftlich engräumiger. Daran schließt sich dann bis Strakonice eine weiträumige, friedliche Hügellandschaft an. Das letzte Teilstück bis Bavorov zeichnen vor allem Wiesen, Nadelwälder, Weiher und Obstbaumspaliere aus. Insgesamt ist diese Etappe sehr verkehrsarm und mal leicht, mal mäßig hügelig.

Fahren Sie auf der 20 östlich gen Písek aus Nepomuk heraus und biegen 300 m jenseits der Ortsgrenze nach Mileč ab. Über die Dörfer Nekvasovy, Kozčín und Milčice erreichen Sie Pačejov. Von dort geht es über Třebomyslice weiter bis nach Horažd'ovice, das Sie nach 20 km erreichen. (*In Gegenrichtung:* Verlassen Sie Horažd'ovice, indem Sie von der Richtung Klatovy führenden 22 nach Pačejov rechts abbiegen, ignorieren Sie dabei zuvor den Abzweig nach Nepomuk. Anschließend folgen Sie den Hinweisen nach Mysliv und Nepomuk.)

In **Horažd'ovice** (Horaschdowitz), Westböhmen, 434 m, 6.000 Ew., verstand man sich seit dem 13. Jh. auf die Perlmuschelzucht. Erst in der Nachkriegszeit mußte dieser Erwerbszweig aufgegeben werden, weil die Muscheln die verschmutzten Fluten der Otava einfach nicht mehr goutieren wollten. Was es im Ort zu sehen gibt: einen urbanen Marktplatz, ein Heimatmuseum, ein aus einer gotischen Burg hervorgegangenes Schloß mit rundem Wohnturm und Museumssammlungen, das Prager Tor aus dem 13. Jh. und eine im Barockstil erneuerte Pfarrkirche.
Information: "Městské kulturní středisko", Strakonická 17.
Unterkunft: Hotel "Zlatý Jelen", am Hauptplatz Mirové nám. 18.

Biegen Sie innerhalb von Horažd'ovice von der nach Strakonice führenden 22 beim Hinweis nach Třebohostice links ab und schwenken Sie beim Hinweis Horažd'ovice Předmeští gleich wieder nach rechts. Die Beschilderung ist hier irritierend, weil die Strecke entgegen der Ankündigung zunächst noch als 174 verläuft. Erst nach der Eisenbahnüberführung hinter Horažd'ovice Předmeští zweigt die 139 nach Třebohostice dann auch wirklich ab. Dort angekommen, biegen Sie nach Strakonice ab und radeln am Dörfchen Únice vorbei nach 7 km direkt in die Stadt hinein. Wenn Sie nun in Strakonice die Durchgangsstraße Husova geradeaus überqueren, gelangen Sie ohne Umschweife in die Altstadt.

Strakonice (Strakonitz), Südböhmen, 392 m, 24.000 Ew., ist jedes Jahr, Ende Juli, Veranstaltungsort des Internationalen Dudelsackpfeifer-Festivals in der über dem Zusammenfluß von Volyňka und Otava gelegenen romanisch-gotischen Burganlage. Im Museum, das im Neuen Palais der Burg untergebracht ist, sind Sonderabteilungen der Geschichte des Motorrades und der arabischen Kopfbedeckung Fez gewidmet. Die Herstellung von Motorrädern und Mützen hat in Strakonice nämlich Tradition.
Unterkunft: mehrere Privatzimmer-Anbieter an der südlichen Ausfallstraße nach Vimperk.
Camping: Biwakplatz an der Otava, 1 km westlich, ausgeschildert.
Fahrradservice: Cyclo-Macner, Podsrpenská 100, Tel. (0342) 24485.

Verlassen Sie Strakonice auf der 4 in Richtung Vimperk. Biegen Sie am südlichen Stadtrand beim Hinweis Bavorov links ab und bleiben Sie diesem Hinweis fortan treu. Wiesen, Nadelwälder, Weiher und sehr wenig Verkehr zeichnen diese Strekke aus, allerdings auch Hügel wie der hinter Skaly, wo ein ca. 1½ km langer Anstieg auf Sie wartet. Biegen Sie in Čepřovice auf die 142 ein. Auch hier wenig Verkehr. Hinter *Jiřetice* (einige Häuser im reizvollen Bauernbarock) wird auf dem Berg die Ruine der Helfenburk sichtbar. In deren Achse genießen Sie einen enormen Fernblick nach Süden. An der Straße warten ab der zweiten Julihälfte Kirschbäume mit leuchtenden Früchten auf pflückende Hände. Nach 29 km haben Sie **Bavorov** erreicht (440 m, **Unterkunft:** Hotel "Šumava" am Marktplatz).

(*In Gegenrichtung:* Verlassen Sie Bavorov auf der 142 in Richtung Volyně, folgen Sie ab Čepřovice den Hinweisen nach Strakonice. Dort richten Sie sich zunächst nach den Hinweisen Klatovy/Horažd'ovice, wobei Sie sich innerorts links halten, bis Sie auf der Durchgangsstraße Husova sind. An der Husova Nr. 375 biegen Sie rechts in die Zvolenská ab - kein Hinweis an dieser Stelle - und folgen dem Verlauf der Vorfahrtsstraße, die Sie nach Třebohostice führt.)

Etappe 15:
Nepomuk - Orlík (57 km)

Auf den ersten Blick mag diese Etappe wie eine Schnitzeljagd anmuten, weil sie im Zickzack über die Dörfer führt; doch bei etwas Aufmerksamkeit stellt die Orientierung kein Problem dar. Und vor allem: diese Etappe lohnt sich, weil sie ganz wunderschöne Landschaftsabschnitte beinhaltet und insgesamt sehr verkehrsarm ist.
Das dünnbesiedelte Land präsentiert sich zunächst mit kräftig durchmodellierten Hügeln, anschließend wird es sanfter und ebener. Fischteiche, Pappel- und Obstbaumalleen, Kirchtürme, gelbe Stoppelfelder und verstreute Baumgruppen gehören zu den charakteristischen Landschaftselementen. Hier kann man beim Radeln noch jenen speziellen Momenten nachspüren, in denen man glaubt, diese Welt sei ja doch noch heil und in Ordnung. Trotz drei, vier anspruchsvoller Ab-

schnitte ist diese Etappe in puncto Steigungen eher den leichteren zuzurechnen.

Auf der 191 radeln Sie nordwestlich von Nepomuk ins benachbarte Dvorec, wo Sie rechter Hand nach Tojice abbiegen. Vor und hinter Přebudov erwarten Sie zwei strenge Steigungen, die nach einer 1:1-Übersetzung verlangen. Wenn Sie sich über diese beiden 570 m-Hügel geschunden haben, liegt steigungsmäßig das Schlimmste auch schon hinter Ihnen.

Über Budislavice, dem mit 600 m höchstgelegenen Ort dieser Etappe, fahren Sie weiter nach Mladý Smolivec. Von hier ab legen Sie ein Stück des Weges auf der 177 gen Lnáře zurück. (*In Gegenrichtung:* Biegen Sie 600 m nach dem Ortseingang links ab - ein Hinweis nach Budislavice ist nur dem von Norden kommenden Verkehr spendiert worden.) Verlassen Sie beim Kreisgrenzenschild "Okres Strakonice" die 177 linker Hand. (*In Gegenrichtung:* nach "Sp. Poříčí" abbiegen.) Hinter Předmiř zweigen Sie nach Březi und anschließend nach Tisov ab. (*In Gegenrichtung:* Wenn Sie südlich von Březi einen Teich passiert haben, der rechter Hand direkt an der Straße liegt, halten Sie sich ebenfalls rechts.)

Bělčice durchfahren Sie auf der 174, dann geht es rechts auf einer Nebenstraße nach Hostišovice weiter, wo Sie dem Hinweis nach Březnice folgen. Allerdings nur bis Sie in Drahenice nach Drahenićky abbiegen. (*In Gegenrichtung:* Biegen Sie in Drahenice nach Blatná ab.) Hinter dem Ortsausgangsschild von Drahenićky biegen Sie hinweislos nach links ab und radeln über Ráztely in das anonyme Folgedorf, wo Sie sich links halten, um in Pliškovice auf die 19 zu stoßen. (*In Gegenrichtung:* Zweigen Sie in Pliškovice 200 m nach dem östlichen Ortseingangsschild hinter dem Dorfweiher auf eine unscheinbare Dorfstraße schräglinks ab. Keinerlei Hinweise.)
Über Mirovice fahren Sie auf der 19 weiter östlich und biegen hinter Lety nach Kožli u Orlíka ab. Auf einer schönen Waldstrecke folgt einer kürzeren Steigung ein längeres Gefälle, anschließend radeln Sie rechts nach Orlík weiter. (*In Gegenrichtung:* Biegen Sie 2 km nordwestlich Orlíks nach Lety ab.) Bevor Sie den eigentlichen Ort erreichen, passieren Sie bereits die Zufahrt zum Schloß Orlík und zur Anlegestelle der Stausee-Fähre.

Orlík, Südböhmen, 400 m.
Früher war die Moldau speziell in Prag als hochwasserbringender Fluß gefürchtet, der oft genug Teile der Stadt überflutete. Die 1961 fertiggestellte Talsperre Orlík hat den Fluß gezähmt. Die Moldau wurde dabei zu einem fast 70 km langen See angestaut, der nun eines der größten Wasserkraftwerke des Landes antreiben muß. Seitdem überragt die Burg Orlík (= Adlerhorst) die Moldau nicht mehr, sondern steht auf einer Insel knapp über der Wasseroberfläche. Ein Pseudo-Wasserschloß also, das seine schlichte neogotische Fassade im 19. Jh. erhielt. In ihm haben die Schwarzenbergs ihre etwas wahllos zusammengetragenen Prunksammlungen gehortet. Ebenfalls aus dem 19. Jh.

stammt der Schloßpark. Schloßbesichtigungen: Mai-Aug Di-So 8-12 und 13-17 Uhr; April/Sep/Okt Di-So 9-12 und 13-16 Uhr.
Unterkunft: Privatzimmer 2 km südlich in Probulov.
Camping: "Velký Vír", 1.6.-30.9., 2 km nördlich von Orlík, ausgeschildert, Tel. Orlík 96192.

Die Fähre Orlík - Zvíkov (Fahrzeit 45 min., Fahrradmitnahme möglich, aber steile Treppen zu den Anlegestellen) verkehrte 1991 nach folgendem Fahrplan:
- ab Orlík nach Zvíkov: 2.7.-30.8.: 10.35 Uhr, 13.15 Uhr, 15.45 Uhr, 18.5.-30.6. und 31.8.-15.9.: 9.30 Uhr, 12.15 Uhr, 14.30 Uhr;
- ab Zvíkov nach Orlík: 2.7.-30.8.: 11.30 Uhr, 14.15 Uhr, 16.45 Uhr; 18.5.-30.6. und 31.8.-15.9.: 10.30 Uhr, 13.15 Uhr, 15.30 Uhr.

Etappe 16:
Orlík - Zvíkov - Písek (33 km)

Alte Eichen säumen die Straße, und der Blick schweift über eine offene Feld-Wald-und-Wiesen-Landschaft. Bis Záhorí ist diese nette Etappe leicht bis mäßig hügelig und überwiegend verkehrsarm. Das letzte Fünftel des Weges nach Písek hingegen ist vergleichsweise bergig und befahren.
Wenn Sie Schloß Orlík nicht per Fähre in Richtung Zvíkov verlassen können bzw. wollen (Fahrplan siehe Etappe 15), bleibt Ihnen noch der Landweg: Überqueren Sie südlich der Ortschaft Orlík die 19 in Richtung Čimelice. Ab Probulov (Privatunterkunft mit Hinweis) folgen Sie den Hinweisen nach Zvíkov. Wenn Sie die Otava auf einer großen Spannbrücke überquert haben, zweigt linker Hand eine Stichstraße via Zvíkovské Podhradi zur Burg Zvíkov ab, die Sie nach 15 km erreichen. (*In Gegenrichtung:* Fahren Sie ab Zvíkovské Podhradi auf der 121 in Richtung Mirotice und biegen Sie nach 4 km gen Orlík ab. In Probulov biegen Sie ohne weiteren Hinweis rechts auf die Vorfahrtstraße ein.)

Zvíkov (Klingenberg), Südböhmen, 370 m.
Auf einer felsigen, steil aufragenden Landzunge am Zusammenfluß von Moldau (Vltava) und Otava thronte seit dem 13. Jh. die Burg Zvíkov, kontrollierte den Handelsverkehr auf den beiden Flüssen und war ein beliebter Aufenthaltsort böhmischer Könige. Ihre einst romantische Lage wird heutzutage durch den Orliker Staudamm verwässert, denn durch den gestiegenen Wasserspiegel ist die Burg, ähnlich wie Schloß Orlík, zur Wasserburg degeneriert. Die Umstände der Geschichte haben es so gewollt, daß die architektonische Entwicklung der Burg im 16. Jh. stehengeblieben ist. Das Innere der Burg ist vergleichsweise karg ausgestattet und kann deshalb ohne die sonst obligate Führung besichtigt werden. Im übrigen erfreut uns diese Anlage mit hübschen Ausblicken und der weitgehenden Abwesenheit organisierter Besuchergruppen.

Kartenskizze Etappen 14 - 18

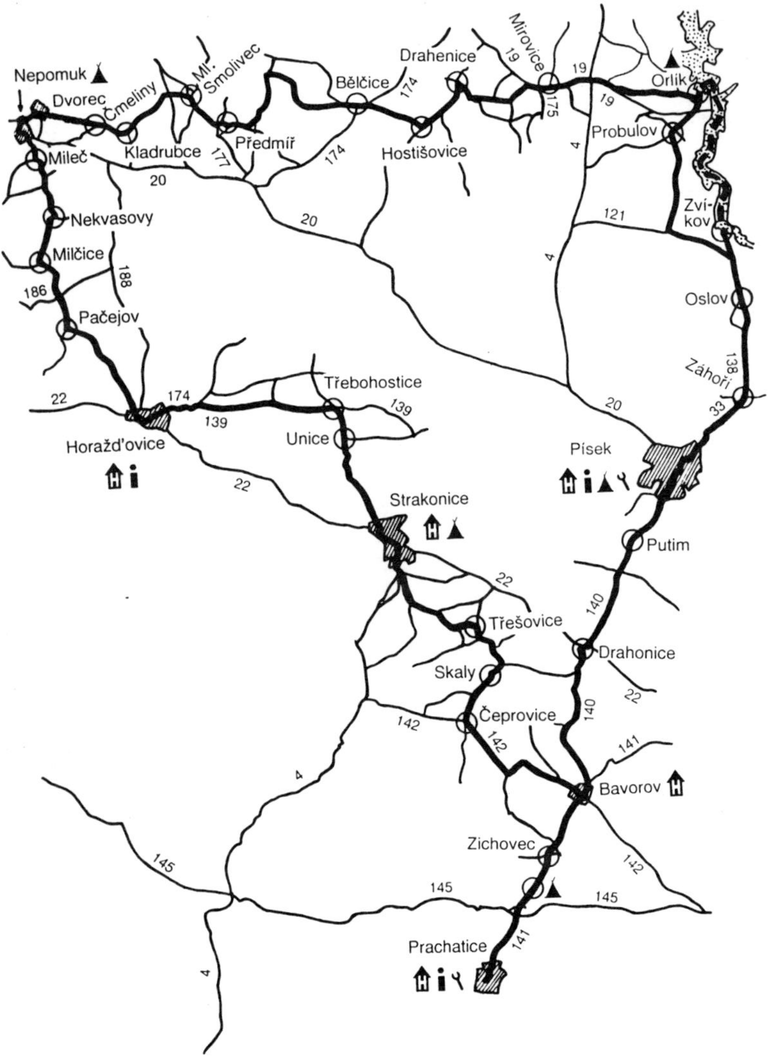

Radeln Sie von Zvíkov aus südlich auf der 138 weiter. Über Oslov stoßen Sie in Záhoří auf die 33, die sie nach Písek geleitet.
(*In Gegenrichtung:* Verlassen Sie Písek in Richtung Tábor, zweigen Sie dann beim Hinweis Oslov nördlich von der 33 ab.)

Písek, Südböhmen, 378 m, 28.000 Ew., war einst eine Goldwäscherstadt - heute ist sie es wieder. Immer mehr Hobby-Goldwäscher haben Spaß daran, aus den Ufersedimenten der Otava ein paar goldene Flimmer zu sortieren. Eine jährliche Meisterschaft im Goldwaschen wird in Slaník (2 km östlich von Strakonice) veranstaltet.
Einen regelrechten Boom erlebte Písek ("písek" = tschechisch für Sand) im 13. Jh., als deutsche Kolonisten auf Einladung des Königs anrückten. Doch es war nicht das Gold - das trug die Otava nur noch spärlich aus dem Böhmerwald heran -, sondern der Handelsweg zwischen Passau und Prag, der König Ottokar II. dann im 13. Jh. veranlaßte, über die Otava eine steinerne Brücke errichten zu lassen und Písek zur königlichen Stadt zu erheben. Die Brücke ist die älteste ihrer Art in Böhmen, älter noch als die Karlsbrücke in Prag. Die barokken Skulpturengruppen auf den Brückenpfeilern sind zur Zeit der Gegenreformation dazugekommen.
Die königliche Bauhütte, die die Steinbrücke und die Burg baute (von der nur noch der *Palas* erhalten ist, der sich heute als Stadtmuseum im Rathaushof verbirgt), errichtete auch die Marienkirche. Im 15. Jh. wurde ihr ein 74 m hoher Turm dazugemauert, im 18. Jh. die barocke Nepomuk-Kapelle. Vor hundert Jahren wurde an den Pfeilern des Mittelschiffs ein gotischer Bilderzyklus aus dem 13. Jh. wiederentdeckt.
Telefonvorwahl: 0362.
Information: ČEDOK, Velké nám. 2, Tel. 2886.
Unterkunft: Hotel "Bílá růže", Fráni Šrámka 169, Tel. 4931; Hotel "U tři korun", am Hauptplatz, Tel. 4441; Hotel "Sport" (sehr einfach), Žatavské nábřěži, Tel. 4593.
Camping: Biwakplatz 6 km südlich an der 140 bei Putim, Hinweis.
Fahrradservice: Cykloservis Luboš Blovský, Tyršova 303, Tel. 4237.

Etappe 17:
Písek - Putim - Bavorov (24 km)

Obstbäume und eine Anzahl von Teichen säumen die Strecke und verleihen dieser durch eine weiträumige Hügellandschaft führenden Etappe ihren optischen Reiz. Der Verkehr ist erstaunlich gering, die Steigungen (mit einer Ausnahme) von mäßigem Kaliber.

Verlassen Sie Písek südlich auf der 140 nach Ražice. Nach 5 km erreichen Sie **Putim**, das sich linker Hand der Straße etwas versteckt hält. Schauen Sie sich dort einmal um, es ist ein typisch südböhmisches Dorf, in dem Jaroslav Hašek einige Szenen der "Abenteuer des braven Soldaten Schwejk" angesiedelt hatte. Ein Teil der Gehöfte ist noch im Stil des reizvollen "Bauernbarocks" erhalten.

Über Ražice (380 m, km 9) radeln Sie nach Drahonice, woran sich ein zunehmend zäher werdender Anstieg von 450 auf 530 m anschließt. Über Bilsko und Budyně geht es dann bis Bavorov insgesamt mehr 'runter als 'rauf. (*In Gegenrichtung:* Verlassen Sie Bavorov vom Marktplatz aus am Hotel Šumava vorbei und folgen Sie dann den Hinweisen nach Písek.)

Etappe 18:
Bavorov - Prachatice (15 km)

Dieser lohnenswerte Abstecher führt durch das zerschnittene Vorgebirge des Böhmerwaldes. Steigungsmäßig ist diese Kurzetappe dabei nur in ihrem letzten Drittel streng. Der Verkehr ist überwiegend gering.

Radeln Sie von Bavorov aus auf der 141 nach Süden in Richtung Prachatice. Nach 6 km passieren Sie hinter Žíchovec einen Campingplatz mit Freibad. Ab Těšovice bewegen Sie sich dann im Pilgerschrittverfahren ("zwei Steigungen rauf, eine runter") auf das Etappenziel zu.

Prachatice (Prachatitz), Südböhmen, 520 m, 11.200 Ew.
Kurze Rückblende ins Mittelalter. Damals zogen die Kaufleute mit Maultieren von Passau über den Böhmerwald nach Böhmen und brachten Tuche, Weine und Gewürze sowie Waffen und reichlich Salz ins Land. Malz, Butter, Honig, Bienenwachs und Häute wanderten dafür nach Bayern. Nördlicher Endpunkt dieses seit dem 10. Jh. als *Goldener Steig* bekannten Saumpfades war Prachatice. In der Blütezeit begingen täglich mehr als hundert Tragetiere diesen Weg, und Prachatice, das zum einzigen Salzstapelplatz Böhmens aufgestiegen war, scheffelte Geld. 1692 machte Leopold I. dem Spaß ein Ende, indem er das kaiserliche Salzmonopol einführte. Fortan nahmen die Salzkarawanen andere Wege nach Böhmen, und um Prachatice wurde es ruhig.
Augenfällig demonstriert die kleine Altstadt noch heute den einstigen Reichtum. Außergewöhnlich dicht sind dort die Renaissance-Häuser mit Sgraffiti, Ornamenten, Fresken und Attiken versehen. Dominiert wird die Altstadt vom ehemaligen Rathaus, das mit parabelhaften Sgraffiti nach Motiven von Hans Holbein bedeckt ist. Jeden Abend um 22 Uhr wies die Säumerglocke des Rathauses verspäteten Kaufleuten den Weg in die Stadt, jetzt bimmelt sie für die Touristen.
In der gotischen Jakobi-Kirche, die sich als ältestes Bauwerk der Stadt mit einer unauffälligen Ecke der Altstadt begnügen muß, ist das Stern- und Netzgewölbe ein charakteristisches Beispiel mittelalterlicher Baukunst. Das Tor zur Altstadt zeigt Wilhelm von Rosenberg zu Pferde und das Symbol seiner adli-

gen Sippe, die die Stadt 1501 erworben hatte.
Information: ČEDOK, Malé nám.
Unterkunft: Hotel "Narodni dum" und Hotel "Zlatá Stezka" liegen beide am Hauptplatz der Altstadt Velké nám.
Fahrradservice: Müller sport, Křišt'anova 66, Tel. (0338) 23997.

Etappe 19:
Orlík - Tochovice - Milín - Příbram - Hostomice - Řevnice - Lety (76 km)

Diese Etappe durch das Mittelböhmische Hügelland ist eine Mischung aus bergig-hügeligen Waldgebieten und leichtfüßigen Feld-Wald-und-Wiesen-Abschnitten. Sieht man von dem Bereich um Přibram ab, so ist dies eine überwiegend freundliche und verkehrsarme Etappe.

Radeln Sie von Orlík aus auf zunächst stark hügeliger Nebenstraße nordwestlich. In Chraštičky stoßen Sie auf die 4, die Sie geradeaus überqueren. Folgen Sie nun den Hinweisen nach Tochovice und anschließend auf der 174 denen nach Milín. Solcherart machen Sie um die verkehrsreiche 4 einen Bogen. Wobei die zusätzlichen Kilometer kaum ins Gewicht fallen, denn diese Nebenstrecke ist nicht sehr hügelig, und eine Vielzahl von Dörfern sorgt zudem für Kurzweil. Bei Milín, wo am 11.5.1945 die letzten Schüsse des 2. Weltkrieges gefallen sein sollen, biegen Sie auf die 30 nach Přibram ab. Abraumhalden säumen den restlichen Weg bis zur Stadt.

Přibram, Mittelböhmen, 510 m, 40.000 Ew.
Früher war es Silber, heute sind es Blei, Zink und Uran: Přibram ist eine Stadt, die sich ganz der Erzförderung verschrieben hat. 1875 wurde hier erstmals in der Geschichte des Bergbaus ein Schacht 1000 m tief getrieben. Anfang des 15. Jh. ging Přibram aus kirchlichem Besitz in weltliche Hände über und war während der Hussitenkriege eine protestantische Insel im Meer der Katholiken, was immer wieder zerstörerische Auseinandersetzungen heraufbeschwor. Der Dreißigjährige Krieg tat ein übriges, so daß dem Ort nur wenig sehenswerte Bausubstanz aus dem Mittelalter erhalten blieb. Hauptanziehungspunkt ist die Wallfahrtskirche auf dem Svatá Hora (Heiliger Berg) am südöstlichen Stadtrand: ein barockes Werk aus der Zeit der Gegenreformation, neben dem sich eine ehemalige Jesuitenresidenz befindet (die Jesuiten waren im 16./17. Jh. mit der katholischen Umerziehung des Volkes beauftragt).
In den 60er und 70er Jahren dieses Jahrhunderts gehörte Přibram zu den am raschesten wachsenden Städten der ČSSR, was der Stadterscheinung nicht gut getan hat.
Information: ČEDOK, nám T. G. Masaryka 122, Tel. (0306) 26419.
Unterkunft: Hotel "Dum Kultury", Pribram VII/400, in der Nähe des Sportstadions.

Biegen Sie in Příbram von der nach Sedlčany führenden 18 links ab nach Hostomice und 2 km weiter erneut in Richtung Pičín. Nach diesem Ort geht es 5 km lang maßvoll aber stetig bergan auf gut 600 m. Dem folgt eine nicht zu rasante Abfahrt bis Hostomice (360 m), woran sich die 115 gen Řevnice anschließt. Auf dieser sympathischen Radelstrecke stellen sich keine größeren Steigungen mehr in den Weg. Wenn Sie hinter Řevnice die Berounka überqueren, haben Sie den Etappenendpunkt auch schon fast erreicht: das Dorf **Lety**.
Camping: 2 km südwestlich an der Berounka bei Řevnice, ausgeschildert.

(*In Gegenrichtung:* Fahren Sie von Lety aus auf der 115 in südlicher Richtung via Řevnice nach Hostomice. Zweigen Sie dort nach Bukova ab. Ab Milín folgen Sie den Hinweisen in Richtung Březnice, wobei Sie aber bereits hinter Tochovice nach Tušovice abbiegen, um dann über Chraštičky nach Orlík zu radeln.)

Etappe 20:
Lety - Černošice - Praha (25 km)

Auch wenn die meisten Radreisenden bei der Annäherung an Millionenstädte ein leichtes Unwohlsein befällt, die "goldene", "hunderttürmige" Stadt, wo zehn Eisenbahnlinien und elf Fernstraßen aufeinandertreffen, sollte auf keinem Etappenplan fehlen. Schließlich ist Prag eine der architektonisch reizvollsten Hauptstädte Europas, für viele sogar die schönste von allen.
Die beschriebene Strecke gehört zu den streßärmeren Prag-Zubringern.

Radeln Sie auf der 115 von Lety aus in Richtung Praha. Der Weg in die Hauptstadt führt über Černošice durch das bewaldete Tal der Berounka und stößt hinter Radotín auf die 4. Folgen Sie nun den Hinweisen zum "Centrum", das Sie nach elf innerstädtischen Kilometern auf der anderen (östlichen) Seite der Moldau erreichen. (*In Gegenrichtung:* Verlassen Sie Prag westlich der Moldau in Richtung Strakonice. Fahren Sie dazu an der Vorderfront (!) des Nationalmuseums vorbei, und folgen Sie den Hinweisen nach Plzeň bzw. zur 5. Wenn Sie die Moldau überquert haben, schwenken Sie nach Süden auf die 4 in Richtung Strakonice ein. Nach 11 km zweigen Sie rechts auf die 115 nach Karlstejn ab.)

Die Kartenskizzen in diesem Buch sind weder dazu gedacht noch geeignet, als Landkartenersatz zu dienen. Eine derart präzise Darstellung würde ein eigenes Kartenwerk in entsprechendem Maßstab und vielfarbigem Druck erfordern. Eine Umsetzung der Skizzen auf die während der Reise benutzten Landkarten ist unbedingt erforderlich!

Kartenskizze Etappen 19 - 21

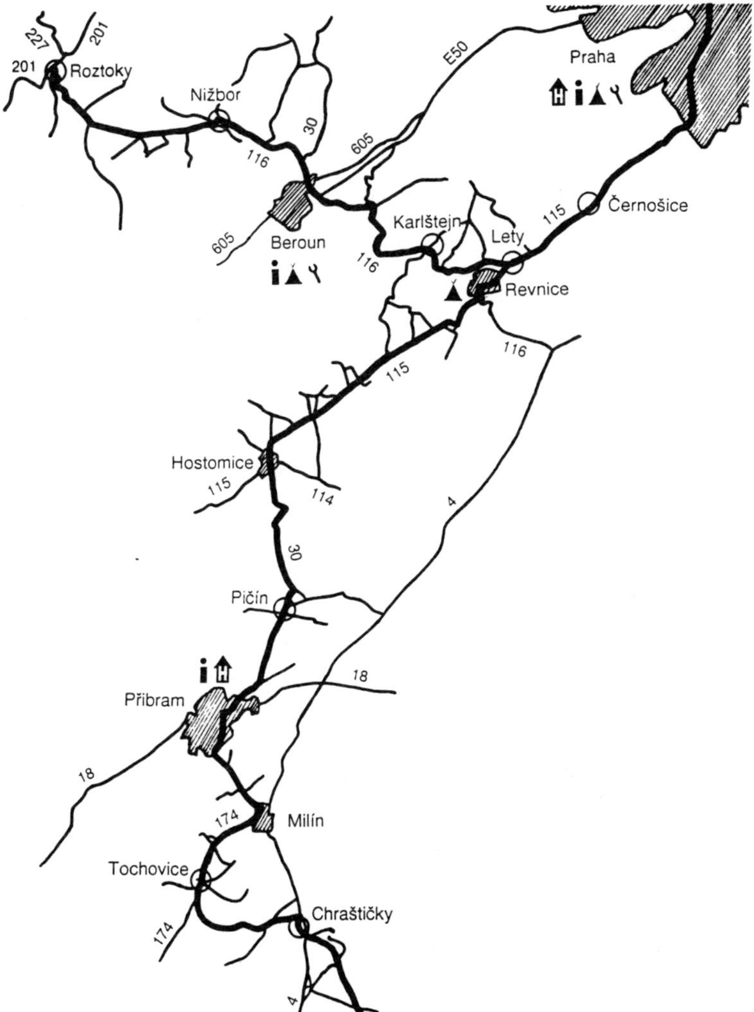

Praha (Prag), 185-350 m, 1.186.000 Ew.
Prag ist in jeder Hinsicht das Zentrum der Tschechoslowakei. Es ist die Sonne, um die die beiden Teilrepubliken kreisen - die Slowakei dabei im steten Argwohn, durch den Prager Zentralismus benachteiligt zu werden.

Gegründet wurde Prag eigentlich nie, es entwickelte sich informell und war eines Tages so groß, daß es auf den Landkarten auftauchte.
Zuerst kamen und gingen die Kelten, dann die Germanen, schließlich der slawische Stamm der Tschechen: sie blieben.
Erste Handelsniederlassungen gab es bereits im 3. vorchristlichen Jahrtausend, dort, wo sich an der Moldaufurt die "Bernstein-" und die "Salzstraße" kreuzten. Prags Geschichtsschreibung setzte allerdings erst im 9. Jh. ein, als sich rechter Hand der Moldau vor der Burg Vyšehrad, wo die sagenumwobene Fürstin Libuše und später die ersten Přemyslidenherrscher residierten, eine Siedlung von befestigten Gehöften bildete. Es war die Keimzelle der heutigen Prager Altstadt (Staré Město). Im 13. Jh. bekam sie auf der linken Moldauseite ein Pendant, als König Ottokar II. unterhalb der Burg Hradschin (Hradčany) die Kleinseite (Malá Strana) für die zahlreich heranströmenden deutschen Kolonisten anlegen ließ. 1267 erhielt dann nach der Altstadt auch die Kleinseite die Stadtrechte.
Seine goldene Zeit erlebte Prag, als Karl IV. die böhmische Hauptstadt zu seiner kaiserlichen Residenz (1346-1378) erhob und wenig später auch zum Erzbistum kürte. Unter ihm wurde Prag 1355 zudem Hauptstadt des Heiligen Römischen Reiches. Die Gründung des Carolinums, der ersten Universität Mitteleuropas, geht ebenso auf Karl IV. zurück wie die Planung und der Bau der Neustadt sowie der bedeutendsten gotischen Bauten Prags. Karlsbrücke, Karlsuniversität und Karlsplatz tragen seinen Namen.
Die Hussitenkriege, 1419 durch den Ersten Prager Fenstersturz ausgelöst, fügten der Stadt schwere Zerstörungen zu. In der Zeit bis zum Zweiten Prager Fenstersturz (1618) entstanden quasi als Zutaten des gotischen Stadtbildes aufwendige Renaissancebauten wie das Lustschlößchen Belvedère. Den Dreißigjährigen Krieg überstand Prag weitgehend unbeschädigt. Die sich anschließende Rekatholisierung durch den österreichischen Fremdadel und die Jesuiten bescherte der Stadt wie auch dem Land eine Flut von barocken Kirchen, Klöstern und Adelspalästen. Die Aufhebung der Leibeigenschaft und das unter dem österreichischen Kaiser Josef II. verfügte religiöse Toleranzpatent (1781) lösten die Unterdrückung der tschechischen Protestanten und Juden auf. Arbeitskräfte strömten nach Prag und beschleunigten die Industrialisierung und den Bau von Mietshäusern. Erst 1784 wurden die vier Städte Kleinseite, Altstadt, Neustadt und Hradschin verwaltungsmäßig zur Stadt Prag vereinigt. Zum fünften Stadtteil wurde dabei das jüdische Ghetto erklärt und erhielt den Namen Josefstadt. 1861 verloren die bis dahin bevölkerungsmäßig dominierenden Deutschen erstmals die Mehrheit im Stadtparlament. Die Niederlage der Österreicher gegen die Preußen bei Königgrätz (1867) bedeutete für die Tschechen den Anfang vom Ende der seit über zwei Jahrhunderten währenden habsburgischen Fremdherrschaft. Zunehmend prägten nun Tschechen wieder das öffentliche Leben. Als glanzvolle

Manifestation der nationalen Wiedergeburt wurde 1883 das mit Spendengeldern gebaute Prager Nationaltheater eingeweiht. Nach der Hochwasserkatastrophe von 1890 wurde der jüdische Stadtteil im Bemühen um verbesserte hygienische Verhältnisse kahl-saniert. Auch die Prager Stadtmauern wurden geschleift, um Platz zu schaffen für aufwendige Jugendstil-Straßenzüge, zugleich wurde die Stadt kanalisiert und elektrifiziert. 1939 machten Hitlers Schergen Prag für sechs Jahre zur Hauptstadt des "Protektorates Böhmen und Mähren"; nur ein Zehntel der 40.000 Prager Juden überlebte diese Zeit. Prags Bausubstanz wurde im 2. Weltkrieg nur unwesentlich in Mitleidenschaft gezogen. In den Nachkriegsjahren bewahrte der 1967 begonnene Bau der Metro die Altstadt vor den zerstörerischen Folgen des motorisierten Individualverkehrs, nicht jedoch vor den Abgasen der Prager Industrie und dem Sauren Regen, denn Prag liegt in einem Becken mit geringem Luftaustausch. Erst spät in den siebziger Jahren entschied sich die Stadtverwaltung zu einer energischeren Restauration der beschleunigt zerfallenden Altstadtfassaden. Vom Wenzelsplatz bis zum Hradschin hinauf entstand dabei eine kilometerlange Fußgängerzone.

Prag läßt sich auf vielfältige Weise besichtigen, erfahren, entdecken. Exemplarisch soll hier der 1986 wiederhergestellte, 3 km lange "Königsweg" beschrieben werden, der an einem Großteil der Highlights vorbeiführt. Im 14. und 15. Jh. stellte dieser Weg die Verbindung zwischen dem Altstädter Königshof und dem Regentensitz Hradschin dar. Als der Hradschin später dann auch als Wohnstätte diente, wurde der Weg nur noch anläßlich von Krönungen befahren.

Die Route des Königsweges beginnt am *Pulverturm* (der ehemals benachbarte Königshof ist nicht mehr erhalten), führt durch die *Celetná-Straße* zum *Altstädter Ring* (Staroměstské nám.) und von dort zum gleich dahintergelegenen *Kleinen Ring* (Malé nám.). Die *Karlova* (Karlsgasse) verbindet diesen Platz dann mit der *Karlsbrücke* (Karlův most). Nach ihrer Überquerung führt der Weg durch den *Kleinseitner Brückenturm* hinaus auf die *Mostecká* (Brückengasse). Nachdem auch der *Kleinseitner Ring* (Malostranské nám.) überquert ist, führen *Nerudova* und *Ke Hradu* zur *Prager Burg* hinauf.

Zeugen der Geschichte am Königsweg (die in eckigen Klammern stehenden Zahlen beziehen sich auf die "Königsweg"-Skizze in diesem Kapitel; alle weiteren, rund eingeklammerten Zahlen entsprechen den *roten* Hausnummern an den jeweiligen Gebäuden):

* *Pulverturm* [1] (Prašná brána): Markanter spätgotischer Bau. Im 15. Jh. als Teil der Stadtbefestigung errichtet, diente der architektonisch dem Altstädter Brückenturm nachempfundene Bau im 17. Jh. vorübergehend auch als Pulverlager. Im 19. Jh. wurde er restauriert und kongenial ergänzt. Er kann bestiegen werden.
* In der *Celetná ulice* (Zeltnergasse), die Teil des alten Handelsweges war, findet sich gleich zu Beginn das 1755 erbaute *Neue Münzhaus* [2] (Mincovna, Nr. 587), an dessen Ort schon 1420 Münzen geprägt wurden. * Das 1911/12 entstandene

Der Prager Königsweg

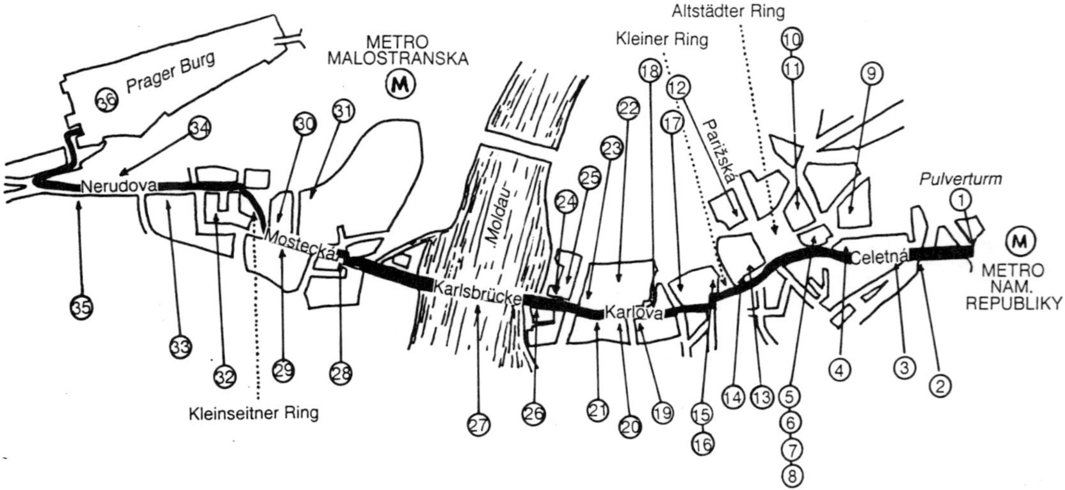

Haus *"Zur schwarzen Mutter Gottes"* [3] (linker Hand, Nr. 569) gilt als herausragendes Beispiel kubistischer Architektur. Die schwarze Madonna als Hauszeichen entstammt dem Vorgängerhaus. * Nur die Gebäudeflügel des Innenhofes und die beiden Backsteingiebel haben die Barock-Umgestaltung (1750) des gotischen *Caretto-Millesimo-Palais* [4] (rechter Hand, Nr. 597) im alten Stil überdauert. Graf Millesimo vererbte das Palais einer Stiftung für verarmte Adlige. * Im Haus *"Zu den drei Königen"* [5] (rechter Hand an der Einmündung zum Altstädter Ring, Nr. 602) lebte Franz Kafka von 1896-1907 mit seinen Eltern. Das Haus hat das Barockzeitalter in rein gotischer Gestalt überlebt.

* Am *Altstädter Ring* (Staroměstské nám.), der eigentlich ein Platz ist, kreuzten sich seit dem 10. Jh. die Handelswege, bevor sie die Prager Moldau überquerten. Dieser Handelsplatz wurde bald auch Versammlungsort und Richtstätte: 1621 wurden hier die 27 Anführer des böhmischen Ständeaufstandes hingerichtet. Die den Platz säumenden, ursprünglich gotischen Häuser wurden später im Renaissance-, Barock- oder Rokokostil umgestaltet. * Das Haus *"Zum weißen Einhorn"* [6], wo Smetana eine Musikschule betrieb, und die *Teyn-Schule* [7] (Nr. 603 und 604) sind Gebäude aus der Frühzeit des Platzes. Sie stehen, wie so viele, auf romanischen Kellergewölben aus dem 12. Jh., ihre gotischen Laubengänge mit den Rippengewölben sind aus dem 14. Jh., die "venezianischen" Renaissance-Giebel der Teyn-Schule stammen aus dem 16. Jh. * Mit ihren beiden 80 m hohen Türmen ist die strengblickende *Teyn-Kirche* [8] (Týnský chrám) eines der markantesten Wahrzeichen Prags. Die kleinen Erkertürmchen waren ein Markenzeichen der Prager Hochgotik. Zuvor standen an dieser Stelle bereits eine romanische Spitalskirche (12. Jh.) und ein frühgotisches Gotteshaus (13. Jh.). * Hinter der Kirche lag der *Teyn-Hof* [9], der den Kaufleuten vom 11. bis zum 18. Jh. als Lager- und Umschlagplatz diente, wofür sie einen Zoll zu entrichten hatten, das sog. "Ungelt". * Das monumentale gotische Turmhaus *"Zur steinernen Glocke"* [10] (Nr. 605) ließ sich König Johann von Luxemburg im 14. Jh. als Stadtpalais errichten. Die Glocke aus Stein diente als Hauskennzeichen. * Der *Goltz-Kinský-Palais* [11] (Nr. 606) entstand im 18. Jh. als spätbarocker Vorzeigebau auf romanischem und frühgotischem Grundgemäuer.

* Quasi als Fingerübung schuf der führende Baumeister des böhmischen Spätbarocks Kilian Ignaz Dientzenhofer die *Altstädter St.-Nikolaus-Kirche* [12] (1732-1737). Anschließend begann er die Arbeit an seinem Meisterstück, der St.-Nikolaus-Kirche auf der Kleinseite.

* An dieser Stelle bietet sich nun ein Abstecher vom Königsweg an. Über die Pařížská erreichen Sie das ehemalige jüdische Ghetto: die *Josefstadt* (Josefov). Heute präsentiert sie sich als ein *Staatliches Jüdisches Museum* genanntes Ensemble aus sechs Synagogen, Jüdischem Rathaus und *Jüdischem Friedhof.* Letzterer veranschaulicht besonders bildhaft die Enge im einst ummauerten Ghetto. Immer wenn der Friedhof eigentlich "voll" war, wurde eine neue Schicht Erde auf die Gräber gebracht. Die Grabsteine der bisherigen Gräber liftete man auf das neue Niveau. Bis zu zehn Gräberschichten stark wurde der Friedhof auf diese Weise, und die 12.000 Grabsteine stehen seitdem so gedrängt wie Keil-

schrifttafeln in einer altägyptischen Bibliothek. Hier befindet sich auch das Grab des wundertätigen *Rabbi Löw*, dem nachgesagt wird, eine Figur aus Lehm zum Leben erweckt zu haben. Nur leider erwies sich dieser *Golem* als nicht besonders freundlich... (Hinweis: Am Sabbat, also samstags, bleiben Friedhof und Synagogen den Besuchern versperrt.)

* Zurück zum Königsweg: 1338 erhielten die Bürger der Altstadt das Recht, ein Rathaus zu bauen. Im Laufe des 14. und 15. Jh. entstand darauf das *Altstädter Rathaus* [13] (Staroměstská radnice): ein Komplex aus Eckhaus, Turm, Kapellenerker, Südportal und einem Nebengebäude mit der Inschrift "Praga caput regni" (Prag, Haupt des Reiches). Die größte Attraktion allerdings ist die *Astronomische Uhr*, die der Uhrmacher Mikuláš z Kadaně im 15. Jh. schuf. Zu jeder vollen Stunde setzt das komplizierte Räderwerk ein allegorisches Marionettentheater in Gang, das Zuschauer aller Jahrgangsklassen fasziniert. Der mittlere Teil der Uhr stellt die Erde gemäß der damaligen Lehre als Mittelpunkt des Sonnensystems dar. Darunter befindet sich das Kalendarium mit Darstellungen der zwölf Tierkreiszeichen, des Lebenslaufes auf dem Lande und des Altstädter Wappens. Der Rathausturm bietet den besten Ausblick über die Altstadt.
* Seit dem 17. Jh. bedeckt eine Sgraffito-Fassade mit antiken und biblischen Motiven das Haus *"Zur Minute"* [14] (Nr. 3). Der steinerne Löwe an seiner Ecke war das Hauszeichen der Apotheke "Zum weißen Löwen".
* Ab dem 14. Jh. wurde auf dem *Kleinen Ring* (Malé náměstí) Obst gehandelt. Die Häuser am Rand des Platzes sind auf romanischen Fundamenten gegründet, der Brunnen entstammt der Renaissance (1560). * Im Haus *"Zum weißen Löwen"* [15] wurden im 15. Jh. die ersten Prager Bibeln gedruckt, und das Haus *"Im Paradies"* [16] (Nr. 144) war ab dem 14. Jh. als die "italienische Apotheke" des Angelos aus Florenz bekannt.

Die folgenden sechs Bauten befinden sich in bzw. an der *Karlova-Straße*, die vom Kleinen Ring zur Karlsbrücke führt.
* Der *Clam-Gallas-Palais* [17] (Nr. 158) ist ein imposanter Repräsentationsbau nach dem Vorbild der Wiener Barockpaläste. Im 18. Jh. wurde er nach Entwürfen des Wiener Hofarchitekten J.B. Fischer von Erlach erbaut. Die Portalgiganten, die Götterstatuen auf der Attika und den Herkulesbrunnen im Innenhof schuf Matthias Braun. Heute ist das Prager Stadtarchiv mit zigtausend historischen Dokumenten im Palais untergebracht.
* Das Haus *"Zum goldenen Brunnen"* [18] (Nr. 175) gilt als eines der schönsten Renaissance-Bürgerhäuser Prags, an der Fassade ließ sein Besitzer nach einer überstandenen Pestepedemie (1701) u.a. die Reliefs der Pestheiligen St. Sebastian und St. Rochus anbringen.
* Haus *"Zum blauen Hecht"* [19] (Nr. 120): Hier spulte ab 1907 Prags erstes Kino "Biograph Ponrepo" seine Zelluloidrollen ab.
* Haus *"Zur goldenen Schlange"* [20] (Nr. 181): Gotisches Haus, im Renaissancestil umgebaut. 1714 eröffnete ein armenischer Kaufmann hier mit großem Erfolg das erste Kaffeehaus Prags. Und das ist es bis heute geblieben.

* *Pötting-Palais* [21]: Architekturdenkmal in reinstem Frühbarock.
* *Clementinum* [22]: Aus einem Dominikaner-Kloster machten die Jesuiten ab 1556 einen weitläufigen Gebäudekomplex, der bis 1773 das geistige Zentrum der katholischen Gegenreformation beherbergte. Heute Sitz mehrerer Bibliotheken (u.a. der Staatsbibliothek).

Der *Kreuzherrenplatz* (Křižovnické nám.) ist baulich und wegen seiner Aussicht einer der reizvollsten Plätze Prags.
* *St.-Salvator-Kirche* [23] als Bestandteil des jesuitischen Clementinums. Es ist die bedeutendste und größte Renaissance-Kirche Böhmens (erbaut 1578-1602). Der Innenraum wurde barock ausgestaltet.
* *Denkmal Kaiser Karl IV.* [24]: Neugotisch. Wurde 1848 zum 500. Geburtstag der Karlsuniversität aufgestellt.
* *St.-Franziskus-Kirche* [25]: Die Mauerreste einer frühgotischen Kirche formen die Krypta (unterirdische Grabanlage) der darüber neu errichteten Barockkirche, die Ende des 17. Jh. gebaut wurde. Die Kirchenkuppel (Freskenmalerei "Das Jüngste Gericht") ist die älteste Prags.

Der Königsweg führt nun weiter zum * *Altstädter Brückenturm* [26]: Als schönster Wehrturm Europas wird der im ausgehenden 14. Jh. nach Plänen von Peter Parler gebaute Turm eingestuft. Trotz seiner leichtgewichtigen Erscheinung trotzte er 1648 als Teil der Stadtbefestigung einem zweiwöchigen Beschuß der Schweden.

Es folgt die * *Karlsbrücke* (Karlův most) [27]: 1357 beauftragte Karl IV. Peter Parler mit dem Bau einer neuen Brücke (die alte Judithbrücke hatte ein Hochwasser zerstört). Im Verein mit ihren beiden Brückentürmen und der Galerie von 30 barocken Bronzestatuen ist dem Ergebnis heute ein vorderer Platz unter den schönsten Brücken Europas gewiß. Die älteste Skulptur ist die des Hl. Nepomuk (die achte auf der rechten Brückenseite), die 1684 aufgestellt wurde. In den Sokkelreliefs ist die Legende seines Märtyrertodes dargestellt: König Wenzel IV. läßt den gefolterten Nepomuk in der Moldau ertränken, nachdem dieser sich geweigert hatte, die Beichte der Königin preiszugeben.

Der Weg führt nun durch die * *Kleinseitner Brückentürme* [28]: Der kleinere der beiden Türme sicherte bereits die allererste Holzbrücke an dieser Stelle. Den höheren Turm ließ Georg von Podiebrad 1464 im Stil des Altstädter Turmes errichten.

Von den sehenswerten Bauwerken auf der nun folgenden zweiten "Hälfte" des Königsweges seien besonders hervorgehoben:
* *Kaunitz-Palais* [29] (Nr. 277-III): Das Rokoko-Palais aus dem 18. Jh. steht für eine ganze Reihe schöner Barock- und Rokokohäuser in der Brückengasse (Mostecká ul.).
* *Kaiserstein-Palais* [30] (Nr. 37-III) und *Kleinseitner Rathaus* [31] (Nr. 35-III) sind reizvolle Beispiele aus der Reihe der Renaissance- und Barockbauten am *Kleinseitner Ring* (Malostranské nám.)
* Kleinseitner *St.-Nikolaus-Kirche* [32]: An die sechzig Jahre brauchten Vater und

Sohn Dienzenhofer im 18. Jh., bis das Prunkstück des Prager Hochbarocks als eine der prächtigsten Barockkirchen überhaupt fertiggestellt war. Alle Raum- und Gewölbesegmente folgen sich durchdringenden Strukturen und bewegen sich im Rhythmus schwingender Formen. Alles großzügig dimensioniert (wie etwa das 1500 m² große Deckenfresko eines der größten Gemälde Europas ist), höchst kompliziert, und dennoch ganz einfach anzusehen.
* Die *Neruda-Straße* (Nerudova ul.) gehört mit ihren Fronten historischer Häuser, die fast alle noch ihre alten Hauszeichen (die Vorläufer der Hausnummern) tragen, zu den stimmungsvollsten Straßen Prags. Immer wieder dient sie, wie im Mozart-Streifen "Amadeus", als Filmkulisse. Die Reihe der Bürgerhäuser unterbrechen die von Giovanni Santini in meisterlicher "Barockgotik" gestalteten Paläste *Morzin* [33] (Nr. 256-III) und *Thun-Hohenstein* [34] (Nr. 214-III). Im frühbarokken Haus *"Zu den zwei Sonnen"* [35] (Nr. 233-III) hingegen wohnte der bekannte tschechische Schriftsteller Jan Neruda.
* Die *Prager Burg* (Hrad) bildet zusammen mit der westlichen *Burgstadt* den Stadtteil *Hradschin* [36] (Hradčany). Am Burgstadtplatz *Hradčanské nám.* mit den repräsentativen Palästen (darunter das *Sternberg-Palais* mit der *Nationalgalerie*) mündet der Königsweg in den Burgkomplex. Seit ihrer Gründung um 890 haben Könige, Fürsten, Herzöge und Bischöfe die Prager Burg im Laufe ihrer Geschichte schubweise ausgebaut. Unter Kaiser Karl IV. wuchs ab 1344 mit dem gotischen St.-Veitsdom einer der schönsten Sakralbauten Europas heran, der erst 1929 in seiner heutigen Form komplett war. Der lediglich durch ein Gitter vom *Hradčanské nám.* abgetrennte erste Burghof (entstanden unter Maria Theresia) ist der Repräsentationssitz des Staatspräsidenten. In der neubarock ausgeschmückten *Hl.-Kreuz-Kapelle* auf dem uninspiriert wirkenden zweiten Burghof ist der St.-Veits-Domschatz untergebracht. Der Dom selbst ist fast zu groß für den dritten Burghof, man kann ihn von keiner Stelle aus insgesamt betrachten. Hier schließen sich der *Königspalast* mit der *Allerheiligenkapelle* und die *St.-Georgs-Basilika* an. Am Ende des *Goldenen Gäßchens*, wo Alchimisten und Handwerker in winzigen Häuschen unterhalb der Burgmauer arbeiteten, steht der als Kerker genutzte Daliborka-Turm (einer der vier verbliebenen Wehrtürme). Außerhalb der Burg liegen der *Königsgarten* und das Renaissance-Lustschlößchen *Belvedere.*

Natürlich beschränken sich Prags Attraktionen nicht allein auf den "Königsweg". Allerdings würde eine vollzählige Aufstellung den Rahmen dieses Reiseführers sprengen, so daß am Ende nur noch auf fdolgende Highlights hingewiesen sei: die *Loretokirche*, wo der wertvollste Kirchenschatz des Landes aufbewahrt wird; das Prämonstratenserkloster *Strahov*; der *Miniatur-Eiffelturm* auf dem Petřín-Hügel, auf den eine Seilbahn führt; die reich bestückte *Nationalgalerie*; das *Nationaltheater*; das *Nationalmuseum* mit seinen naturkundlichen und archäologischen Sammlungen; der *Wenzelsplatz* (Václavské nám.) als Flaniermeile; die Überreste der alten Přemysliden-Residenz *Vyšehrad.*

Mozart, Smetana und Dvořák, Kafka, Kisch und Werfel - Prag war und ist eine Leidenschaft wert, eine musische allemal. Es ist noch gar nicht solange her, da standen die Prager vor den zahlreichen Buchhandlungen sogar Schlange, wenn neue Bücher eintrafen. Prag besitzt ständige Bühnen jeglicher Couleur, darunter das Nationaltheater, Opernhäuser, Pantomimentheater, Laterna Magica, Schwarzes Theater und Marionettentheater. Theaterbesuche gehören zu den Lieblingsbeschäftigungen der Prager, und wenn Sie dies ebenfalls vorhaben, sollten Sie sich zuvor das monatliche Kulturprogramm besorgen (Prager Informationsdienst, s.u.), um dann eine Vorverkaufsstelle anzusteuern (SLUNA, Panská 4/ Passage Černá růže, Tel. 221206; oder: SLUNA, Václavské nám. 28/ Passage Alfa, Tel. 260693, 261602). Über die Monate Juli und August machen die großen Bühnen allerdings Theaterferien.

Wenn Sie als Radwanderer die meist einfallslose böhmische Provinzküche satt haben, können Sie im Bereich der Prager Gastronomie Erfreuliches erleben. In den besseren Restaurants in der Regel nur nach vorheriger Reservierung.

Telefonvorwahl: 02.
Information: Prager Informationsdienst "PIS", Na příkopě 20, Tel. 2366859; oder Staroměstské nám. 22, Tel. 263691; Stadtpläne und deutschsprachige Prag-/ČSFR-Führer finden sie in fast jeder Buchhandlung.
24-Std.-Telefon- und Postdienst: Jindřišská 14, Praha 1 (am Wenzelsplatz)
Unterkunft: Bereits an den Zubringerstraßen preisen zahlreiche Privatvermieter ihre Quartiere an. Die größte Auswahl an Zimmervermittlungen finden Sie im Hauptbahnhof. Wenn Sie auch hier keine passende Bleibe finden, versuchen Sie es bei "CKM Accomodation Service", Žitna 10, 121 05 Praha 2, Tel. 23 62 798, 299 941-5 (täglich 9-12 Uhr und 13.30-18 Uhr). Daneben gibt es noch eine Reihe anderer Zimmervermittlungen im Stadtgebiet.
Im CKM-Juniorhotel, Žitna 12, Praha 2, Tel. 292 984, werden Sie nur nach Vorausbuchung ein Plätzchen bekommen.
Camping: "Kotva", 15.4.-15.10., Praha 4, U Ledáren 55, Tel. 461712; "Sportcamp", 1.4.-31.10., Praha 5, V Podhájí, Tel. 521739; "Troja", 1.6.-31.10., Praha 7, Trojská 171, Tel. 842833; "Suchdol", 1.7.-31.8., Praha 6, Za sokolovnou 440, keine Hütten; "Aritma", 1.4.-31.10., Praha 6, Nad lávkou 3, Tel. 368351. Während der Hochsaison versuchen Sie zunächst vorzugsweise einen der beiden letztgenannten Plätze.
Fahrradservice: CI&HO Velosport, Truhlářská 14, Praha 1; Cyklocentrum, Karlovo nám. 27-29, Praha 2 (zwei Läden, der bessere davon im Hinterhof); Cyklocentrum, Jaromírova 20, Praha 2; Cyklo sport Tomáš Kupec, Ondříčkova 16, Praha 3; Kola-Šára, Kosmická 744, Praha 4; VESO, Českobrodská 53, Praha 9; Velointest, Na výspě 12, Tel. 4727710.

Etappe 21:
Lety - Karlštejn - Beroun - Nižbor - Roztoky (42 km)

Die ersten beiden Drittel dieser Etappe führen durch das reizvolle Tal der Berounka, die ihr Bett hier tief in den Kalkstein des Böhmischen Karstes gegraben hat. Das letzte Weg-Drittel führt dann durch die noch weitgehend im Urzustand erhaltenen Mischwälder des Pürglitzer Hochlandes (Křivoklátsko), in denen auch Eiben noch ihr Auskommen finden. In puncto Steigungen ist diese Etappe ein Wechselbad der Gefühle: lange Zeit völlig eben, dann wieder streng, und zwischendurch so lala. Der Verkehr ist mäßig.

Fahren Sie von Lety aus westlich auf der 116 nach Karlštejn. Nach 6 km zweigt dort ein Sträßchen hinauf zur Burg ab.

Karlštejn (Karlstein), Mittelböhmen, 200-260 m.
In stetem Strom pilgern in der Hochsaison eistütenbewaffnete Besucher vom Parkplatz durch den Ort hinauf zur Burg. Von der wird gesagt, sie sei die schönste Böhmens, wenn nicht gar Europas. Von fern ähnelt sie mit ihrem makellos restaurierten, kantigen Äußeren allerdings eher einem Plastikbausatz für die Modelleisenbahn. Auf jeden Fall handelt es sich bei diesem wuchtigen Bauwerk um eine authentische Festungsanlage des Mittelalters, die Kaiser Karl IV. in den Jahren 1348-1357 errichten ließ, um die Kronjuwelen auch wirklich sicher zu verwahren. Er ließ die Festung so konstruieren, daß sie für damalige Verhältnisse uneinnehmbar war. Wann immer ihm nach Fertigstellung der Burg die Hauptstadt Prag zu aufgeregt wurde, zog er sich zwecks innerer Einkehr hierher zurück (er war ja über seine Fähigkeiten als Regent hinaus auch ein religiös-meditativ veranlagter Mensch).
Anfang des 15. Jh. bissen sich die Hussiten an den 6 m starken Außenmauern erfolglos die Zähne aus, beschädigten die Burg dabei aber so stark, daß sie an Bedeutung verlor. Der wertvollste Teil der stilecht gotischen Burg ist die mit Halbedelsteinen und Tafelbildern ausgeschmückte Heiligkreuz-Kapelle. Sie kann auf unbestimmte Zeit nicht besichtigt werden: es wird befürchtet, die Anwesenheit zu vieler Besucher könnte die bereits angegriffene Innendekoration vollends ruinieren.
Die Innenräume der Burg sind in der Art einer modernen Museumsgalerie hergerichtet, wo ein eher abstraktes Mittelalter präsentiert wird. Besichtigungen: Mai-Sep, Di-So, 8-12 Uhr u. 13-18 Uhr; März/Apr u. Okt-Dez, Di-So, 9-12 Uhr u. 13-16 Uhr. Die letzten Führungen starten jeweils eine Stunde vor den Schließungszeiten.
Unterkunft: Privatzimmer im Ort und längs der 116.

Radeln Sie nun weiter westlich durch das sich verjüngende Tal der Berounka. Die Straße steigt dabei bis Beroun zweimal bis zu hundert Höhenmeter über den Fluß an; für Ihre damit verbundenen Bemühungen erhalten Sie einen schönen Blick ins Tal geschenkt.

Beroun (Beraun), Mittelböhmen, 200 m, 24.000 Ew. wurde im 13. Jh. von Siedlern aus der Schweiz gegründet, die den Ort Bern nannten. Heute wird in der Kreisstadt Zucker raffiniert, werden Bier und Textilien erzeugt. Außerdem wird in der Umgebung aus dem Kalkgestein des Berounka-Tales jede Menge Zement gebrannt. Und wenn die Leute das erarbeitete Geld dann wieder ausgeben wollen, tun sie das in den Geschäften des weiträumigen Stadtplatzes. An dessen Enden sind als Überreste der Stadtbefestigung noch zwei originelle, gotische Stadttore (Plzeňská brána uns Pržská brána) aus dem 14. Jh. erhalten.

Umgebung: 5 km südlich die Tropfsteinhöhlen von *Koněprusy*, das größte Grottensystem Böhmens, mit Funden von Knochen urzeitlicher Tiere und Resten einer mittelalterlichen Münzfälscherwerkstatt.

Information: ČEDOK, Havličkova 7, Tel. (0311) 2428.

Camping: Zwei Plätze - "Beroun", 1.6.-28.8., Tel. (0311) 2729 und "Plešivec", 15.6.-15.9., Tel. (0311) 3258 - sind nordwestlich der Stadt an der Berounka gelegen.

Fahrradservice: HF sport, Husovo nám. 46, Tel. (0311) 5111; Cyklocentrum - Jan Šírer,Česká 54, Tel. (0311) 4798.

Ab Beroun fahren Sie auf der 116 ganz entspannt weiter an der Berounka entlang gen Křivoklát. Bis Nižbor bleibt die Strecke dabei eben. Hier überqueren Sie den Fluß und hakeln sich auf den nächsten 8 km durch ein Nadelwaldgebiet 250 m höher, davon sind die ersten 1,2 km richtig anstrengend. Bis Roztoky geht es anschließend wieder bergab, wobei diesmal die letzten 1½ km die "schrägsten" sind. In **Roztoky** (220 m) treffen Sie die Berounka wieder. (*In Gegenrichtung:* Verlassen Sie Roztoky südlich auf der 236 in Richtung Zdice. Folgen Sie dann bis Lety sukzessive den Hinweisen nach Beroun, Karlštejn und Praha.)

Etappe 22:

Roztoky - Radnice - Plzeň (65 km)

Ein idyllisches Flußtal, ein einsamer Wald, aquarellfarbene Hügel und nette Dörfer, vereinzelt auch ein hübsches altes Holzhaus: das sind die visuellen Genüsse, die das halbe Dutzend längerer Steigungen auf dieser Etappe zwar nicht gerade vergessen machen, aber doch akzeptabel. Wegen des geringen Verkehrs werden Sie dabei auch nicht aus dem Kletterrhythmus gebracht.

Verlassen Sie Roztoky südwestlich auf der 201 nach Týřovice. Nach einem ersten Hügel radeln Sie auf einer kleinen Uferstraße durch das bewaldete Karsttal der Berounka.

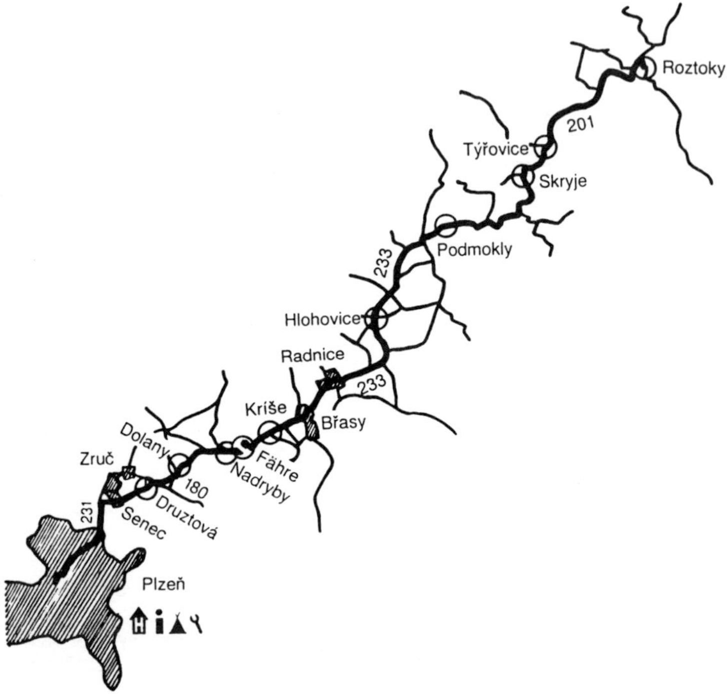

Vom 100 m höher gelegenen Týřovice rollen Sie wieder hinab zur Berounka, überqueren diese und klettern über Skryje erneut durch dichten Wald bergan bis auf 420 m ü. NN. Auf dieser Bergkuppe zweigen Sie nach Podmokly ab, kullern 130 Höhenmeter hinunter und erfreuen sich anschließend einer gleichmäßigen Steigung, die bis vor Podmokly anhält.

Hinter Podmokly biegen Sie nach Zbiroh ab und gleich darauf nach Plzeň. (*In Gegenrichtung:* Biegen Sie zunächst nach Rakovnik, dann nach Křivoklát ab.) Die Straße mäandert nun auf einer Höhe zwischen 420-460 m über weite Hügel und durch gefällige Dörfer. Über Radnice (380 m, "Hotel Soukup" am Marktplatz) gelangen Sie nach Břasy (470 m) und überqueren dort die 232 nach Kříše (aus Sparsamkeitsgründen steht der entsprechende Hinweis hinter der Kreuzung). (*In Gegenrichtung:* Auch hier steht der Hinweis - nach Radnice - hinter der Kreuzung). Hinter Kříše trudeln Sie auf einer Gefällstrecke, die mit 16 % annonciert wird, aber höchstens 12 % hat, hinab zur Berounka. Mit einer kleinen handbetriebenen Fähre, die auf Zuruf täglich 7.00-18.45 Uhr verkehrt, überqueren Sie den an dieser Stelle außerordentlich idyllischen Fluß und wenden sich anschließend nach links. (Anmerkung: Sowohl im Velký Autoatlas 1:200.000 als auch in der

RV-Karte 1:300.000 ist die Straße fälschlicherweise ohne Unterbrechung über die Berounka hinweggeführt.)

Via Nadryby kommen Sie nach Dolany, wo Sie dreimal abbiegen müssen, wobei Sie der Reihe nach den Hinweisen Chrást, Zruč und Druztová folgen. (*In Gegenrichtung:* Zunächst nach Chrást, dann den Nadryby-Hinweisen folgen). Hinter Senec stoßen Sie schließlich auf die 231, die Sie zum Altstadtzentrum von **Plzeň** führt (Eisenbahnbrücke unterqueren).

(*In Gegenrichtung:* Verlassen Sie Plzeň vom nám. Republiky [Marktplatz] durch die Solní ul. [Fußgängerzone], schwenken Sie rechts ab in Richtung Karlovy Vary und folgen Sie den Hinweisen zur 231 nach Zruč.)

Etappe 23:
Lety - Řevnice - Hradišťko - Konopiště - Benešov (52 km)

Das dicht bewaldete Hřebeny-Gebirges (500-600 m) bildet den Auftakt dieser Etappe, die anschließend durch das Mittelböhmische Hügelland südlich der Sázava führt. Diese mäßig hügelige Region ist relativ dicht besiedelt, so daß es nie sonderlich einsam wird. Der Verkehr hält sich in akzeptablen Grenzen. Prädikat: ganz nett.

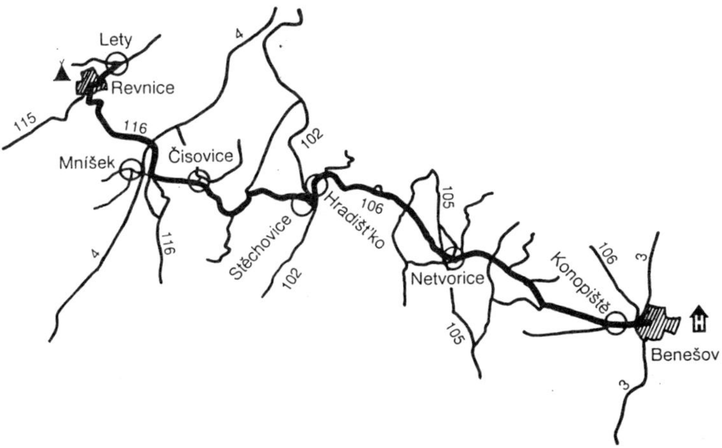

Fahren Sie von Lety aus über die Berounka hinweg nach Řevnice, dort biegen Sie links ab nach Mníšek. (*In Gegenrichtung:* Biegen Sie in Řevnice rechts ab nach Dobřichovice.) Die mäßig befahrene 116 führt auf einer 6 km langen, gut zu meisternden Steigung kontinuierlich bergan (von 260 auf 530 m). Nach der "Paßhöhe" geht es 2 km bergab, dann zweigen Sie bei Mníšek ab nach Čisovice. Via Bojanovice und Masečio überqueren Sie bei Stechovice die Moldau und radeln hinter dem Nachbarort Hradištko auf der 106 weiter über Krňany nach Netvořice (370 m). Via Chrášt'any erreichen Sie Schloß (und Ort) Konopiště.

Das heutige Aussehen von Schloß **Konopiště** (das auf ein Kastell des 13. Jh. zurückgeht) ist seinem letzten Besitzer, dem österreichischen Thronfolger Franz Ferdinand, zuzuschreiben. Er ließ das Schloß Ende des 19. Jh. im gotischen Stil restaurieren; was auch sehr hübsch gelungen ist. Zwiespältiger ist der Eindruck, den das Schloß in seinem Innern erweckt. Der Besucher muß, bevor er in die Salons kommt, an einem Wald aus Geweihen, ausgestopften Bären und Vögeln vorbeidefilieren. Wie ein Besessener hat Franz Ferdinand jedes jagdbare Tier erlegt, das ihm in seinem weitläufigen Schloßpark und anderswo vor die Flinte kam. Die minutiös geführte "Schußliste" weist 171.537 Opfer aus. Kein Wunder, daß er auch ein Waffennarr war und die Waffensammlung im Schloß so umfangreich ist, daß man für sie eine gesonderte Führung buchen muß. In den komplett mit Stilmöbeln eingerichteten Räumen des Schlosses lebte Franz Ferdinand nebst Gattin bis zu seiner Ermordung in Sarajevo. Ein Ereignis, das bekanntlich den Ersten Weltkrieg auslöste. Besichtigungen: April/Sep/Okt Di-So 9-12 und 13-16 Uhr; Mai-Aug Di-So 8-12 und 13-17 Uhr.

Hinter Konopiště erreichen Sie die mausgraue Kreisstadt **Benešov** (Mittelböhmen, 360 m, 16.000 Ew.; gotische Ruine einer Minoritenkirche aus dem 14. Jh.; **Unterkunft:** Hotel "Posta" am Marktplatz).

Etappe 24:
Benešov - Český Šternberk - Uhrlířské Janovice - Kutná Hora (59 km)

Die Gegebenheiten sind so, daß es nur eine durchgehende Straßenverbindung von Benešov nach Uhrlířské Janovice gibt. Dennoch ist der Verkehr auf dieser Etappe insgesamt recht bescheiden. Der Anblick von Wiesen, Waldgruppen und Feldern begleitet die meist zahm hügelige, häufig von Obstbäumen gesäumte Straße. Auf dem "Zickzack"-Kurs gegen Ende der Etappe läßt es sich besonders angenehm radeln, denn der ist hübsch flach.

Verlassen Sie Benešov auf der 112 in Richtung Vlašim, und biegen Sie nach 6 km auf die 111 nach Český Šternberk ab. Nachdem die Straße Sie zwischenzeitlich auf 510 m gelockt hat, erreichen Sie via Divišov den Ort Český Šternberk (310 m) nebst gleichnamiger Burg.

Das Beeindruckendste an der Burg **Český Šternberk** ist wohl ihre Lage über dem linken Flußufer der Sázava - und ihr imposantes Äußeres. Besichtigt werden können in der aus dem 13. Jh. stammenden Burg, deren jetziges Gesicht aus dem 18. Jh. herrührt: Mobiliar, Waffen und Graphiken des Spätmittelalters. Besichtigungen: April u. Okt Sa/So 9-16 Uhr; Mai-Aug Di-So 8-17 Uhr; Sep Di-So 9-17 Uhr.

Verlassen Sie Č. Šternberk nach Uhrlířské Janovice, das Sie über Nechyba nach 16 km erreichen (dort Hinweis auf Privatunterkunft an der Durchgangsstraße). Folgen Sie für die nächsten 4 km den Hinweisen nach Kutná Hora, und zweigen Sie dann von der 337 links ab nach Křěčovice.
Es folgt ein Kurs über die Dörfer Miletín, Rozkoš (anschließend dem Hinweis Kutná Hora folgen), Karlov (hier dem Hinweis Malešov folgen), Nova Lhota (hier dem Hinweis Kutná Hora folgen) und Bylany bis Přítoky. Die 333 führt Sie von dort aus nach Kutná Hora, wo Sie die 33 überqueren, um in die Altstadt zu gelangen.
(*In Gegenrichtung:* Verlassen Sie Kutná Hora auf der 333 in Richtung Praha, und biegen Sie in Přítoky nach Bylany ab. In Nova Lhota folgen Sie dem Hinweis Dobřěň/Tuchotice, in Karlov dem nach Žandov und anschließend dem nach Rozkoš. Über Miletín, Křěčovice und Mančice gelangen Sie nach U. Janovice.)

Český Šternberk

Kutná Hora (Kuttenberg), Mittelböhmen, 273 m, 21.000 Ew. ist idyllisch auf einem Berg am Flüßchen Vrchlice gelegen. Reiche Silbergruben ließen die Siedlung im 14. Jh. - nach Prag - zur zweitgrößten Stadt Böhmens aufsteigen. Mönche hatten im 13. Jh. unter einem Weinberg Silberadern entdeckt und beuteten sie - angeleitet von deutschen Bergleuten - anfangs auch selbst mit aus. In ihren Mönchskutten fuhren sie in die Minen ein und verhalfen so der Siedlung zu ihrem Namen: Kuttenberg. 1308 gründete Wenzel II. die königliche Münze, den Welschen Hof. Münzer aus Florenz prägten hier den in ganz Europa wegen seiner Reinheit hoch geschätzten "Prager Groschen". Mit ihm bezahlte Kaiser Karl IV. die Ausschmückung Prags, das seit 1355 Hauptstadt Böhmens und des Heiligen Römischen Reiches war. Ende des 16. Jh. waren die Silberminen weitgehend erschöpft, und Kutná Hora schrumpfte auf ein Drittel seiner einstigen Größe. Bis heute hat Kutná Hora trotz eines großen Brandes im 18. Jh. ein geschlossenes mittelalterliches Stadtbild bewahrt. Zwar sieht man einen Marktplatz mit Barockhäusern und einer aufwendigen Pestsäule auch anderswo, doch die prachtvoll gotische St.-Barbara-Kathedrale (Besichtigungen: Di-So, 8-12 und 13-17 Uhr) und der Welsche Hof (Vlašský dvůr, Besichtigungen: April-Sep Di-So 8-17 Uhr) sind einzigartig.
Zweierlei noch: Die kleine gotische Burg Hrádek ist Ausgangspunkt für die Besichtigung einer Silbermine. Die gotisch-barocke Klosterkirche im nördlichen Stadtteil Sedlec hingegen hat nicht nur das längste Kirchenschiff Böhmens, sondern auch ein sehr spezielles Ossarium (Beinhaus). Weil geweihte Erde aus Jerusalem unter die des Kirchfriedhofes gemischt war, avancierte jener zu einem äußerst beliebten Bestattungsort des Mittelalters. Als der Friedhof aus allen Nähten zu platzen drohte, bekam ein Kunsttischler von der Klosterverwaltung den Auftrag, aus den Gebeinen der Fürsten und Gemeinen etwas Hübsches zu machen... Offenbar hatte man im Spätmittelalter noch ein weniger prüdes Verhältnis zum Tod, denn heute wirkt das Ergebnis dieser Auftragsarbeit wie ein makabrer Scherz. Besichtigungen Di-So, 8-12 und 13-16 Uhr.
Information: ČEDOK, Palackého nám.
Unterkunft: Hotel "Mědínek", Palackého nám., Tel. (0327) 2741, 2743; Herberge "Turistická ubytovna" (Rezeption nur 18-20 Uhr geöffnet, ausgeschildert); mehrere Privatunterkünfte im Ort.
Camping: "Malešov", 15.5.-15.9., 5 km südwestlich am Vrchlice-See bei Malešov.
Fahrradservice: "Veloservis/Ski servis", Nádražní 211.

Etappe 25:
Kutná Hora - Červ. Janovice - Ledeč n. Sáz. (34 km)

Obstbäume, darunter leuchtende Kirschbäume, säumen die Nebenstraßen, die diese Etappe benutzt. Der Weg führt durch eine Landschaft, die oftmals so romantisch und gepflegt wie ein englischer Landschaftspark ausschaut. Diese reizvolle und verkehrsarme Etappe läßt sich - mit einer Ausnahme - ohne auffällige Kletterarbeit beradeln.

Kartenskizze Etappen 24 & 25

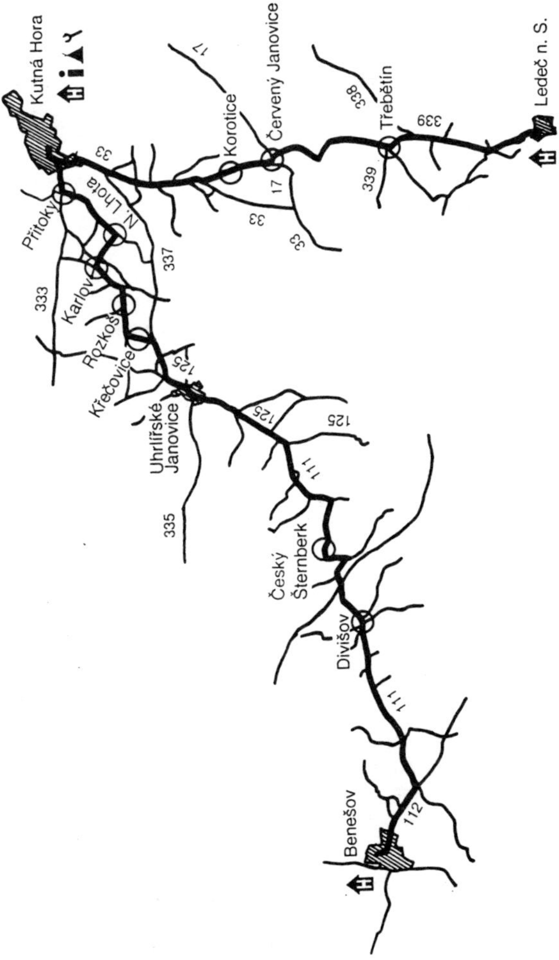

Verlassen Sie Kutná Hora auf der 33 in Richtung Tábor. Falls Sie in der verwinkelten Altstadt von K. Hora etwas die Übersicht verloren haben sollten: der Zubringer zur 33 führt am Westende des Barbara-Domes vorbei! Nach 10 km biegen Sie von der mäßig befahrenen 33 ab nach Červený Janovice, das Sie dann via Korotice erreichen.
Machen Sie in Č. Janovice einen Links-Rechts-Schlenker über die 17, und radeln Sie weiter auf der Nebenstraße in Richtung Ledeč. Ab Třebětín wird die Straße zur 339 ernannt, was ihren Reiz aber nicht schmälert. Nach einer flotten Abfahrt auf den letzten Kilometern (dies ist die oben erwähnte Ausnahme) erreichen Sie Ledeč.
(*In Gegenrichtung:* Folgen Sie in Ledeč zunächst dem Hinweis nach Havl. Brod; wenn Sie den Marktplatz überquert haben, folgen Sie den Hinweisen nach Kutná Hora.)

Ledeč nad Sázavou, Mittelböhmen, 353 m, 4.500 Ew., ist eines der wenigen direkt an der Sázava gelegenen Städtchen. Nachdem im 13. Jh. über dem rechten Flußufer eine Burg erbaut worden war (heute ein Museum), entstand auf dem linken Flußufer die Siedlung. Aus dieser Zeit (14. Jh.) stammt die gotische Kirche im Ortskern von Ledeč, wo sich auch die barocke Mariensäule befindet. Von Ledeč aus folgt ein bummeliger Vorortzug (flußaufwärts nach Zruč, flußabwärts nach Havl. Brod) dem idyllischen Lauf der Sázava - dort wo keine Straße entlangführt. Der Zug nimmt auch Fahrräder mit.
Unterkunft: Hotel "Sázava", ul. Cechova; Hotel "Stadion", ul. Havličkova. Beide Hotels sind in renovierungsbedürftigem Zustand.

Etappe 26:
Kutná Hora - Záboří - Kladruby - Břehy - Opočínek - Pardubice (51 km)

Das Tafelland des Böhmischen Beckens gehört zu den raren Flachlandregionen der Tschechoslowakei. Hier, im südlichen Bereich, ist diese Eigenschaft besonders deutlich ausgeprägt: Auf steigungsarmer Strecke (Haupthöhenniveau: 200 m) führt diese Etappe durch Wäldchen und Straßendörfer, Äcker und Wiesen, an Apfelbaumspalieren, Kiesteichen und einem großen Pferdegestüt (Selmice) vorbei. Auf den beschaulichen Nebenstraßen sind die Radfahrer als Verkehrsteilnehmer fast unter sich.

Verlassen Sie Kutná Hora auf der 33 in Richtung Hradec Králové. Falls Sie in der verwinkelten Altstadt von K. Hora etwas die Übersicht verloren haben sollten: der Zubringer zur 33 führt am Westende des Barbara-Domes vorbei! Wenn Sie nach 2 km das Ortseingangsschild von N. Dvory passiert haben, nehmen Sie den ersten (unbeschilderten) Linksabzweig. Dies ist die 327, auf der Sie über Kateřina nach Záboří radeln. Überqueren Sie die Elbe nach Týnec und biegen dort beim Hinweis nach Kladruby auf die Nebenstraße ab.

Ab Kladruby folgen Sie den Hinweisen nach Přelouč. Hinter Břehy zweigen Sie nach Lohenice ab und stoßen nach der Elbbrücke auf die 322, die Sie ein Stück in Richtung Pardubice benutzen, um sich dann linker Hand nach Opočínek wieder von ihr abzuwenden. Folgen Sie nun dem Verlauf der Vorfahrtstraße, die nach 9 km bei Svítkov wieder auf die 322 stößt, auf der Sie die letzten Kilometer bis Pardubice zurücklegen. Biegen Sie dort links auf die 37 nach Hradec Králové ab, hinter der Eisenbahnunterführung liegt dann rechter Hand das Zentrum mit der Altstadt.

(*In Gegenrichtung:* Verlassen Sie Pardubice auf der 322 gen Praha/Přelouč, und biegen Sie beim Hinweis Svitkov/Srnojedy rechts ab. Hinter Opocínek benutzen Sie wieder die 322 gen Přelouč und zweigen in Valy nach L. Bohdaneč ab. Hinter Lohenice fahren Sie auf der 33 erneut ein Stück in Richtung L. Bohdaneč, aber nur bis Břehy, wo Sie dann dem Hinweis nach Kladruby folgen. In Týnec biegen Sie zunächst nach Kutná Hora ab, fahren anschließend ein Stückchen auf der 322 in Richtung Pardubice und biegen hinter der Elbbrücke rechts auf die unscheinbare 327 ab; ein entsprechender Hinweis fehlt an dieser Stelle. In N. Dvory stoßen Sie dann auf die 33 nach Kutná Hora.)

Pardubice (Pardubitz), Ostböhmen, 218 m, 98.000 Ew., zieht alljährlich die internationale Reiterelite an, wenn im Oktober im flachen Umland die Große Pardubitzer Steeple-chase (aus dem Engl. "Kirchturmjagd") stattfindet. Zusammen mit der Liverpool Steeple-chase gilt es als das schwerste und spannendste Pferdehindernisrennen der Welt. Auch für gutes Eishockey und leckere Lebkuchen ist die Stadt bekannt, Arbeitgeber Nr. 1 aber ist die böhmische Chemieindustrie, die hier einen ihrer Schwerpunkte hat. Aus dem Werk im nordwestlichen Vorort Semtín stammt übrigens ein ganz spezieller Exportschlager: der bei Terroristen so beliebte Plastiksprengstoff SEMTEX. Nachdem die Produktion eine Zeitlang ausgesetzt war, wird SEMTEX nun wieder produziert: mit einer Beimengung, die von Spürgeräten erkannt werden soll.

Nachdem Pardubice im 16. Jh. zweimal niedergebrannt war, wurde es von dem hier residierenden Feudalgeschlecht "derer von Pernstein" so prächtig im Renaissancestil wiederaufgebaut, daß sich in Böhmen die Redensart bildete, etwas "strahle wie Pardubice". Um dies heute jedoch nachvollziehen zu können, bedarf es einigen guten Willens. Am ehesten kommt bislang der Pernstynské-Platz der Redensart nahe. Das Schloß hingegen wird im Zeitlupentempo restauriert und wohl noch einige Jahre geschlossen bleiben.

Telefonvorwahl: 040.

Unterkunft: Hotel "Zlatá štika", Jägermannova 127, Tel. 36711; Hotel "Nádraží", in der Nähe des Bahnhofs, Tel. 20759.

Camping: "Cihelna", 1.5.-31.10., nördlich des Schloßparks über eine Fußgängerbrücke zu erreichen, ansonsten von der 37 nach Hradec Králové beim Campingzeichen abzweigen; relativ kleiner Platz, Tel. 400 04.

Fahrradservice: KE-CY Stanislav Kepl, Sladkovského 1882; Cykloservis J.P.C., Branecká 274, Pardubice-Svítkov, Tel. 35695.

Kartenskizze Etappen 26 - 28

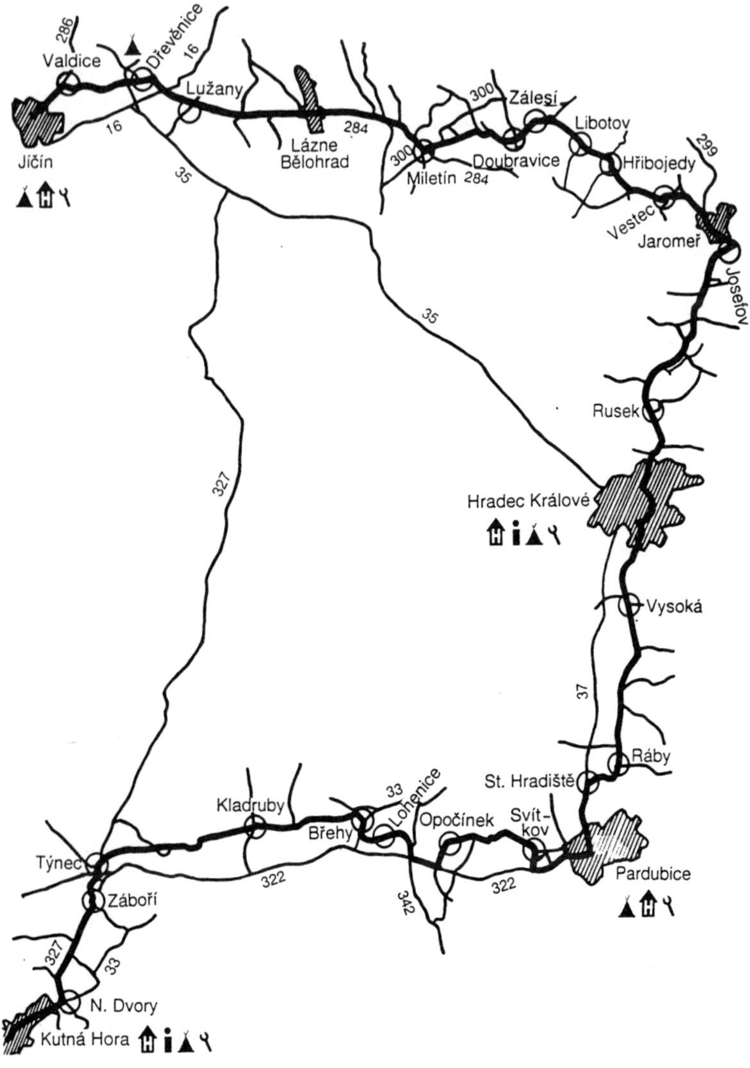

Etappe 27:
Pardubice - Ráby - Vysoká - Hradec Králové (23 km)

Wälder, Felder und etwas unordentliche Bauerndörfer, eine malerische Burg, aber keine Bäume an der Straße: insgesamt keine besonders beeindruckende Strecke. Aber sie ist flach und nicht sehr befahren und läßt sich leicht durchradeln.

Verlassen Sie Pardubice zunächst auf der 37 in Richtung Hradec Králové und biegen in Staré Hradiště ab nach Ráby. Dort radeln Sie an einer malerischen kleinen Burg vorbei, die auf dem Felsenhügel Kunětická hora trohnt. Hinter Vysoká passieren Sie die Stadtgrenze von Hradec Králové und radeln geradeaus auf den Inneren Ring "I" zu, der die Altstadt umspannt.
(*In Gegenrichtung:* Verlassen Sie Hradec Králové vom Marktplatz Žizkovo nám. aus auf dem Inneren Ring "I". Dort folgen Sie von der Komenského aus den Hinweisen nach Pardubice/Brno, überqueren den Fluß Orlice und fahren auf der Hradecká südlich aus der Stadt heraus, indem Sie dem Verlauf der Vorfahrtstraße folgen.)

Hradec Králové (Königgrätz), Ostböhmen, 224 m, 100.100 Ew., ist eine der ältesten Städte Böhmens. Seiner günstigen Lage am "Donau-Ostsee-Handelsweg" verdankte es die frühzeitige Verleihung der Stadtrechte (um 1255). Große Teile der Stadt stehen unter Denkmalschutz und spiegeln das Spektrum der Stadtentwicklung zwischen dem 14. und dem 20. Jh. wieder. Scharf voneinander durch die Elbe getrennt sind dabei die Alt- und die Neustadt.
Die Altstadt (staré město) hat sich um einen großen, dreieckigen Marktplatz (Žižkovo nám.) gebildet. Ihn schmücken die chice Pest-Säule von 1717, die Heiliggeistkathedrale (einzige frühgotisch erhalten gebliebene Kirche Böhmens), der "Weiße Turm" (mit Böhmens zweitschwerster Glocke) und die frühbarocke Mariä-Himmelfahrts-Kirche.
Die Neustadt (nové město) entstand zwischen den beiden Weltkriegen nach Entwürfen von Jan Kotěra und J. Gočár, den ersten tschechischen Architekten, die vom historisierenden Bauen (Klassizismus) Abschied nahmen und einen sachlich-funktionalen Monumentalstil an seine Stelle setzten. Markantestes Beispiel ihrer Baukunst ist das zwischen Elbe und Innerem Ring gelegene Krajské Stadtmuseum.
Umgebung: Ort und Gedenkstätte **Chlum** sind leicht erreichbar auf der 35 in Richtung Jičín, nach 9 km beim Hinweis Chlum abzweigen. In der "Schlacht bei Königgrätz" (1866) war die Anhöhe Chlum hart umkämpft. Hier fanden die entscheidenden Kämpfe im "Deutschen Krieg" statt, die Österreich die Niederlage und Preußen den Sieg und die Vormachtstellung im Deutschen Reich eintrugen. Ein Museum, ein Ossarium (Beinhaus) und eine Aussichtsplattform mit Blick über das Schlachtfeld versuchen an das historische Ereignis zu erinnern. Auf markierten Wanderpfaden können Sie über das Schlachtfeld stromern und

werden dabei auf Gräberfelder und Mahnmale stoßen.
Telefonvorwahl: 049.
Information: ČEDOK, Gočárova třída 63, Tel. 32586.
Unterkunft: Hotel "Paříž", Mánesova, Tel. 32631; Hotel "Bystrica", Innerer Ring "I", Tel. 24201; Studentenwohnheim (Studentský domov) der Pädagogischen Fakultät, Na kotli, Tel. 24668, Juli-Aug.
Camping: "Stříbrný rybník", 15.5.-15.9., 4 km östlich bei Svinary, Hinweise am Äußeren Ring "II", Tel. 279 15.
Fahrradservice: Kola Čihák, U koruny 73, Tel. 32689; Zdeněk Bláha, ul. Karla IV. 662, Tel. 611418

Etappe 28:
Hradec Králové - Josefov - Jaroměř - Miletín - Lázně Bělohrad - Jičín (71 km)

Felder, Wiesen und Wälder, stille Dörfer und verkehrsarme Landstraßen prägen das Bild dieser beschaulichen Etappe am Rande des Böhmischen Beckens. Spürbar hügeliger ist dabei nur die Teilstrecke zwischen Jaroměř und Miletín, ihre Steigungen sind jedoch von radlerfreundlichem Zuschnitt.

Auf dem Äußeren Ring "II" von Hradec Králové zweigen Sie nördlich der Altstadt nach Pouchov ab. Wenn Sie diesen Vorort passiert haben, folgen Sie dem Verlauf der Vorfahrtstraße und den Hinweisen nach Rusek und anschließend nach Jaroměř. Über Skalice und Vlkov gelangen Sie auf einer sanft hügeligen, friedlichen Strecke nach 18 km in die Festungsstadt Josefov.

Josefov (Josefstadt), Ostböhmen, 250 m, ist heute ein Stadtteil von Jaroměř. Auf den ersten Blick erinnert die spätbarocke Festungsanlage verblüffend an die Anlage von Terezín (Theresienstadt), tatsächlich wurden beide - neben Hradec Králové - Ende des 18. Jh. von den Habsburgern als Bollwerke gegen den preußischen Agressor errichtet. Die Obere Festung kann besichtigt werden; das ausgeklügelte System von Kasematten, Schanzen, Abhör- und Explosionskammern begeistert Militärhistoriker noch heute. Besichtigungen ab 5 Pers.: Mai-Sep Di-So 9-12 & 13-17 Uhr; Okt-April Sa/So 9-12 & 13-17 Uhr.

Radeln Sie durch Josefov, bis Sie auf die 299 treffen; dort biegen Sie ab nach Dvůr Králové, überqueren die Elbe und durchfahren auf der 299 **Jaroměř** (Ostböhmen, 266 m, 13.000 Ew.) Der Ort gehörte zu den Leibgedingestädten, die die Witwen der böhmischen Könige finanziell versorgen mußten; sehenswert ist die gotische Nikolauskirche. An der Ortsgrenze zweigen Sie beim Hinweis Zaloňov ab und radeln nun auf einer mäßig hügeligen, verkehrsarmen Nebenstrecke über Vestec, Litič und Hřibojedy nach Libotov. Zwischendurch können Sie an der Straße Pflaumen pflücken, sofern sie schon reif sind.

Sausen Sie hinter Libotov auf der nach Dvůr Králové führenden Gefällstrecke nicht versehentlich am Linksabzweig Doubravice vorbei. Dort müssen Sie nämlich abbiegen; und es geht bis Zálesi noch einmal ein Stück bergan. Hier haben Sie dann bei 430 m den Zenith der Etappe erreicht, höher hinauf geht's nicht mehr. Auf Zálesi folgen die Dörfer Doubravice, Zábřezi, Trotina und Miletín. Dort schwenken Sie auf die 284 nach Jičín ein.

Auf sanft ondulierter Straße geht es durch eine fruchtbare Ebene. Rasch sind Sie in Lázně Bělohrad. Es verbleiben noch 20 km bis zum Etappenziel. Die Straße pendelt auf einem Niveau von 300-330 m dahin. Überqueren Sie hinter Lužany die 16 diagonal; einen Hinweis hat man sich hier geschenkt. Hinter Dřevěnice (alte Holzhäuser! Campingplatz) halten Sie sich links nach Jičín - und nicht etwa geradeaus, wie der Pfeil des Wegweisers suggerieren mag. Nach Studeňany (alte Holzhäuser!) stoßen Sie in Valdice auf die 286, die Sie schlußendlich nach Jičín bringt.

(*In Gegenrichtung:* Verlassen Sie Jičín auf der 286 in Richtung Semily, und biegen Sie in Sedličky hinter den Eisenbahngleisen nach Studeňany ab. Überqueren Sie die 16 diagonal - ein Hinweis fehlt hier - und radeln über L. Bělohrad nach Miletín. In Doubravice halten Sie sich zunächst links nach Dvůr Králové und biegen nach dem Platz mit dem Wartehäuschen rechter Hand am Gemischtwarenladen vorbei ab; kein Hinweis. Über Doubravice, Libotov und Vestec biegen Sie an der Ortsgrenze von Jaroměř auf die 299 nach Třebechovice ein. In Josefov zweigen Sie dann auf die Nebenstraße nach Hradec Králové ab.)

Jičín (Jitschin), Ostböhmen, 276 m, 16.000 Ew., ist eine Königsstadt aus dem 13. Jh., die an der Cidlina, einem Nebenfluß der Elbe liegt. Die Stadt blühte innerhalb weniger Jahre auf, nachdem sie Wallenstein (Albrecht von Waldstein) 1620 in einer Schlacht in die Hände gefallen war. Jitschin sollte die Hauptstadt seines Reiches werden, das faktisch ganz Ost- und Nordböhmen umfaßte. Herausgekommen ist in dem guten Jahrzehnt bis zur Ermordung Wallensteins (1634) vor allem ein opulent gestalteter Marktplatz, der von Laubenhäusern, der frühbarocken, kirchturmlosen St.-Jakobs-Kirche und dem aufwendigen Waldstein-Schloß gesäumt ist. Das 52 m hohe "Walditzer Tor" (Valdická brána) hingegen ist der einzige Überrest der einst mächtigen Stadtbefestigung (16. Jh.). Die vierreihige Lindenallee, die nördlich der Altstadt zum 2½ km entfernten Lustgarten Libosad führt, geht wiederum auf Wallenstein zurück.
Außerhalb der Altstadt ist Jičín ziemlich heruntergekommen und von starkem Durchgangsverkehr belastet.

Information: ČEDOK, Husova 64, Tel. (0433) 21536, 21190.

Unterkunft: Hotel "Astra", Žižkovo nám., am Altstadttor; Hotel "Start", an der 286 nach Semily.

Camping: "Rumcajs", 1.5.-30.9., Koněvova 331, an der 35 nach Prag, mit Motel, Tel. (0433) 21078.

Fahrradservice: Cyklocentrum - Souček & Kotlář, Koněvova 149.

Etappe 29:
Jičín - Sobotka - Bakov - Mšeno (46 km)

Die erste Hälfte dieser Radeletappe führt durch den südlichen Teil des Böhmischen Paradieses (Český ráj), einem aus Sandstein- und Basaltfelsen, Kiefernwäldern und Burgen geformten Landschaftsgarten. Zu den Highlights zählen die Prachower Felsen (Prachovské skály), die Burgruine Trosky mit den links und rechts aufragenden Basalttürmen "Panna" und "Baba" (Jungfrau und Großmutter) und die Burg Kost, eine der besterhaltenen in Böhmen. Die Gesamtetappe ist überwiegend verkehrsarm, dabei teilweise eben, meist aber maßvoll hügelig. Dies ist keine schnelle Etappe, denn sie ist vollgepackt mit Eindrücken.

Verlassen Sie Jičín (276 m) zunächst auf der 35 in Richtung Prag und biegen Sie am Ortsende nach Holín ab. Sofort sind Sie wieder in ruhigem "Fahrwasser". Hinter Prachov (400 m) kommen Sie anschließend an einem Ausgangspunkt für Wanderungen in die Prachower Felsenwelt vorbei (Parkplatz, Zimmer, Erfrischungen, Orientierungspläne, usw.). Die Straße führt durch dichten Wald, hinter dem sich die Felsenwelt erfolgreich versteckt. Um die Felsen zu sehen, müssen Sie also schon eine Wanderung einplanen. Über Pařezská Lhota und Střelec stoßen Sie auf die 281, auf der Sie nach Sobotka abzweigen.

Hinweis: Wenn Sie auch den Sehenswürdigkeiten im nordöstlichen Teil des Böhmischen Paradieses nachspüren möchten - als da wären die Burgruine Trosky, die Felsformationen Hrubá skála und die Burg Valdštejn -, biegen Sie an der Kreuzung hinter Střelec rechts

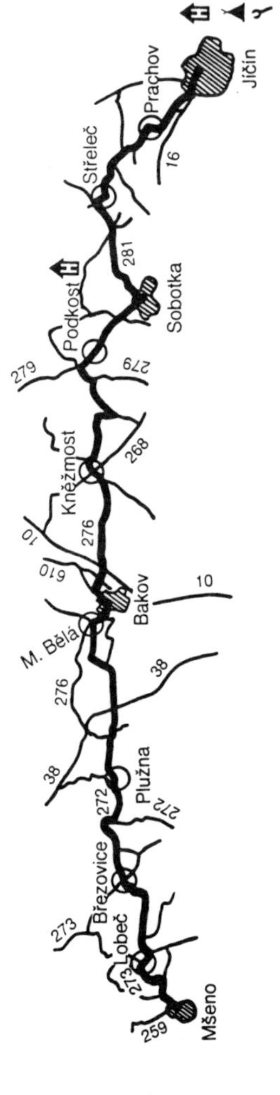

ab auf die 281 und fahren ab Ujezd in Richtung Troskovice. Während Trosky über die Straße erreichbar ist, erschließen sich Hrubá skála und Valdštejn jedoch nur dem Wanderer. Gleiches gilt, wie bereits erwähnt, für die Prachower Felsen. Für Wanderungen empfehlen sich die touristischen Detailkarten Nr. 12 "Prachovské skály" 1:10.000 und Nr. 13 "Český ráj a Poděbradsko" 1:100.000.
Während Sie auf der mit maßvollen Steigungen aufwartenden 281 über Mladějov (330 m) und Stéblovice (410 m, schöne Holzhäuser) nach Sobotka radeln, begleitet Sie rechter Hand der Anblick der dominanten Burgruine Trosky.

Sobotka, Ostböhmen, 305 m, 2.300 Ew., ist ein 700 Jahre altes, baufälliges Städtchen, das für seine Bleiglasschleifereien bekannt ist. Etwas außerhalb des Ortes liegt in einem Waldpark, auf einem Hügel das bizarr-barocke Jagdschlößchen Humprecht. Allein der 16 m hohe, ovale, fensterlose Speisesaal mit der Akustik einer Kathedrale ist schon einen Besuch wert. Besichtigungen: April-Sep Di-So 9.00-11.30 + 13.00-16.30 Uhr. Auf der anderen Seite des Schloßhügels befindet sich ein Freibad mit Biwakplatz.

Von Sobotka fahren Sie am Schloß Humprecht vorbei nach Podkost (310 m), einem Siedlungsflecken unterhalb der Burg Kost.

Im Schnittpunkt dreier Täler erhebt sich auf einem Sandsteinfelsen die gotische **Burg Kost** aus dem 14. Jh. Daß sie zu den Burgen Böhmens zählt, die als eine von wenigen weitgehend im Ursprungsstil erhalten blieb, ist purer Zufall. Eigentlich hatte ihr Waldstein ("Wallenstein") eine wichtige Rolle in seinem zukünftigen Reich zugedacht, doch sein 1634 gewaltsam herbeigeführter Tod verhinderte, daß mehr als ein frühbarocker Bau neben dem Burgturm entstehen konnte. Ein Jahr später brannte die Burg ab und wurde daraufhin nur noch als Kornspeicher benutzt. Erst 1953 wurde sie stilgetreu wiederaufgebaut. Um die Sammlung gotischer Kunst zu Gesicht zu bekommen, müssen Sie sich einer Führung anschließen, und die sind in der Hochsaison sehr begehrt. Besichtigungen: April/Sep/Okt Di-So 9.00-11.30 u. 13.00-16.30 Uhr; Mai-Aug Di-So 8-12 u. 13-17 Uhr.
Unterkunft: Hotel "Helikar", direkt unterhalb der Burg; preiswert, aber in der Hochsaison meist hoffnungslos ausgebucht.

Hinter Podkost, das Sie unterhalb der Burg - am Hotel vorbei - verlassen haben, biegen Sie links auf die 279 ab beim Hinweis Dolni Bousov. Nach 1 km biegen Sie rechts ab beim Hinweis Malobratřice und nach weiteren 2 km wiederum, diesmal nach Kněžmost. Dort zweigen Sie nach einem Linksschlenker über die 268 nach Bakov ab, das Sie auf der weitgehend ebenen 276 bald erreicht haben.

Durchqueren Sie Bakov (Mittelböhmen, 260 m) in Richtung Bela und biegen in Mala Bělá nach Bitouchov ab - einen entsprechenden Hinweis gibt es nur für den

Gegenverkehr. Nach Bitouchov und Čistá biegen Sie in Plužna links auf die 272 ab - Hinweis Katusice - und zweigen nach 2 km rechts ab nach Březovice. Zwischen diesem Ort und Doubravice fahren Sie einmal kräftig Paternoster: 70 m runter und 70 m wieder rauf (nicht ärgern, unten gibt es schöne Sandsteinfelsen). Radeln Sie dann über Lobeč bis Mšeno (360 m).
(*In Gegenrichtung:* Verlassen Sie Mšeno auf der 273 in Richtung Nosálov, folgen Sie ab Lobeč zunächst dem Hinweis Vrátno und biegen dann nach Doubravice ab. Radeln Sie über Březinka, Plužná, Čistá und Bitouchov nach Bakov. Die 276 bringt Sie nach Kněžmost, wo Sie nach einem Linksschlenker sukzessive den Hinweisen Branžěž, Drhleny, Kamenice und Zdár folgen. An der nächsten Kreuzung weist ein privater Hinweis zum "Hotel Helikar" in Podkost. Über Sobotka, Mladějov, Střeleč und Prachov radeln Sie anschlieénd nach Jičín.)

Etappe 30:
Mšeno - Kokořínský Důl - Mělník (26 km)

Diese Etappe führt durch das überaus reizvolle Erosionstal um Kokořín (Kokořínský Důl). Aufs angenehmste mäandert die verkehrs- und steigungsarme Straße durch ein canonartiges Flußtal mit Fischteichen, Wäldern und zerfurchten Sandsteinformationen.

In Mšeno (360 m) biegen Sie am nördlichen Ortsrand nach Kokořín ab, klettern bis Romanov auf 430 m und verlieren bis Raj wieder 140 Höhenmeter (mittelschwere Steigung bzw. Gefälle). Dort biegen Sie erneut nach Kokořín ab und radeln nun am Fluß Pšovka entlang durch das 18 km lange **Tal von Kokořín** (Landschaftsschutzgebiet, gotische Burg, Camping beim Ort Kokořínský Důl).

Am Ende des Tales zweigen Sie auf die 273 nach Mělník ab. Wenn Sie die Stadtgrenze erreicht haben, orientieren Sie sich zunächst rechts in Richtung Litomerice, bis dann das auf einem Hügel thronende Altstadtzentrum in Ihr Blickfeld gerutscht ist.

(*In Gegenrichtung:* Verlassen Sie Mělník auf der 273 nach Mšeno/Kokořín, und biegen nach 6 km beim Hinweis Kokořín links ab.)

Mělník (Melnik), Mittelböhmen, 220 m, 22.000 Ew., ist das Herz des böhmischen Weinbaus. Seit dem 14. Jh. wird an den warmen, windgeschützten Südlagen der Elbe der von Karl IV. eingeführte rote Burgunder angebaut, der auch außerhalb der ČSFR geschätzt wird (besonders der rote "Ludmila"). Das Altstadtzentrum liegt direkt bei dem Schloß, das so malerisch über dem Weinberg thront. Wie bei den meisten Schlößern haben sich auch hier im Laufe der Jahrhunderte durch Umbauten mehrere Baustile versammelt: Renaissance, Barock und Gotik. Im Schloß sind die unvollendeten Kunstsammlungen der letzten

Schloßeigner, der Lobkowitz', erhalten geblieben. Darüber hinaus sind auch ein Museum (Weinbau, Folklore) und eine Galerie tschechischer Barockgemälde untergebracht. Prächtig, wie sich das für ein Schloß gehört, ist die Aussicht vom Schloßrestaurant auf die in die Elbe mündende Moldau - wodurch die Elbe überhaupt erst zum schiffbaren Fluß wird - und die umliegenden Weinberge. Weitere Baudenkmäler: Propsteikirche St. Peter und Paul aus dem 15 Jh. ("ecce mors" - "Sieh da, der Tod!" heißt das Motto der umfangreichen Gebeinsammlung in der unterirdischen Krypta; kein Ort für zartbesaitete Gemüter), Marktplatz mit Laubenhäusern und barockem Rathaus. Außerhalb der hochgelegen Altstadt ist Mělník übrigens ein ziemlich scheußlicher Ort mit viel Durchgangsverkehr.

Information: ČEDOK, Pražská/nám. Karla IV, Tel. (0206) 2300, 2800.

Unterkunft: Hotel "Zlatý beránek", nám Miru 10 (Marktplatz), Tel. (0206) 2772.

Camping: "Mělník", 1.4.-31.10., Tel. (0206) 3090, östlich der 16, ausgeschildert.

Etappe 31:

Praha - Veltrusy - Mělník (53 km)

Eine durchwachsene Etappe ist dies, die sich, wo es geht, auf Nebenstraßen um die verkehrsreichen Fernstraßen herumdrückt und dabei manch unvermutetes Idyll durchstreift. Steigungen gibt es ein paar in der ersten Hälfte der Etappe, aber sie sind maßvoll und nicht sehr lang. Zwischen Kralupy und Mělník ist das Land flach.

Verlassen Sie Prag auf der hinter (!) dem National-Museum vorbeiführenden 8 nach Norden und folgen dabei den Hinweisen nach Teplice. Biegen Sie nach 12 km in Zdiby 200 m nach dem Ortseingangsschild links von der Ausfallstraße ab. Über eine Kette von Dörfern (Veltěž, Přemyšleni, Klecany, Drasty, Vodochody, Mášlovice und Chvatěruby) stoßen Sie bei Kralupy auf einen Kreisverkehr, wo Sie sich nach Mělník orientieren. Biegen Sie dann auf die 8 in Richtung Teplice ein, und passieren Sie Veltrusy.

Veltrusy, Mittelböhmen, 160 m, besitzt ein hübsches Barockschloß aus dem frühen 18. Jh. Mit einem 116 ha großem Schloßpark ist es groß genug für kleine Jagden. Besichtigungen: März, April, Sep., tägl. von 9-12 und 13-16 Uhr; Mai-Aug. tägl. von 8-12 und 13-17 Uhr.

Camping: "Obora", 1.4.-31.10., direkt am Eingang zum Schloßpark gelegen und sehr empfehlenswert, Abfahrt Obora von der 8 benutzen, Tel. Veltrusy 81358.

Wechseln Sie von der 8 auf die nach Mělník führende 16. Nach 2 km zweigen Sie auf die Nebenstraße nach Lužec ab. Dort überqueren Sie auf einer Stahlgitterbrücke den Elbe-Seitenkanal, an dem Sie zuvor entlanggeradelt sind. Durchqueren Sie Lužec auf der Dorfhauptstraße; über Vrbno treffen Sie dann hinter Hořín wieder auf die 16, die Sie nach Mělník bringt.

(*In Gegenrichtung:* Verlassen Sie Mělník auf der 16 nach Slany. Nachdem Sie die Elbe überquert haben, biegen Sie nach Hořín ab. In Lužec überqueren Sie den Elbe-Seitenkanal auf der zweiten Brücke des Ortes. Halten Sie sich westlich, um hinter Vraňany auf die 16 nach Slaný einzubiegen. Auf der 8 passieren Sie Veltrusy und biegen auf die 101 in Richtung Kralupy ein. Nach 2 km folgen Sie am Kreisverkehr dem Hinweis Praha und nach weiteren 2 km dem nach Chvatěruby. In Zdiby stoßen Sie wieder auf die 8 nach Prag. Diese stadtautobahnähnliche Straße, auf der geradelt werden darf, führt, den Centrum-Hinweisen folgend, bis vor das National-Museum am Wenzelsplatz.)

Etappe 32:
Mělník - Roudnice - Terezín - Litoměrice (42 km)

Diese angenehme Radeletappe führt durch das sanft hügelige Elbe-Becken. Schöner als die Nebenstraße an der Elbe ist dabei auf der ersten Etappenhälfte die direkte Verbindung: 246. Felder, Wiesen und Vulkankegel kennzeichnen die Landschaft. Über viele Kilometer hinweg bleiben dabei im Osten das Schloß Mělník, im Westen hingegen der bewaldete Berg Ríp sichtbar. Die zweite Hälfte der Strecke führt ab Roudnice an der Elbe entlang - mit schönen Panoramen und ohne Industrie. Der Verkehr ist überwiegend mäßig.

Sie verlassen Mělník auf der 16 in Richtung Slaný und biegen hinter der Elbe-Brücke gen Roudnice ab. 250 m weiter zweigen Sie noch einmal schräg links ab auf die 246 (kein Hinweis). Anschließend geht es immer "der Nase nach" bis Krabčice. Wenn Sie dem Berg Ríp aufs Haupt steigen wollen, müssen Sie hier dem Hinweis Hora Ríp folgen.
Den vulkanischen **Hora Ríp** (Berg Ríp) bestieg einst der Slawenführer Čech, schaute weit übers Land und beschloß in dieser Gegend zu siedeln. So entstand der Legende nach Čechy (Böhmen). Eine romanische Rotunde markiert seit dem 12. Jh. den 459 hohen "Gipfel", den man in einer Stunde erklimmen kann, wenn man den roten Wandermarkierungen folgt.

Wenn Sie anschließend **Roudnice** erreichen (Barockschloß, Augustinerkloster), biegen Sie rechts ab nach Stetni und 200 m weiter nach links in die Masarykova (keine Hinweise). Nach 1 km zweigen Sie beim Hinweis Terezín rechts ab. Radeln Sie dann via Židovice, Hrobce, Libotenice und Nučničky, bis Sie auf die verkehrsreiche 8 treffen, auf der Sie nach Terezín gelangen. Kurz vor der östlichen Ortsgrenze passieren Sie die Kleine Festung von Terezín.

Kartenskizze Etappen 30 - 32

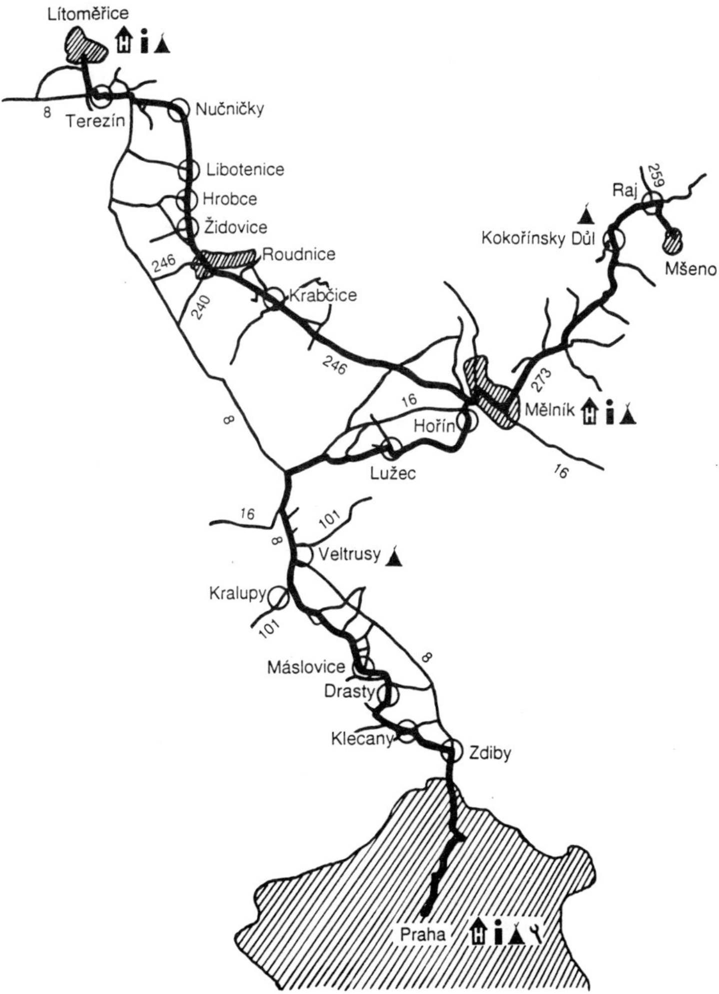

Terezín (Theresienstadt), Nordböhmen, 130 m, wurde von den Österreichern ab 1780 in der Rekordzeit von fünf Jahren als spätbarocke Festungsstadt errichtet. 16.000 Soldaten und 15.000 sonstige Einwohner beherbergte die modernste Festung des 18. Jh., die Böhmens Nordgrenze nach Preußen hin absichern sollte. Sie wurde nie auf die Probe gestellt, erlangte aber traurige Berühmtheit durch den Entschluß der Gestapo, die Große (Stadt-)Festung 1941 in ein jüdisches Ghetto umzuwandeln und aus den Kasematten der Kleinen Festung ein SS-Gefängnis zu machen. Am Ende war aus Terezín, das den Beobachtern des Roten Kreuzes sogar als "Musterlager" präsentiert wurde, ein KZ geworden, das über 33.000 Menschen aus nahezu allen europäischen Nationen nicht mehr lebend verließen. Die nach 1945 weitgehend unverändert belassene Kleine Festung ist heute eine eindringliche Gedenkstätte mit einer Ausstellung im ehemaligen Wohnhaus des Lagerkommandanten. Besichtigungen: tägl. 8.00-18.30 Uhr.

Unterkunft: "Parkhotel", Máchova 1, (0416) 92260.

Camping: 30.4.-15.9., Sokolovna 322, Tel. (0416) 473.

Sie durchfahren Terezín, bis Sie auf die 15 nach Litomerice stoßen, biegen dort rechts ein und radeln über die Elbe hinweg in die Stadt.

(*In Gegenrichtung:* Biegen Sie hinter Terezín von der 8 auf die Nebenstraße nach Nučničky ab. Wenn Sie Roudnice erreicht haben, radeln Sie auf der Vorfahrtstraße stadteinwärts und biegen dort, wo es geradeaus nicht mehr weitergeht, zunächst nach rechts ab und anschließend nach links auf die 246, Hinweis Mělník.)

Etappe 33:
Bavorov - Netolice - Kratochvíle - Holašovice - Křemže - Zlatá Koruna - Český Krumlov (55 km)

Eine beschauliche Hügellandschaft, verträumte Dörfer, Obstbaumalleen und mittelalterliche Sehenswürdigkeiten; diese Etappe durch das Vorland des Böhmerwaldes (Sumava) ist typisch für Böhmen. Der Verkehr ist überwiegend gering, die Steigungen mit zwei, drei Ausnahmen maßvoll.

Verlassen Sie Bavorov (440 m), indem Sie der 142 nach Netolice folgen. Die Strecke führt durch viele kleine Wälder, an Teichen und Wiesen vorbei. An der Ortsgrenze vor Netolice stoßen Sie auf die kreuzende 145. Zweigen Sie auf selbige gen Prachatice ab. Nach 1300 m erreichen Sie rechter Hand die Zufahrt zum verdeckt liegenden Schloß Kratochvíle (der entsprechende Hinweis ist ebenfalls verdeckt).

Das Renaissance-Schloß **Kratochvíle** (Kurzweil) in Südböhmen gehörte zu den kleineren Objekten der Rosenbergs. Nach einer Bauzeit von nur sechs Jahren war es 1589 fertiggestellt worden. Trotzdem haben die italienischen Baumeister den Details viel Aufmerksamkeit geschenkt, was man an den Stuckverzierungen und Deckengemälden noch erkennen kann. Die Fassadengemälde hingegen harren noch der Restaurierung, und auch die wasserlosen Schloßgräben machen einen desolaten Eindruck. All dies aber wird von den bunten Eindrücken innerhalb des Schlosses überlagert, wo seit den 30er Jahren ein "Museum des Puppen- und Zeichentrickfilms" untergebracht ist. Ein wahres El Dorado für Kinder, das Schloß ist reine Nebensache. Besichtigungen: April-Sep Di-So 9-12 u. 13-16 Uhr; Mai-Aug Di-So 8-12 u. 13-17 Uhr; Okt Di-So 9-12 u. 13-17 Uhr.

Nach der Visite von Kratochvíle radeln Sie auf der 145 zurück in Richtung České Budějovice und zweigen rechts ab beim Hinweis Lhenice/Netolice. Über den Marktplatz von Netolice (450 m, km 15) fahren Sie in südlicher Richtung auf der 142 weiter. Nach ca. 1 km passieren Sie rechter Hand die Zufahrt zum Camping "Podroužek" (1.6.-30.9., friedlich, viel Wiese, mit Badesee). Nach einem weiteren Kilometer biegen Sie links ab nach Dobčice. Eine mäßig ansteigende, angenehm zu radelnde Strecke durch Felder, Wiesen, Wälder und Obstbaumspaliere liegt vor Ihnen. In Dobčice folgen Sie dem Hinweis Dubne, in Zábori dann dem Hinweis Holašovice. Dieser friedliche Ort hat sich mit seinen Häusern im Stil des sog. Bauernbarocks das Gesicht eines ländlichen Dorfes des 19. Jahrhunderts bewahren können. Anschließend folgt ein Anstieg bis zur Kreuzung, an der Sie links nach Č. Budějovice abzweigen, um dann geradewegs bis Křemže (540 m, km 38) zu radeln.

Von Křemže aus fahren Sie südlich weiter über Holubov, Třísov (woran sich eine ca. 1000 m lange, kräftige Steigung anschließt) und Plešovice und zweigen beim Hinweis nach Zlatá Koruna links ab.

Zlatá Koruna (Goldenkron), Südböhmen, 480 m, so heißt der an der Moldau gelegene kleine Ort mit dem gleichnamigen Zisterzienser-Kloster an seiner Seite. Nachdem die Hussiten das Kloster 1420 in Schutt und Asche gelegt hatten, gingen über zwei Jahrhunderte ins Land, bevor die Ruine mit barocken Adaptionen wiederaufgebaut wurde. Dennoch ist das Kloster weitgehend in seiner ursprünglichen gotischen Form erhalten. Die gotische Marienkirche im Mittelpunkt der Klosteranlage stellt ein düster-beeindruckendes Interieur zur Schau, im gewaltigen Chor erinnert ein Kenotaph (leeres Grabmal) an den Klostergründer König Ottokar.
Besichtigungen: Di-So, 9-16 Uhr (Kloster) bzw. 9-16.30 Uhr (Kirche).
Camping: weiträumiger, gepflegter Biwakplatz hinter der Holzbrücke am Moldau-Ufer, sehr beliebt bei Kanuwanderern.

Überqueren Sie die Moldau auf der Holzbrücke und fahren Sie rechts auf der Asphaltstraße bis Rájov, wo Sie rechts auf die verkehrsreiche 159 nach Český Krumlov einbiegen. Sie erreichen den Ort nach 5 km (davon 2 km Anstieg).
(*In Gegenrichtung:* Verlassen Sie Český Krumlov auf der 159 in Richtung Č. Budějovice, und biegen Sie hinter der Moldaubrücke nach Zlatá Koruna ab. Radeln Sie nach dem Klosterort weiter über Křemže in Richtung Netolice. 8 km hinter Křemže biegen Sie ab nach Holašovice und fahren über Zábori und Dobčice nach Netolice. Nachdem Sie den Ort durchquert haben, folgen Sie zunächst dem Hinweis Prachatice, dann dem nach Bavorov. Schloß Kratochvíle erreichen Sie, wie oben beschrieben, über die 145.)

Český Krumlov (Krumau), Südböhmen, 540 m, 14.000 Ew., besitzt eine malerische Lage beiderseitig der sich hier stark krümmenden Moldau (daher der Name Krumau = "krumme Au") am Fuß des Plansker-Wald-Gebirges (Blanský les). Die UNESCO hat Český Krumlov unter ihre schützenden Fittiche genommen und restauriert die Altstadt für die Nachwelt. Noch ist die Stadt dabei weit vom Idealzustand entfernt.
Für gut drei Jahrhunderte war Krumau im Besitz der Rosenbergs (1302-1611), des mächtigsten Feudalgeschlechts Südböhmens. Von ihrem Schloß aus regierten sie ihr böhmisches Wirtschaftsimperium und ließen zugleich im benachbarten Böhmerwald Silber abbauen. Weil es den Rosenbergs finanziell gar so gut ging, ließen sie die Burg ständig aus- und umbauen, bis daraus schließlich nach der Prager Burg die zweitgrößte Schloßanlage der Tschechoslowakei entstanden war. Als die Silberminen erschöpft waren, verkauften die Rosenbergs das Schloß an Rudolf II., der schenkte es dem Eggenberg, der ihn im Dreißigjährigen Krieg unterstützt hatte, und dieser vererbte es den Schwarzenbergs. Jenen blieb es vorbehalten, das Schloß im 18. Jh. einem barocken Face-Lifting zu unterwerfen. Als besonders sehenswert gelten heute der Maskensaal des Schloßes mit seinen plastisch wirkenden Malereien und das Schloßtheater mit den barocken Dekorationen und einem erhalten gebliebenen Bühnenmechanismus - eine Rarität in Europa. (Besichtigungen: Mai-Aug 8-12 u. 13-17 Uhr; Sep 9-12 u. 13-17 Uhr; Apr/Okt 9-12 u. 13-16 Uhr; montags jeweils geschlossen).
Von der einstigen Vorburg Latron, dem ältesten Stadtteil Český Krumlovs, führt eine hölzerne Moldaubrücke in die Altstadt. Dort säumen mit Sgraffiti und Fresken geschmückte Renaissancehäuser den Marktplatz (nám. Svornosti), bilden das Renaissance-Rathaus, die gotische St.-Veits-Kirche und das Stadtmuseum sehenswerte Eckpunkte eines Ensembles mittelalterlicher Häusergassen.
Hinweis: Ideal wäre es, Český Krumlov außerhalb der Saison, am besten im Mai oder Oktober, zu besuchen, denn der vielzitierte, malerische Charme des Städtchens geht in den Sommermonaten beim Ansturm der Besuchermassen völlig perdu.
Information: ČEDOK, am Marktplatz, (0337) 2062, 3444.
Unterkunft: Turistická ubytovna (Touristenherberge), Panská ul., beim Marktplatz.
Camping: Biwakplatz, 1.5.-31.10., 2 km südlich, an der Straße nach Větřní, beliebt bei Kanuwanderern.

Kartenskizze Etappen 33 - 36

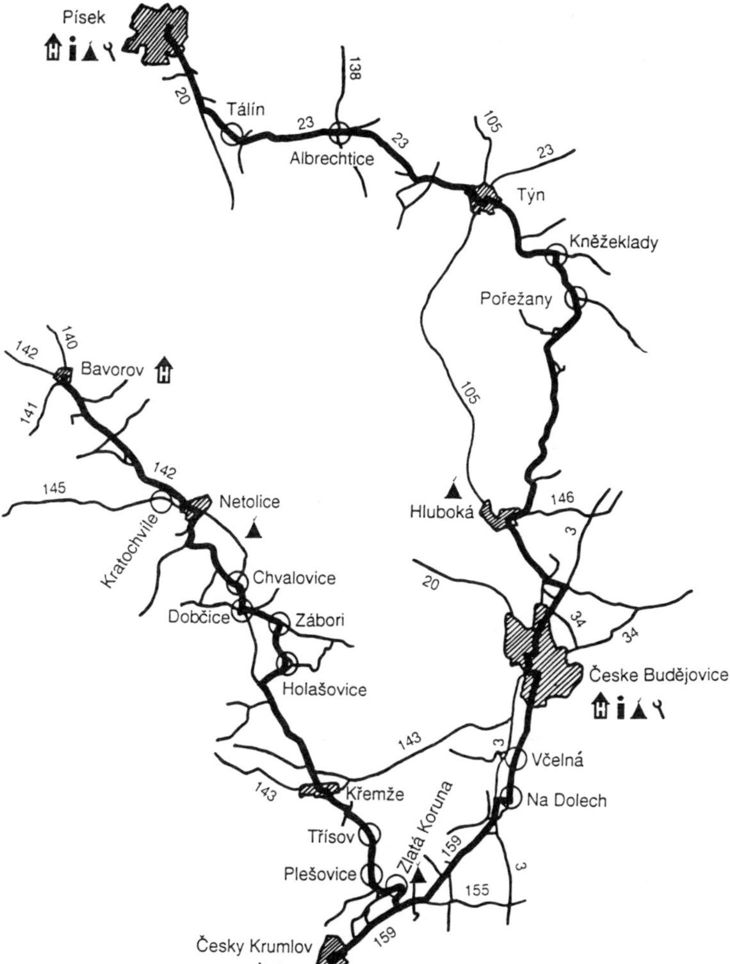

Etappe 34:
Český Krumlov - Včelná - Českě Budějovice (23 km)

Eine relativ leicht zu bewältigende, aber überwiegend verkehrsreiche Kurzetappe. Unspektakuläres Verbindungsstück.

Radeln Sie von Český Krumlov aus auf der 159 und später der 3 in Richtung Českě Budějovice. Wenn Sie sich auf der 3 befinden, biegen Sie nach einem Kilometer rechter Hand ab und steuern auf der Nebenstraße über Včelná geradewegs auf das Altstadt-Zentrum von Českě Budějovice zu.
(*In Gegenrichtung:* Verlassen Sie Českě Budějovice südlich der Altstadt auf der Lidická-Straße nach Včelná. Biegen Sie hinter Na Dolech auf die 3 in Richtung Kaplice und anschließend auf die 159 nach Č. Krumlov.)

Českě Budějovice (Budweis), Südböhmen, 400 m, 95.000 Ew.
Wer "Budweis" sagt, der meint meist Bier. Bei den hartgesottenen Biertrinkern Prags ist das allerdings eher ein Schimpfwort: Budweiser, oder Budvar wie es auf tschechisch heißt, geht bei ihnen gerade noch als leichtes "Damenbier" durch. Also vergessen wir das Bier, die Budvar-Brauerei gehört ohnehin nicht zum Kreis der Besichtigungsobjekte. Doch auch nüchtern betrachtet bietet die unter Denkmalsschutz stehende Stadt am Zusammenfluß von Moldau und Maltsch (Malše) einiges an Sehenswertem. ČEDOK erhebt Budweis gar, ebenso plakativ wie übertrieben, zum "böhmischen Florenz".
Immerhin: Der quadratische Marktplatz wird als einer der größten (133 x 133 m^2) und schönsten der Tschechoslowakei gerühmt. Er trägt den Namen des Stadtvaters Ottokar II. Der Přemyslidenkönig gründete Budweis 1265 als Gegengewicht zum übermächtig werdenden Feudalgeschlecht der Rosenbergs (die saßen im unweit gelegenen Český Krumlov) und stattete die Stadt mit Privilegien aus. Eines war der Stapelzwang, der allen Handelsreisenden, die auf der Salzstraße von Linz nach Prag unterwegs waren, die Pflicht auferlegte, ihre Waren für drei Tage in Budweis anzubieten. Das förderte die Stadtentwicklung ungemein. Dem machten im 17. Jh. der Dreißigjährige Krieg und unheilvolle Feuersbrünste ein Ende. Doch die Habsburger ließen ihre erzkatholischen, getreuen Budweiser nicht im Stich und investierten großzügig in den Wiederaufbau. 1832 fuhr dann die erste Pferdeeisenbahn der Welt von Budweis nach Linz und brauchte für die 129 km nur einen Tag. Da nur ein Gleis verlegt war, vollzogen sich Zugbegegnungen auf offener Strecke ziemlich kompliziert.
Zurück zum Marktplatz. Aufmerksamkeit zieht der 17 m durchmessende Samson-Brunnen auf sich (1727); er war einst die einzige Wasserstelle der Stadt und ist bis heute der größte steinerne Brunnen der Tschechoslowakei. Der "Platzhirsch" aber ist das barock umgebaute, dreitürmige Rathaus (1727). Die ebenfalls liebevoll restaurierten Bürgerhäuser mit ihren Gotik-, Renaissance- und Barockfassaden und den gemütlichen Laubengängen waren samt und

sonders in deutscher Hand. Bis zum Ende des 19. Jh. hatte es kein Tscheche vermocht, ein solches Haus zu erwerben. Wer an der Nordostecke des Marktplatzes die 360 Stufen des Schwarzen Turmes (unten Gotik, oben Renaissance; geöffnet Di-So 9-17 Uhr) genommen hat, kann aus 72 m Höhe den Blick über Stadt und Land schweifen lassen. Der Turm fungierte als Glockenturm der benachbarten St.-Nikolaus-Kathedrale (urspr. gotisch, 1649 barock restauriert). Am Nebenarm der Moldau liegt das älteste Bauwerk der Stadt: Im Jahr der Stadtgründung hatte König Ottokar II. dort ein Dominikanerkloster mit einer Marienkirche gestiftet.
Was es noch zu sehen gibt: die wuchtigen Überreste der Stadtbefestigungen (14. Jh.), das Salzhaus (1531), das Südböhmische Museum in der Dukelská (Di-So 9-12 u. 13-16 Uhr).

Telefonvorwahl: 038.
Information: ČEDOK, Žižkovo nám.
Unterkunft: CKM (vermittelt Unterkünfte im Studentenwohnheim), Osovobzeni 14, Tel. 361 38.
Camping: "Stromovka", 1.4.-31.10., am südwestlichen Stadtrand, 1 km vom Zentrum entfernt, Tel. 288 77; "Dlouhá Louka", 1.5.-30.9., Nachbarplatz von "Stromovka", Tel. 383 08.
Fahrradservice: Rudolf Strnad, Rudolfská 18; Sport-Shop FUKA, Fráni Šrámka 1.

Schloß Frauenberg in Hluboká nad Vltavou

Etappe 35:
České Budějovice - Hluboká - Pořěžany - Týn (40 km)

Könnten Fahrräder schwimmen, ließe sich diese Etappe mühelos auf der Moldau zurücklegen, denn die fließt mit kontinuierlichem Gefälle durch die drei wichtigsten Orte dieser Etappe. Die Straße hingegen entfernt sich südlich Hlubokás vom Lauf der Moldau, um durch ein bergiges Waldgebiet zu führen. Bei soviel Eigensinn sind einige kräftige Steigungen unvermeidbar. Autos machen sich rar.

Verlassen Sie České Budějovice auf der nördlichen Ausfallstraße nach Prag (die Straße heißt auch "Prazská"). Nach 4 km folgen Sie dann den Hinweisen nach Hluboká. Bereits hinter Hrdějovice sehen Sie auf einem bewaldeten Hügel Schloß Hluboká vor sich liegen. Die insgesamt 13 km bis dorthin sind angenehm zu radeln.

Hluboká nad Vltavou (Frauenberg), Südböhmen, vermittelt dem Besucher eine eindringliche Vorstellung von den Reichtümern, die sich bei manch böhmischem Adelsgeschlecht geradezu angehäuft hatten.
Das nette Wort Frauenberg leitet sich vom weniger netten Wort Fronburg her. Heute erinnert das Schloß in nichts an diese (zumindest semantisch) grimmige Zeit seiner Entstehung (13. Jh.). Vielmehr präsentiert es sich den jährlich 300.000 Besuchern als eine beeindruckende Mischung aus Windsor Castle und Neuschwanstein. Im 19. Jh. veranlaßten die Schwarzenbergs den Umbau des Barockschlosses im Tudorstil der Engländer, die Innenräume beließen sie dabei im Renaissancestil. In zwölf Dutzend (=144) wahrlich nicht kärglich ausgeschmückten Sälen, von denen etwa ein Drittel zugänglich sind, werden vorgeführt: zeitgenössische Möbel, böhmisches Glas, sächsisches Silber, Waffen und Rüstungen sowie einige Dutzend der wertvollsten Gobelins des Landes - im 17. Jh. in Holland und Flandern hergestellt. Vor allem aber beherbergt Schloß Hluboká eine Doppel-Galerie wertvoller Gemälde. Zu den ca. 900 Bildern in den Schloßsälen gesellt sich in der angegliederten Reitschule die Aleš-Galerie. Mit 1000 Exponaten südböhmischer Künstler ist sie nach der Prager Nationalgalerie die zweitgrößte Böhmens.
Nach so vielen Exponaten tut es dann gut, sich außerhalb des Schlosses noch ein Stündchen im englischen Landschaftspark zu entspannen.
Besichtigungen: Mai-Aug Di-So 8-17 Uhr; Sep Di-So 9-17 Uhr; April/Okt Di-So 9-16 Uhr; alle zehn Minuten starten 40-minütige Führungen.
Camping: "Křivonoska", 15.5.-30.9., 5 km nördlich an der 105, Tel. Hluboká 965285.

Begeben Sie sich nach der Visite von Hluboká wieder auf das rechte Moldau-Ufer, und biegen Sie am östlichen Ortsrand links ab nach Poněšice. Folgen Sie über Kostelec, Pořěžany, Kněžeklady und Hněvkovice den Hinweisen nach Týn. Diese Strecke ist sehr verkehrsarm, aber vor allem im Bereich Kostelec/Pořěžany recht anstrengend (Höhendifferenz 100 m).

Hinweis: In Pořěžany besteht die Möglichkeit, direkt an Etappe 39 anzuknüpfen, ohne zuvor ganz bis nach Týn radeln zu müssen.

Týn n. Vlt. (400 m) ist eine dieser grauen, reizlosen Unstädte, die man eigentlich nur bald wieder verlassen kann.

(*In Gegenrichtung:* Fahren Sie innerhalb von Týn zunächst ein Stück in nördlicher Richtung gen Tábor, überqueren Sie die Moldau und biegen hinter der Brücke rechts nach Hněvkovice ab. Achtung: Es gibt den Ort Hněvkovice zweimal, Sie müssen zu dem Hněvkovice *nördlich* der Brücke abzweigen! Folgen Sie dann den Hinweisen nach Pořěžany und Hluboká.)

Etappe 36:
Týn - Albrechtice - Písek (27 km)

Die erste Hälfte dieser Etappe führt allmählich bergan und dabei häufig durch Wald. Dann öffnet sich die Landschaft für die zweite Hälfte der Strecke zu einer harmonischen, sanfthügeligen Ebene. Moderate Autobegleitung.

Überqueren Sie in Týn die Moldau in südlicher Richtung gen Č. Budějovice und biegen Sie hinter der Brücke rechts ab auf die nach Písek führende 23. Die 23 ist wenig bis mäßig befahren, allerdings gibt es einige Lastwagen. Auf den ersten 14 km gewinnen Sie über Neznašov, Újezd und Albrechtice 120 m an Höhe. Anschließend fällt die Straße wieder ab und mündet hinter Tálín in die 20, die Sie nach Písek bringt.

(*In Gegenrichtung:* Verlassen Sie Písek auf der 20 in Richtung Č. Budějovice und zweigen Sie nach 5 km links ab nach Týn.)

Etappe 37:
Ledeč - Želiv - Nova Cerekev - Černovice - Tábor (84 km)

Wälder, Wiesen, Felder - Obstbäume am, und Hügel unter dem Asphalt; einmal mehr wird das bekannte Landschaftsthema reizvoll variiert. Diese Etappe führt dabei durch das weite Hügelland der Böhmisch-Mährischen Höhe (Českomoravská vrchovina), dessen tiefster Etappenpunkt bei 390 m (Želiv) liegt, der höchste hingegen bei 680 m (zwischen N. Cerekev und Černovice). Einige kräftige Steigungen gehören schon dazu, aber auch nahezu flache Abschnitte. Der Verkehr ist gering.

Verlassen Sie Ledeč auf der 18 nach Čechtice. Direkt hinter dem Marktplatz von Ledeč beginnt ein 1600 m langer Anstieg, wobei Sie 120 Höhenmeter wettmachen. Wenn Sie diese Anhöhe erreicht haben, nehmen Sie die linke der drei vor

Ihnen liegenden Straßen. Es ist die 130 in Richtung Humpolec. Radeln Sie nun über Hojanovice in Richtung Želiv, wobei Sie die Autobahn Prag-Brünn überqueren. 1 km vor Želiv fädeln Sie sich geradeaus auf die 129 ein und sind nach insgesamt 23 km in Želiv (390 m) an der Želivka.

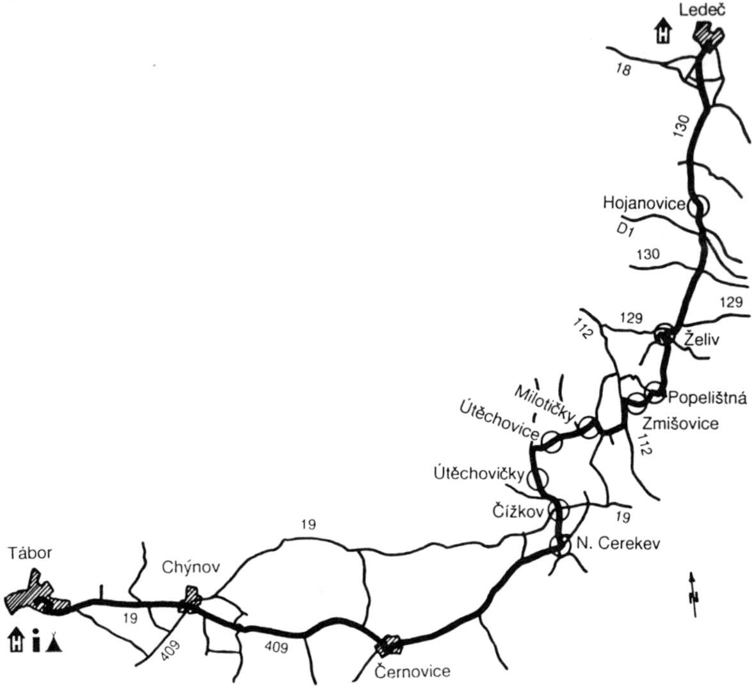

Fahren Sie weiter nach Brtná, und zweigen Sie anschließend rechts ab nach Č. Řěčice. 700 m nach diesem Abzweig biegen Sie im Ort Popelistná links (bei einem Garten-Imbißlokal) ab nach Zmišovice (keine Beschilderung). Hinter diesem Dorf biegen Sie, erneut links, auf die 112 ein, die Sie beim Hinweis Hořepnik wieder verlassen. Bleiben Sie diesem Hinweis treu, bis Sie hinter Útěchovice nach Čižkov abzweigen.

In Čižkov vollführen Sie einen Links-Rechts-Schlenker über die 20 und radeln weiter nach Nova Cerekev (Südböhmen, 580 m, km 46). Vor der halbverfallenen Kirche des Ortes biegen Sie rechts ab nach Moraveč. Wenn Sie auch dieses Dorf passiert haben, folgen Sie den Hinweisen nach Černovice (590 m, km 60). Von dort radeln Sie weiter auf der 409 in Richtung Tábor und biegen bei Chynov auf die 19 ein, die Sie, am Campingplatz "Knížeci rybnik" vorbei, nach Tábor führt.

(*In Gegenrichtung:* Verlassen Sie Tábor auf der 19 in Richtung Pelhřimov, und biegen Sie nach Černovice auf die 409 ab. Ab Černovice folgen Sie den Hinweisen nach N. Cerekev und radeln anschließend über Čižkov, Útěchovičky und Útěchovice weiter. Hinter Milotičky biegen Sie nach Pelhřimov ab, radeln ein Stück über die 112 in Richtung Vlašim und biegen ab nach Zmišovice. In Popelistná biegen Sie zunächst rechts ab nd folgen dann dem Hinweis nach Želiv. Wenn Sie die aus dem Ort herausführende 12%ige Steigung hinter sich haben, beschreibt die 129 nach dem Hinweis Humpolec eine Rechtskurve, fahren Sie an dieser Stelle auf der nicht ausgeschilderten Nebenstraße geradeaus weiter - bis Ledeč.)

Tábor, Südböhmen, 442 m, 34.000 Ew.
Am Anfang stand ein Zeltlager der Hussiten. Aus dem entwickelte sich die nach dem biblischen Berg Tabor benannte Festungsstadt. Jan Hus, der religiös-soziale Radikalreformer und Führer der Hussiten, hat die Gründung von Tábor im Jahr 1420 nicht mehr erlebt: er war fünf Jahre zuvor in Prag hingerichtet worden. Wer in die christliche Kommune aufgenommen werden wollte, mußte zunächst seinen Besitz in einen der neben der Kirche aufgestellten Tröge legen, auf daß sich eine biblische Gleichheit aller einstellen möge. An den beiden Steintischen, die noch heute auf dem Marktplatz vor dem Museum stehen, wurde das Abendmahl gespendet.
Bis ins 17. Jh. hinein ließen die Hussiten kaum eine Gelegenheit aus, um gegen Katholizismus, Deutschtum und Feudalismus zu streiten. 1621 fiel ihre Stadt als letzte Bastion der aufständischen Protestanten den Habsburgern in die Hände. Aus diesen Zeiten stammt Tábors unterirdisches Gängelabyrinth, von dem ein Teil besichtigt werden kann (Zugang vom Hussitenmuseum im Rathaus: Di-So 8-16.45 Uhr).
Das Denkmal auf dem Marktplatz (Žižkovo nám.) stellt den auf einem Auge blinden, aber dennoch als "genial" gerühmten Heeresführer der Hussiten Jan Žižka dar. Die Dechanatskirche (77 m hoher Turm) und einige sehr schöne Renaissance-Häuser komplettieren den Platz, hinter dem die von den Zeitläufen unberührten, mittelalterlichen Wohngassen liegen. Ihre verwinkelte Architektur sollte eingedrungenen Feinden die Orientierung erschweren.
Bis auf den heutigen Tag ist Tábor in der Tschechoslowakei die Hochburg der Protestanten geblieben. Trotz aller Anstrengungen konnte der Katholizismus hier nur wenige Anhänger gewinnen.
Information: ČEDOK, tř. 9, května 1282, Tel. (0361) 22494.
Unterkunft: Hotel "Slovan", třida 9 května, (0361) 23697; Touristenherberge "TJ Vodní Stavby", Pinkova 2101, Tel. (0361) 24126, Hinweise ab dem westlichen Stadttor nach Bechyně.
Camping: "Knížeci rybnik", ganzjährig geöffnet, 3 km östlich, an der 19 in Richtung Pelhřimov, Tel. (0361) 22480; "Malý Jordán", 15.5.-15.9., 2 km nördlich am Jordán-Teich (1492 zur Wasserversorgung angelegt, älteste Talsperre Böhmens), Tel. (0361) 2103.

Etappe 38:
Tábor - Želeč - Sudoměřice - Týn (40 km)

Schön, schön: Weizen, Mais und Apfelbäume, grüne Hügel, Mischwälder; nur daß die Landschaft hier nicht ganz so "unberührt" ist wie anderswo. Der Verkehr schwankt zwischen wenig und mäßig, besondere Steigungen sind nicht zu vermelden. Angenehme Etappe.

Verlassen Sie Tábor auf der 137 nach Týn, die südwestlich der Altstadt beginnt. An der Stadtgrenze biegen Sie beim Hinweis Želeč/Lom auf die Nebenstraße ab. Folgen Sie in Želeč dann dem Hinweis nach Hlavatce, dort radeln Sie rechter Hand weiter nach Vyhnanice und von dort nach Sudoměřice. Von hier aus führt Sie die 137, die später in die 23 übergeht, nach Týn. In Březnice kommen Sie dabei übrigens an einem kleinen Freibad vorbei.

(*In Gegenrichtung:* Verlassen Sie Tyn auf der 23 nach Tábor. Hinter Sudoměřice biegen Sie von der nach Sobešlav führenden 135 beim Hinweis Vyhnanice links ab. Über Želeč und Lom erreichen Sie Tábor.)

Etappe 39:
Týn - Ševětín - Lomnice - Třeboň (44 km)

Diese Etappe ist ein landschaftlicher Zweiteiler: Während es zunächst auf birkengesäumter Straße über eine offene Hügellandschaft geht, bestimmt östlich von Ševětín die weitgehend ebene, bewaldete Teichlandschaft des Wittingauer Bekkens den Etappencharakter. Besonders reizvoll und verkehrsarm ist dabei die erste Hälfte, gemütlicher die zweite.

Fahren Sie innerhalb von Týn zunächst ein Stück in nördlicher Richtung gen Tábor, überqueren die Moldau und biegen hinter der Brücke rechts nach Hněvkovice ab. Achtung: Es gibt den Ort Hněvkovice zweimal, Sie müssen zu dem Hněvkovice *nördlich* der Brücke abzweigen! Folgen Sie dann den Hinweisen nach Pořěžany. Bevor Sie diesen Ort erreichen, müssen Sie hinter Kněžeklady auf einer stetigen Steigung 130 Höhenmeter wettmachen. Bis Sěvětin (480 m) geht es dann mal rauf (520 m) und mal runter (440 m).

In Ševětin biegen Sie auf dem Marktplatz links nach Lomnice ab, es gibt hier zwar keinen Hinweis, aber auch nur eine in Frage kommende Straße. Östlich von Ševětin ist die Landschaft so gut wie flach und führt auf einem Niveau von 420-440 m durch die Teichlandschaft um Třeboň. In deren Wälder wachsen reichlich Heidelbeeren. In Lomnice müssen Sie rechts auf die mäßig befahrene 150 nach Třeboň abzweigen. Biegen Sie 5 km weiter dann links nach Přeseka ab. Den Kanov-Teich umrundend gelangen Sie über Břilice nach Třeboň.

Kartenskizze Etappen 38 & 39

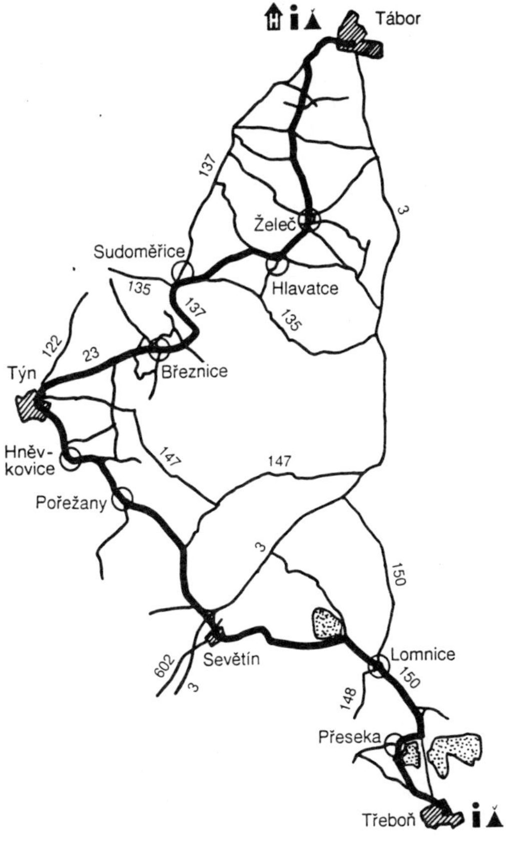

(*In Gegenrichtung:* An der Kreuzung der Ausfallstraßen 34 und 150 - nördlich der Třeboňer Altstadt - nehmen Sie linker Hand den Abzweig nach Brilice. Hinter Přeseka stoßen Sie auf die 150 nach Lomnice. Dort überqueren Sie zunächst den Marktplatz, um dann dem Hinweis Ševětin zu folgen. Durchqueren Sie Ševětin in Richtung Tábor, und überqueren Sie anschließend die 3/E55. Radeln Sie über Pořěžany nach Týn.
Hinweis: Sie können in Pořěžany an Etappe 35 knüpfen, ohne ganz bis nach Týn radeln zu müssen.)

Třeboň (Wittingau), Südböhmen, 433 m, 9.000 Ew., liegt inmitten einer einzigartigen Teichlandschaft, über die seit 1979 die UNESCO ihre schützenden Fittiche legt. Zwischen dem 13. und 16. Jahrhundert wurden zur Entwässerung des sumpfigen Südböhmens Tausende von Fischzuchtteichen angelegt, die durch ein System von Kanälen miteinander verbunden wurden. Es gab regelrechte Teichbaumeister, und die Teichwirtschaft wurde ein bedeutender Erwerbszweig in Böhmen. Der größte dieser Teiche ist der nördlich von Třeboň gelegene Rožmberk, der jährlich an die 1000 Tonnen Silvesterkarpfen liefert. Beliebt sind die Teiche als Freizeit- und Erholungsziele.

Třeboňs Geschichte wurde bis zum 17. Jh. von einem der mächtigsten Adelsgeschlechter in der Geschichte Böhmens, den Rosenbergs, bestimmt. Sie hinterließen dem Städtchen ein klotziges Renaissance-Schloß, das ein Fünftel der Ortsfläche einnimmt (Besichtigungen: April/Okt Sa/So 9-16 Uhr; Mai-Aug tägl. 8-16 Uhr; Sep Di-So 9-16 Uhr). In einem Park hinter dem Rybnik Svět (Welt-Teich) haben die Nachfolger der Rosenbergs, die Schwarzenbergs, sich ein düster-beeindruckendes, neugotisches Mausoleum mauern lassen.

Information: ČEDOK, nám. J. Fučíka 102, Tel. (0333) 2433.

Camping: "Domanín", 1.5.-30.9., 2 km südwestlich am Teich Opatovicky, neben der 155 nach Borovany, in der Saison sehr beengt, Tel. (0333) 2586.

Etappe 40:

Třeboň - Stráž - Jindřichův Hradec - Žirovnice (48 km)

Bis Plavsko führt diese Etappe durch die verträumte, flache Teichlandschaft des Wittingauer Beckens (Třeboňská pánev). Dem folgt ein dünn besiedelter, sanft hügeliger Landstrich, der kaum weniger reizvoll ist. Auf den Nebenstrecken macht sich der Verkehr auffallend dünn.

Verlassen Sie Třeboň in nördlicher Richtung in Richtung Brno/Jindřichův Hradec. Nach fünf verkehrsreichen Kilometern auf der 34, auf der Sie die Randspur als Radweg benutzen können, biegen Sie in Stara Hlína rechts ab nach Střibřec.

Dort angekommen radeln Sie weiter nach Stráž n. Než., wo Sie zunächst einen Rechts-Links-Schlenker über die 34 vollziehen und dann über den Marktplatz hinweg nach Plavsko weiterradeln. Sofort hinter diesem Ort erwartet Sie die einzige bemerkenswerte Steigung der Etappe: ca. 200 m à 14 %. Folgen Sie im weiteren Verlauf den Hinweisen nach J. Hradec, bis Sie dort nach 28 km eintreffen.

Jindřichův Hradec (Neuhaus), Südböhmen, 478 m, 20.000 Ew.

Das Leben verläuft an langen Fäden in Jindřichův Hradec. Die Stadt lebt von der Flachs- und Baumwollverarbeitung, aber auch der Herstellung von Wandteppichen. Auf der Oberfläche des Vajgar-Teiches spiegelt sich die Burg, die der Wittigone Heinrich sich um 1220 als "Neuhaus" errichten ließ. Damals be-

stand eine zünftige Burg noch aus einem Steinunterbau mit hölzernen Aufbauten. In den folgenden Jahrhunderten war die ursprünglich romanische Burg dann ein Objekt ständiger Um- und Anbauten, bis sie schließlich in der zweiten Hälfte des 16. Jh. zum Renaissanceschloß gediehen war. Insgesamt ist das mächtige Schloß nun eine Architektursammlung mit Bauteilen aller Stilepochen von Romanik bis Barock. Im Schloßarchiv wird die größte Handschriftensammlung Mitteleuropas aufbewahrt, die Schloßgalerie kann auch mit Gemälden einiger bekannter Barockkünstler aufwarten, in der Georgskapelle erzählen gotische Fresken die Georgslegende nach. Allerdings ist noch offen, wann all dies auch wieder besichtigt werden kann...
Sehr ansehnlich ist der Marktplatz mit einer obeliskförmigen Mariensäule, bürgerlichen Renaissance- und Barockhäusern, zwei gotischen sowie einer barokken Kirche.

Information: ČEDOK, Palackého 136/1, Tel. (031) 2774.

Unterkunft: Hotel "Grand", am Marktplatz, Tel. (031) 3246; Hotel "Vaygar", ebenfalls am Marktplatz, Tel. (031) 172.

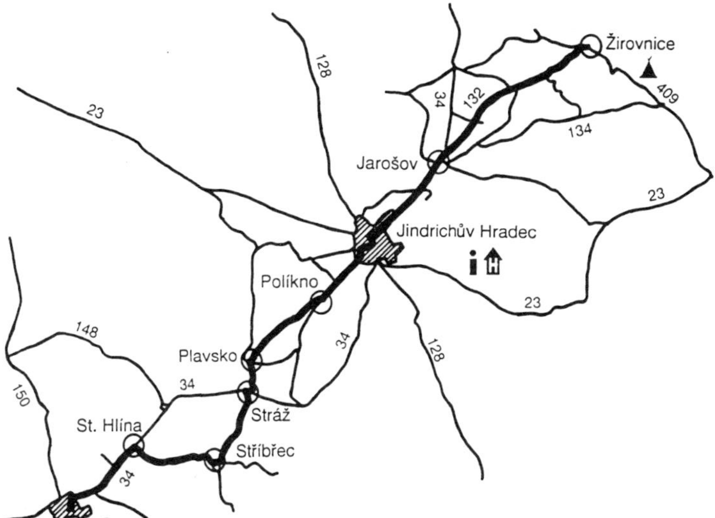

Verlassen Sie J. Hradec auf der 34 nach Kamenice. Radeln Sie auf der asphaltierten Randspur bis Jarošov, wo Sie beim Hinweis Žirovnice rechts auf die 132 abzweigen. Nach 12 km angenehmer Fahrt erreichen Sie **Žirovnice** (**Camping:** "Panistávka", 15.6.-15.9., 1½ km südöstlich, ruhige Lage am Badeteich, auch in der Saison nicht überfüllt).

(*In Gegenrichtung:* Verlassen Sie Žirovnice auf der 132 und folgen Sie den Hinweisen nach J. Hradec. Dort angekommen, folgen Sie zunächst den Hinweisen nach Buk - wobei Sie am Schloß vorbeiradeln - um dann geradeaus nach Plavsko zu fahren. Über Stráž und Stříbřec radeln Sie dann nach Třeboň.)

Kartenskizze Etappen 41 & 42

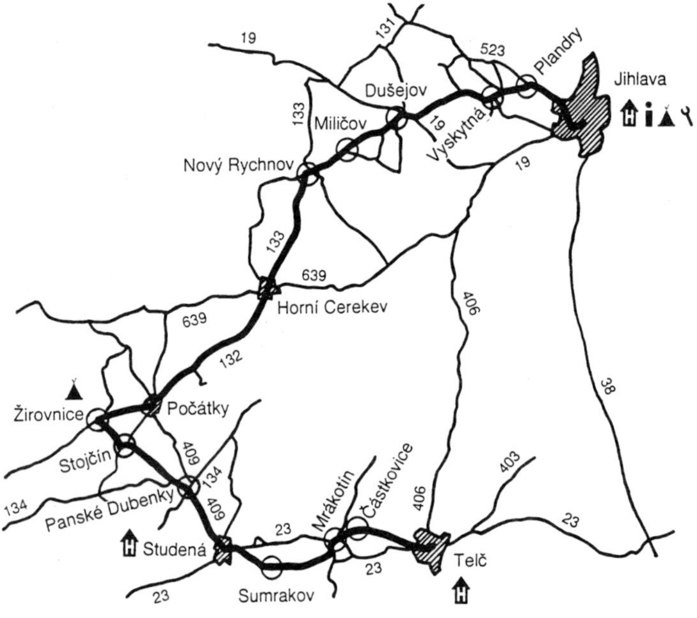

Etappe 41:
Žirovnice - Studená - Mrákotín - Telč (25 km)

Das Hügelland der Böhmisch-Mährischen Höhe steckt den landschaftlichen Rahmen dieser Etappe ab. Wälder, Weiden, Äcker und Spalierobst, dazu moderate Steigungen und wenig Verkehr machen daraus eine nette Radelstrecke.

Verlassen Sie Žirovnice auf der Nebenstraße nach Stojčín. Nach 1½ km passieren Sie die Zufahrt zum Camping "Panistávka". Über Prostý stoßen Sie in Panské Dubenky auf die 409, auf der Sie bis Studená (**Unterkunft:** Hotel "Javořice") radeln.
Von Studená fahren Sie ein Stück auf der 23 in Richtung Telč und verlassen diesen südmährischen "Highway" nach 1 km beim Hinweis Sumrakov wieder. Von

dort radeln Sie nach Mrákotín, wo Sie rechter Hand für ein kurzes Stück erneut die 23 unter den Pneus haben, um dann sogleich dem Hinweis Rásná und anschließend dem nach Částkovice zu folgen. Auch diese Nebenstraße mündet hinter Hostětice wieder auf die 23, auf der Sie nun den letzten Kilometer bis Telč zurücklegen.
(*In Gegenrichtung:* Verlassen Sie Telc auf der 23 in Richtung Jindřichův Hradec, zweigen Sie rechts ab nach Hostětice. "Überqueren" Sie in Mrákotín die 23 nach Praskolesy. Ab Studená folgen Sie den Hinweisen nach Žirovnice.)

Telč (Teltsch), Südmähren, 470 m, 7.000 Ew., besitzt einen kleinen, aber feinen historischen Stadtkern, der aus einer Straße mit zwei Festungstoren und einem Marktplatz mit Schloß besteht. Die beiden Teiche, die den Stadtkern umgeben, wurden als Teil der Stadtbefestigung angelegt.
Ohne die Feuersbrunst von 1530 stünde Telč heute wohl nicht in dem Ruf, schönstes mittelalterliches Städtchen Böhmens oder gar der Tschechoslowakei zu sein. Der kunstsinnige Fürst Zacharias sorgte beim Wiederaufbau der Stadt dafür, daß die "Neubauten" am Marktplatz ein einheitliches Ensemble (gotisch, Renaissance) bildeten. Sie sollten zu seinem ebenfalls im Renaissancestil restaurierten ursprünglich gotischen Schloße passen. Seit dem 16. Jh. hat sich das Stadtbild dann praktisch nicht mehr verändert, das Barockzeitalter konnte in Telč nur noch die Gestaltung der Dachgiebel beeinflußen.
Das Schloßinnere hält für das Auge des Besuchers etliche Säle bereit, deren Ausstattung von den prunkenden Palästen inspiriert ist, die den Schloßherrn auf seinen Reisen durch Italien so sehr beeindruckt hatten.
Besichtigung: Mai-Aug Di-So 9-12 u. 13-17 Uhr; Apr/Sep/Okt Di-So 9-12 u. 13-16 Uhr.
Vom Turm der dem Schloß benachbarten, gotischen Jakobskirche läßt sich Telč überblicken - sofern der Turm geöffnet ist.
Unterkunft: Privatpension Jiří Šenigl, am Marktplatz nám. Zachariáše z Hradce 11, Tel. 962406 (4-Bett-Zimmer, pro Pers. 15 DM m. Frühst.); Hotel "Černý Orel", ebenfalls am Marktpl., in der Saison aber meist hoffnungslos ausgebucht.

Etappe 42:
Žirovnice - Horni Cerekev - Nový Rychnov - Jihlava (42 km)

Keine Industrieschornsteine, aber Felder, Wiesen und Wälder, Obstbaumspaliere und gelegentlich ein Teich: das Hügelland der Böhmisch-Mährischen Höhe geizt nicht mit Reizen. Steigungsmäßig anspruchsvoller ist nur das erste Drittel der Etappe. Der Verkehr ist auf nahezu der gesamten Etappe gering.

Verlassen Sie Žirovnice auf der 132 nach Horni Cerekev. Wenn Sie den Ort über Počátky nach 14 km erreicht haben, zweigen Sie innerorts links nach N. Buková und gleich darauf rechts nach Nový Rychnov ab. Dort auf der 133 angekommen, zweigen Sie rechts nach Jihlava ab. Über Milíčov und Dušejov stoßen Sie auf die 19, auf der Sie 1 km in Richtung Jihlava radeln, um dann nach Vyskytná abzu-

zweigen. Fahren Sie nun geradeaus, bis Sie hinter Plandry auf die 523 treffen, die rechter Hand bis nach Jihlava leitet.
(*In Gegenrichtung:* Verlassen Sie Jihlava in nordwestlicher Richtung auf der 523 nach Humpolec. Über Vyskytná stoßen Sie auf die 19, auf der Sie ein Stück in Richtung Pelhřimov radeln und dann nach Miličov/Dušejov abzweigen. In Nový Rychnov zweigen Sie hinter der Kirche schräg links auf die Nebenstraße ab, kein Hinweis hier. Über Horni Cerekev und Počátky erreichen Sie Žirovnice.)

Jihlava (Iglau), Südmähren, 525 m, 54.000 Ew.
Zunächst verschenkte König Wenzel I. das Dorf am Igel-Fluß an ein Nonnenkloster. Als aber kurz darauf bedeutende Silberfunde gemacht wurden, begann die königliche Kammer doch lieber selbst mit deren Ausbeutung. Bergleute wurden aus Sachsen, Handwerker und Kaufmannsleute aus Bayern gerufen; sie machten aus Iglau innerhalb von 60 Jahren eine boomende Stadt. Das Iglauer Bergrecht bekam Weltgeltung, und nach Prag war Iglau bald die zweitbedeutendste Stadt der böhmischen Krone. Die in der kurzen Zeitspanne des lohnenden Silberbergbaus gewonnene wirtschaftliche Macht und die Privilegien des Stadt-, Stapel- und Münzrechtes waren die Grundlage der zweiten Karriere Iglaus als Tuchmacherstadt. Noch bis ins 19. Jh. konnte das nach einem speziellen Verfahren gefärbte, in zeitweise bis zu 700 Manufakturen gefertigte "Iglauer Tuch", mit den Industrieprodukten anderer Städte konkurrieren. Iglaus berühmtester Sohn ist der jüdische Komponist Gustav Mahler, dessen Familie sich hier kurz nach seiner Geburt im Jahre 1860 niederließ.
Feuersbrünste und der Dreißigjährige Krieg haben in Iglau besonders verheerend gewütet, so daß der einstigen Größe heute vergleichsweise wenig mittelalterliche Bausubstanz gegenübersteht. Das Zentrum des größten städtischen Marktplatzes der Tschechoslowakei (328 x 114 m^2) verstellt ein monumentaler Kaufhausbau - ein städtebaulicher Sündenfall, der in der Tschechoslowakei gleich mehrfach begangen wurde. Schön sind die den Marktplatz (Masarykovo nám.) säumenden Patrizierhäuser mit ihren ausgemalten Laubengängen. Im ehemaligen Zunfthaus der Tuchmacher, das als eines der wenigen Renaissancehäuser das Feuer von 1523 überstand, befindet sich das Stadtmuseum (Di-Sa 9-17 Uhr; So 9-13 Uhr).
Das ursprünglich gotische und später barock umgebaute Rathaus in der Nordostecke des Marktplatzes verbindet ein 25 km langes Netz unterirdischer Gänge mit den Häusern der Altstadt. Im Mittelalter dienten sie als Vorratsspeicher für Bier und Wein wie auch als Zufluchtsstätten, heute nehmen sie die städtischen Versorgungsleitungen auf. (Besichtigungen der "Katakomby": Di-So, 9-12 u. 14-18 Uhr, in Gruppen ab 10 Personen, Eingang im Rathaus). Die attraktivste Kirche Iglaus ist die St.-Jakobs-Kirche am Jakubské nám. mit zwei verschieden hohen Türmen und einer angebauten Marienkapelle. Zur Zeit des Silberbooms um 1250 als romanische Basilika begonnen, wurde diese Pfarrkirche erst über hundert Jahre später im frühgotischen Stil fertiggestellt. Aus dieser Zeit ist im Innern eine gotische Madonnenstatue erhalten geblieben.

Telefonvorwahl: 066
Information: ČEDOK, Masarykovo nám. 26.
Unterkunft: Hotel "Zlatá Hvězda", Masarykovo nám. 32, relativ teuer (DZ: 45 DM), aber gut.
Camping: "Pávov", ganzjährig geöffnet, keine Hütten, 4 km nördlich am See gelegen.
Fahrradservice: Cyklocentrum - Fun Sport, Komenského 32.

Etappe 43:
Jihlava - Šimanov - Herálec - Lipnice - Ledeč (55 km)

Wie bezeichnet man eine Etappe, die sich in etwa folgendermaßen gestaltet: Eng gestaffelte Hügelketten, Wildwiesen, Brachland, rotleuchtende Ebereschen an den Straßen und auf den Feldern, Obstgärten, Nadelwälder, ein Flußtal mit Panorama und eine Vielzahl verschlafener Dörfer. Verkehr gering, streckenweise sogar außerordentlich gering; Steigungen ständig, wenn auch überwiegend maßvoll. Wie auch immer: diese Etappe durch den Norden der Böhmisch-Mährischen Höhe gehört einfach in die Top Ten!

Verlassen Sie Jihlava auf der gut ausgeschilderten 523 nach Humpolec. Verlassen Sie die 523 beim Hinweis Bilý Kámen, wo Sie bereits in Bilý Kámen sind, aber egal. (*In Gegenrichtung:* Biegen Sie rechts auf die 523 ab, kein Hinweis.) Unser Weg schwingt sich nun über Hlávkov (580 m, km 10) nach Šimanov (600 m, km 14). Dort zweigen Sie nach Větrný Jeníkov ab, das Sie jedoch nicht ganz erreichen, da Sie zuvor den Hinweisen nach Herálec Folge leisten. (*In Gegenrichtung:* Biegen Sie hier zunächst nach Šimanov, dann nach Humpolec und erneut nach Šimanov ab.)
Über Slavnič erreichen Sie Herálec (540 m, km 24). Fahren Sie innerorts ein Stück in Richtung Humpolec, biegen Sie dann aber ab nach Skála. (*In Gegenrichtung:* Radeln Sie in Richtung Polná durch Herálec, zweigen Sie nach V. Jenikov ab.) Ab Skála (500 m, km 28, Biwakplatz in Richtg. Humpolec) fahren Sie rechter Hand auf der 34 bis Věž, wo Sie nach Jedouchov abzweigen. Ab Krásná Hora (440 m, km 35) folgen Sie den Hinweisen nach Lipnice, das Sie beim Kilometerstand 40 erreichen. (*In Gegenrichtung:* Folgen Sie ab Krásná Hora den Hinweisen nach Věž.)

Lipnice nad Sázavou (Lipnitz), Ostböhmen, 570 m.
Die teilrestaurierte Burg von Lipnice rühmt sich zwar der landesweit größten Sammlung gotischer Kacheln, was das Dorf aber bekannt gemacht hat, ist das kleine Häuschen unterhalb der Burg. In ihm lebte und schriftstellerte Jaroslav Hašek in seinen letzten Lebensjahren. In der Dorfschenke "Ceská koruna" trank er einen Teil seiner zahlreichen Biere und, seit ihn 1923 im Alter von 39 Jahren der frühe Trinkertod ereilt hatte, liegt er hier auch begraben - auf dem Dorffriedhof hinter der Kneipe. Hašek war der Prototyp eines böhmischen Schriftstellers mit einem anarchischen Hang zum Alkohol und Mißtrauen gegenüber jeder Form von Autorität. In Lipnice erfand und schrieb er die "Aben-

teuer des Braven Soldaten Schwejk"; den vierten Band brachte er nicht mehr zu Ende. Monarchie und Militär, Bürokraten und Moralisten waren die Ziele seines subversiven Spotts. In seinem letzten Wohnhaus ist ihm eine Ausstellung gewidmet: April-Sep Di-So 8-12 u. 13-16 Uhr; Okt-März Di-So 8-12 u. 13-15 Uhr. (Besichtigungen der Burg und des Museums: Di-So 9-12 u. 13-16 Uhr)

Folgen Sie ab Lipnice zunächst den Hinweisen nach Světlá, sobald Sie die 347 überqueren, denen nach Ledeč. Über Koňkovice (520 m, km 47) und Dobr. Lhota (350 m, km 50) erreichen Sie Ledeč n. Sáz. (350 m). (*In Gegenrichtung:* Verlassen Sie Ledeč vom Marktplatz aus nach Dolni Město. Bis Krasná Hora folgen Sie ab Lipnice den Hinweisen nach Havl. Brod.)

Etappe 44:
Jihlava - Polná - Nové Veseli - Žd'ár n. Sáz. (39 km)

Erst fegt hinter Jihlava noch der Wind über ungeschützte Hügel und Felder, und du denkst, das kann ja munter werden, doch dann findet das Landschaftsbild mit Wiesen und Wäldern schnell zur gewohnten Form zurück. Eine hübsche, meist leicht hügelige und überwiegend verkehrsarme Etappe.

Verlassen Sie Jihlavas Marktplatz an dessen Nordseite auf der Komenského und der sich daran anschließenden Havličkova. Folgen Sie dann den Hinweisen nach Polná. Achtung: Vor der Eisenbahnunterführung macht die Straße nach Polná eine Rechtskurve, hier fehlt aber der entsprechende Hinweis. Über Měšín und Ždírec (530 m, km 11) führt Sie die 352 nach Polná (500 m, km 17; **Unterkunft:** Hotel "Ubytovany Zamecka Kavarna", direkt am Schloß, gut und preiswert).

Fahren Sie auf der 348 weiter bis Záborná, wo Sie nach Žd'ár abzweigen. Über Poděšín und Újezd gelangen Sie nach Nové Veseli; von dort radeln Sie auf der 353 bis Žd'ár.

(*In Gegenrichtung:* Verlassen Sie Žd'ár auf der 353 nach Jihlava, zweigen Sie in Nové Veselí nach Polná ab.)

Žd'ár nad Sázavou (Saar an der Sazau), Südmähren, 572 m, 26.000 Ew., gehört zu dem Reigen tschechoslowakischer Städte, die per Planungsentscheid vom Städtchen zur Industriestadt (Maschinenbau) entwickelt wurden. Seit Kriegsende verzehnfachte sich hier die Bevölkerung, Tendenz: weiter steigend. Dennoch erscheint die Stadt gar nicht so übel. Sehenswert im klassischen Sinne ist hier der Ort des Zisterzienserklosters (3 km nördlich, an der 37 nach Pardubice), bei dem die Stadt 1252 gegründet wurde.

Kartenskizze Etappen 43 & 44

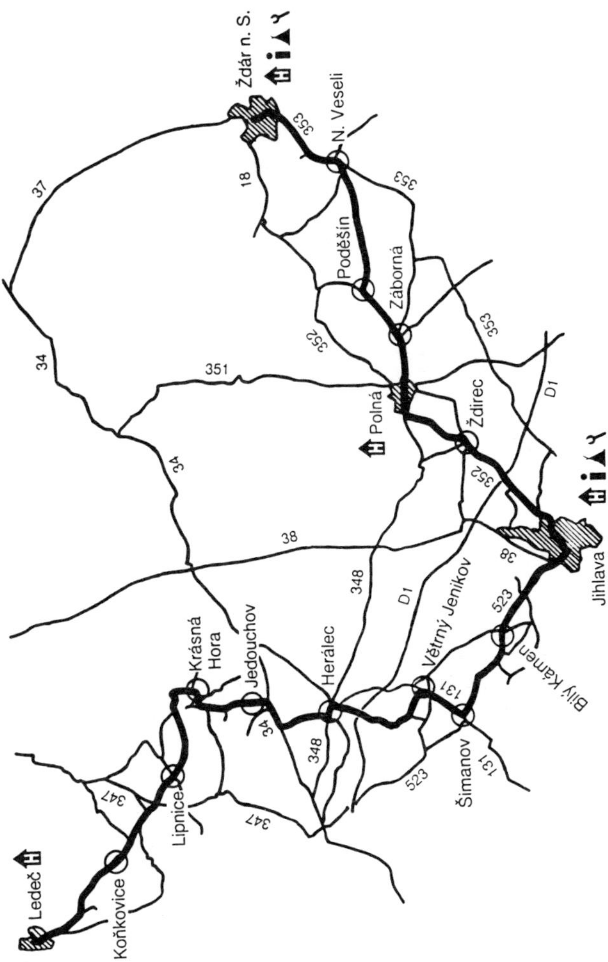

Zunächst erinnert das an Wald und Fischteiche grenzende Klostergelände eher an eine verwilderte Farm als eine weltabgewandte Mönchsgemeinde. Das architektonische Glanzstück versteckt sich außerhalb des Klosters hinter Bäumen. Es ist die von Giovanni Santini (s. a. Kladruby) entworfene Nepomuk-Kirche, die er zwischen 1719-1722 auf den Zelená hora (Grünen Berg) gesetzt hat. Santini ist einer der raren Meisterarchitekten aus der Epoche der Gegenreformation. In spielerischer Weise verbindet er Elemente aus Gotik und Barock und gibt seinen Bauwerken einen humorvollen, menschlichen Touch. Bei der Nepomuk-Kirche ist es die Zahl Fünf, die er variiert, denn der Legende nach erschien ein fünfstrahliger Stern, als der Märtyrer und Namensgeber der Kirche Nepomuk 1393 in der Moldau ertränkt wurde. Die Kirche ist auf dem Grundriß eines fünfzackigen Sterns erbaut, hat fünf Chöre, fünf Tore, 55 Fenster...
Die Klosterkirche ist zwar auch von Santini, doch eher eine seiner schwächeren Arbeiten. Die Klosterprälatur beherbergt ein Buch- und Schriftenmuseum (vom Tonscherben bis zu Gutenbergs Werkstatt), in dem auch Santini eine kleine Ausstellung gewidmet ist (Apr/Okt, Sa/So, 9-16 Uhr; Mai-Sep, Di-So, 8-16 Uhr).

Information: ČEDOK, Nádražní 633, Tel. (0616) 23648.
Camping: "Pilská Nádrž", nördlich vom Kloster an der Straßenach Polnička, 1.5.-30.9., schöne Lage, Hinweise vorhanden, aber leicht zu übersehen, Tel. 23267.
Unterkunft: Hotel "Tálsky Mlyn", beim Campingplatz gelegen; Hotel "Morava", an der 37 südlich vom Ortszentrum, unscheinbarer Eingang im Gebäude links vom Hotel "Fit".
Fahrradservice: KASTAR, Brodská 1/17, Tel. (0616) 22971.

Etappe 45:
Žd'ár - Sněžné - Borová - Litomyšl (59 km)

Am Ende führt diese attraktive Etappe durch eine offene, sanft abfallende Ebene. Doch davor haben die Götter das Saarer Bergland (Žd'árské Vrchy) gesetzt, an dessen östlichem Randgebiet sich die Strecke entlangmogelt, so gut es geht. Klar, daß dies Steigungen (und natürlich auch Gefälle) bedeutet, die manchmal zäh wie Leder, gelegentlich leicht wie ein Drachen vor dem Wind sind, aber meist doch irgendwas dazwischen. Der Verkehr: unter dem Strich gering.

Verlassen Sie Žd'ár (570 m), indem Sie innerorts ein kurzes Stück auf der 37 in Richtung Pardubice zurücklegen und dann auf die 353 nach Sněžné abbiegen. Kurz hinter Sklené sind Sie bereits auf 770 m geklettert, dies ist auch schon der höchste Punkt der Etappe. Im gemischten Auf und Ab geht es weiter: Fryšava (690 m, km 12), Kadov (660 m, km 16), Krátká (690 m, km 18), Sněžné (660 m, km 20). In Sněžné machen Sie einen 500m-Schlenker über die 354 und radeln weiter auf der 353 in Richtung Polička. (*In Gegenrichtung:* Folgen Sie in Sněžné zunächst dem Hinweis nach Nové Město, dann dem nach Žd'ár.)

Kartenskizze Etappen 45 & 46

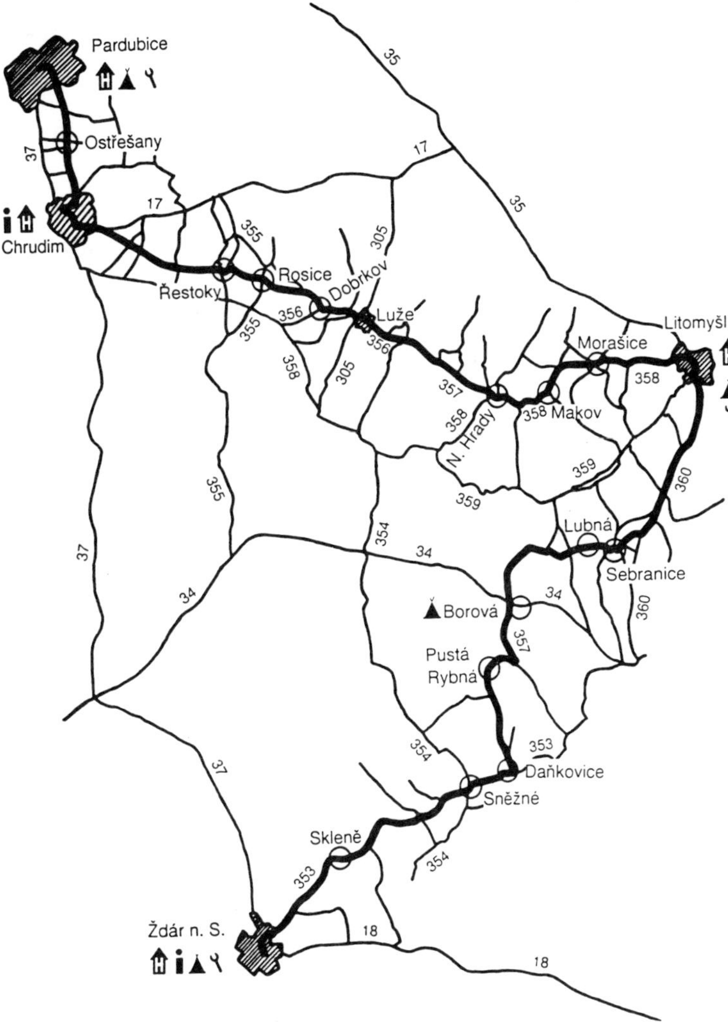

Hinter Daňkovice biegen Sie jedoch ab nach Krasné und stoßen dann hinter Pustá Rybná auf die 357, die Sie nach Borová (610 m, km 35, **Campingplatz** an der 34 am westlichen Ortsende) bringt. Dort biegen Sie erst nach Proseč ab und nach etwa 500 m nach Litomysl. (*In Gegenrichtung:* Zunächst nach Svitavy, dann nach Bystrice abbiegen.) Nach Lubná (490 m, km 44) und Sebranice stoßen Sie auf die 360, auf der Sie sachte bergab bis Litomyšl radeln.

(*In Gegenrichtung:* Verlassen Sie Litomyšl auf der 360 nach Polička, folgen Sie dann den Hinweisen nach Borová.)

Litomyšl (Leitomischl), Ostböhmen, 330 m, 10.000 Ew., besitzt ein freundliches Renaissance-Schloß, dessen Theater eine der beiden ältesten erhalten gebliebenen Spielstätten Mitteleuropas darstellt. Es wurde 1796-97 eingerichtet, nachdem mehrere Vorgänger bereits in Flammen aufgegangen waren; Theater brannten seinerzeit besonders leicht. Neben dem Theater, das heute ein Museum ist, gibt es im Schloß selbst, das mit figürlichen Sgraffiti und einer ungewöhnlichen, da dreistöckigen Loggia aufwartet, das Museum der tschechischen Musik zu besichtigen. Zu den vielen klassischen und mittelalterlichen Instrumenten gibt es Musikbeispiele - vom Cassettenrecorder. Der Grund für diese Musikliebe ist Litomyšls berühmter Sohn Bedřich Smetana, der 1824 in der gegenüber liegenden Schloß-Brauerei geboren wurde. Smetanas Vater war leitender Angestellter der Brauerei, und die Familie hatte dort ihre Wohnung. Diese kann heute ebenfalls besichtigt werden.
Der langgezogene Marktplatz von Litomyšl (Smetanovo nám.) ist einer der schönsten und zugleich urbansten des Landes.
Besichtigungszeiten für das Schloß und seine Museen: April/Sep/Okt Di-So 9-12 u. 13-16 Uhr; Mai-Aug Di-So 8-12 u. 13-17 Uhr.
Unterkunft: Hotel "Zlatá Hvězda", Smetanovo nám., nur 3-Bett-Zimmer (DM 22).
Camping: "Primátor", 1.5.-30.9., 1 km östlich an der Straße nach Strakov, Tel. Litomyšl 3238.
Fahrradservice: Cyklosport, Smetanovo nám. 24.

Etappe 46:
Litomyšl - Luže - Řestoky - Chrudim - Pardubice (58 km)

Schweinestallungen, Pflaumenbäume und allerorten musizierende Grashüpfer gehören zum bodenständigen Charme dieser Etappe, ebenso wie Wälder, Felder, Apfelbäume und unscheinbare Bauerndörfer. Im ersten Drittel schleicht sich die Straße sanft bergan und ist bis Luže etwas hügeliger. Die weitere Etappe verläuft bereits durch das Böhmische Tafelland und ist so gut wie flach. Der Verkehr: insgesamt gering.

Verlassen Sie Litomyšl, indem Sie innerorts ein kurzes Stück auf der 35 in Richtung Hradec Králové zurücklegen und dann auf die 358 in Richtung Skuteč abzweigen. Über Makov, Chotovice (450 m, km 12) und Nové Hrady radeln Sie nach Luže (310 m, km 25). Der Hinweis Chrast weist den Weg bis Dobrkov, wo Sie nach Rosice und Řestoky (270 m, km 33) weiterfahren. In Řestoky halten Sie sich zunächst links nach Chrast und zweigen nach 400 m an einer wegweiserlosen 3-Straßen-Gabelung rechts ab. (*In Gegenrichtung:* Biegen Sie 200 m nach dem Ortseingangsschild von Řestoky, und nachdem Sie eine Brücke passiert haben, links ab. Folgen Sie dann dem Hinweis nach Rosice.)

Kurz vor Chrudim stößt das Sträßchen, das linealgerade durch die Felder schnürt, auf die 17; diese führt Sie linker Hand ins Zentrum von Chrudim (km 46). (*In Gegenrichtung:* Verlassen Sie Chrudim, indem Sie auf dem Marktplatz links an der Mariä-Himmelfahrt-Kirche vorbeifahren und dem Verlauf der Vorfahrtstraße folgen, die dann direkt in die nach Vysoké Mýto führende 17 mündet. 500 m hinter dem Ortsausgangsschild von Chrudim zweigen Sie bei einem grauen Pilgerstein rechts ab nach Řestoky, ein entsprechender Hinweis fehlt.)

Chrudim, Ostböhmen, 250 m, 20.000 Ew., beherbergt ein Marionetten-Museum ("Muzeum Loutkářských kultur", Břetislavova 74, zweigt ab vom Marktplatz), das die auf bäuerliche Ursprünge zurückgehende Puppenspielertradition in sehenswerter Weise dokumentiert (Besichtigungen: April-Sep tägl. 9, 11, 13 und 15 Uhr; Okt-März Mo-Fr 9, 11 und 13 Uhr). Jedes Jahr im Juli findet in Chrudim ein Festival der Puppenspieler statt. Abgesehen davon gehört der im 13. Jh. gegründete Ort zu den ältesten Städten Böhmens; aus dieser Zeit stammt die gotische Mariä-Himmelfahrts-Kirche (14. Jh., am Marktplatz nám. 9. Května), alle anderen Bauwerke sind meist aus dem Barock.
Und noch etwas: In Chrudim wurde 1793 der Erfinder der Schiffsschraube geboren: Josef Ressel! 1829 tuckerte in Triest der erste von einer Schraube angetriebene Dampfer. Dabei kam es zu einem Unfall, und Ressel mußte seine Versuche einstellen. Was für ein Pech, denn seine Idee war ja bekanntlich später sehr erfolgreich.
Information: ČEDOK, im Hotel "Bohemia", 1. Etage, Tel. 3735, 2523.
Unterkunft: Hotel "Bohemia", Masarykovo nám., einzige Unterkunft in Chrudim, nicht sonderlich empfehlenswert.

Verlassen Sie Chrudims Altstadt auf der nördlich nach Pardubice führenden Ausfallstraße. Biegen Sie aber noch innerorts hinter der Brücke über die Chrudimka rechts ab in die Podebradova. Nach 500 m auf dieser Straße biegen Sie links ab in die Dašická, die in die Nebenstraße nach Pardubice übergeht. Nach Ostřěšany und Nemošice stoßen Sie in Pardubice auf die ortsdurchquerende 37, die rechter Hand zum Zentrum führt. (*In Gegenrichtung:* Verlassen Sie Pardubice, indem Sie auf der 37 in Richtung Chrudim fahren, aber noch innerorts nach Nemošice abbiegen. In Ostřěšany folgen Sie erst dem Hinweis Dražkovice, dann dem nach Chrudim.)

Etappe 47:
Telč - Nová Ríše - Domamil - Bítov (50 km)

Diese freundliche Etappe durch das westliche Südmähren ist waldreich, friedlich und hügelig, mit leichten bis maßvollen Steigungen und wenig bis sehr wenig Verkehr.

Verlassen Sie Telč, indem Sie innerorts zunächst ein Stück in Richtung Třebič fahren, dann abzweigen nach Dačice und noch einmal nach Nová Ríše. Durchqueren Sie Nová Ríše (490 m, km 10, große Peter-und-Paul-Kirche aus dem 13. Jh, barock umgebaut im 17./18. Jh.) auf der 112, bis die Kirche links hinter Ihnen liegt: jetzt macht die 112 einen Linksknick, Sie aber fahren geradeaus weiter auf der unbeschilderten Nebenstraße nach Krasonice.

Über Meziříčko gelangen Sie nach Domamíl. Von dort folgen Sie nun den Hinweisen nach Jemnice, bis Sie auf die 152 stoßen, die Sie schnurgeradeaus überqueren. In Dobrá Voda fahren Sie weiter in Richtung Police. (*In Gegenrichtung:* Nehmen Sie in Dobrá Voda die mittlere der drei Straßen, um nach Mladoňovice weiterzuradeln, kein Hinweis hier. Bis Domamíl folgen Sie den Hinweisen nach Třebíč, radeln Sie in Domamíl geradeaus weiter nach Meziříčko.)

Hinter Kdousov zweigen Sie links nach Bítov ab. Bleiben Sie diesem Hinweis über Vysočany hinaus treu. Wenn Sie die zweite Stausee-Brücke überquert haben, biegen Sie entweder links ab zum "Autokemping Bítov-Horka" (320 m, alle Versorgungseinrichtungen, aber kein Schatten, Fußweg zur gotischen Burg Bítov 1½ km, Tel. Bítov 45) oder rechts zum Ort **Bítov**, der noch 3 km entfernt ist und 70 m höher liegt als der See. Der Ort besitzt aber nichts, was dies lohnen würde.

Etappe 48:
Bítov - Vranov - Znojmo - Vitonice (52 km)

Von den Böhmisch-Mährischen Höhen führt diese Etappe in die Mährische Bekkenlandschaft. Das macht, daß östlich von Lesná die Hügel sanfter werden, die Wälder seltener, die Wein- und Sonnenblumenplantagen häufiger. Eine überwiegend verkehrsarme Etappe mit moderaten Steigungen; und häufig genug schön anzuschauen.

Überqueren Sie von Bítov bzw. Bítov-Horka aus die Stauseebrücke und nehmen Sie die anschließende Spitzkehre, Hinweis Vranov. Entgegen der Darstellung im Velky-Autoatlas ist die Straße durchgehend asphaltiert. Nach 1 km passieren Sie die Ruine der Burg Čornstejn (als Zornstein erbaut im 12. Jh., zerstört im 15. Jh.), die Sie nicht versäumen sollten, für sich zu entdecken; auf den Zinnen genießen Sie ein beeindruckendes Stauseepanorama. Über Lančov gelangen Sie anschließend nach Vranov (km 12).

Kartenskizze Etappen 47 & 48

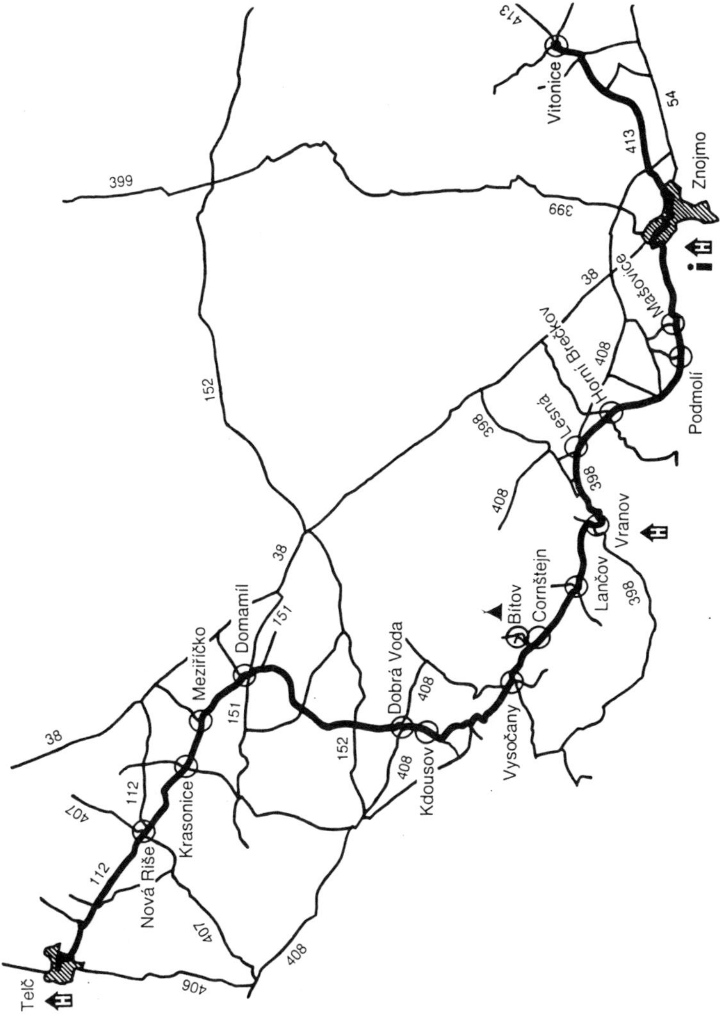

Vranov nad Dyjí (Frain an der Thaya), Südmähren, 320 m, liegt am Ostende des 30 km langen Stausees der Dyje. Dort erhebt sich auf einem 76 m hohen Felsen das Schloß Vranov. In der Rangliste der "schönsten und prächtigsten Barockschlösser Mährens" besetzt es einen der ganz vorderen Plätze. Es ist jedoch alles andere als stilreiner Barock, der sich dem Besucher hier präsentiert. Aus einer über 900jährigen Geschichte hat sich das Schloß auch noch Bauteile der Romanik, Gotik und Renaissance erhalten. Nach einem Brand im 17. Jh. betrauten die Schloßherren niemand Geringeren als den Wiener Barockbaumeister Johann Bernhard Fischer von Erlach mit der Neugestaltung. Dabei enstanden die hart am Felsenrand plazierte Schloßkirche und der ebenfalls freistehende Ahnensaal, der ein ganz besonderes Raumerlebnis vermittelt und als einer der prächtigsten Säle der Tschechoslowakei gilt. (Wer Fischer von Erlach beauftragte, wollte eben etwas Besonderes fürs Geld.)
Das Schloß wurde in den 70er Jahren sorgfältig restauriert.
Besichtigung: April/Okt Sa/So 9-12 u. 13-16 Uhr; Mai-Aug Di-So 8-12 u. 13-17 Uhr; Sep Di-So 9-12 u. 13-16 Uhr.
Unterkunft: Mehrere Privatzimmer-Anbieter.

Radeln Sie von Vranov aus weiter in Richtung Znojmo. Auf den nächsten 5 km steigt die Straße dabei moderat auf 400 m an. Biegen Sie in Lesná (dort **Pension** "Podyji" an der Hauptstraße) ab nach Horni Břěčkov. Über Podmoli und Mašovice gelangen Sie dann nach Znojmo (km 37).

Znojmo (Znaim), Südmähren, 289 m, 38.000 Ew.
Aus Ungarn brachte man 1571 den Samen von Gurken nach Znaim. Die gediehen so gut in dem fruchtbaren Landstrich, daß sie ab dem 19. Jh. als "Znaimer Gurken" süß-sauer in aller Munde waren. Weit länger aber schon wird der Weinanbau betrieben, der ab dem 14. Jh. königliche Protektion erhielt. Gelagert wurden die Weinfässer unter anderem auch in dem labyrinthischen Gangsystem (podzemí) unter der Stadt. Der Eingang ist gegenüber vom 69 m hohen Rathausturm, dem spätgotischen Überbleibsel des im Zweiten Weltkrieg zerstörten Rathauses. Heute muß sich der "schönste Rathausturm Mährens" auf einen Kaufhausbau aus der Nachkriegszeit stützen.
Zur Znaimer Přemysliden-Burg gehörte auch die romanische St.-Katharina-Rotunde. Der schlichte Rundbau wurde 1134 mit Wandgemälden ausgeschmückt (Marienzyklus, Geschichte der Přemyslidendynastie), was seinen Seltenheitswert ausmacht. Da aus der Burg eine Brauerei gemacht wurde, steht auch die berühmte Rotunde auf dem Gelände derselben. Ob Burg und Rotunde nach Abschluß der Restaurierung wieder besichtigt werden können, erfragen Sie am besten beim gegenüberliegenden Heimatmuseum "Jihomoravské Muzeum".
Information: ČEDOK, Obrokova 1, Tel. (0624) 6635.
Unterkunft: Hotel "Černý medvěd", am Hauptplatz, Tel. (0624) 4271; Pension "Max", Na Hrázi 95; - Pension "Inka", Jarošova 27.
Der noch auf den Karten verzeichnete Campingplatz bei Suchohrdly existiert nicht mehr!

Verlassen Sie Znojmo auf der 54 in Richtung Brno, und biegen Sie auf die 413 in Richtung Moravský Krumlov ab. Über Suchohrdly und Tešetice erreichen Sie das Dorf **Vitonice** (210 m, km 52).
(*In Gegenrichtung:* Verlassen Sie Znojmo, indem Sie innerorts ein Stück auf der 38 in Richtung Prag zurücklegen und dann nach Mašovice abzweigen.)

Etappe 49:
Vitonice - Hostěradice - Rajhrad - Brno (52 km)

Tektonische Verwerfungen der Erdkruste haben in grauer Vorzeit in Mähren drei Grabengebiete geschaffen, die später von eiszeitlichen Ablagerungen aufgefüllt wurden. Wie ein Korridor führt einer dieser Gräben namens Dyjskosvratecký úval von Znojmo über Brünn nach Nordmähren, wo er sich mit seinem Geschwistergraben vereinigt. Die Landschaft ist entsprechend flach, nur am Horizont erscheinen bewaldete Hügel. Mit leichten Kurven schneidet die Straße durch weite Felder, der Verkehr ist mal gering, mal mäßig. Eine angenehme Etappe.

Verlassen Sie Vitonice auf der 413 nach Hostěradice. Dort angekommen, radeln Sie auf der 400 weiter bis Miroslav, wo Sie dann auf die Nebenstraße nach Pravlov schwenken. Wenn Sie diesen Ort passiert haben, fahren Sie über Němčičky, Bratcice und Syrovice weiter und biegen dann auf die 52 nach Brno ein. (Hinweis: Falls Sie nicht bis nach Brünn wollen, können Sie hier direkt an Etappe 50 knüpfen!)

Die 52 stellt den problemlosesten Weg ins Zentrum von Brünn dar. Allerdings ist diese Straße zwischen Pohořelice (15 km südlich) und der Stadtgrenze von Brno für Radfahrer kraft Verbotszeichen gesperrt. Es lohnt es sich aber, dieses Verbot zu ignorieren und auf dem breiten Randstreifen der 52 stadteinwärts zu radeln. Einheimische Radler tun dies auch, und die Polizei kümmert's herzlich wenig. Hinzu kommt, daß der Campingplatz beim Motel Bobrava ebenfalls nur über die 52 zu erreichen ist.
Nach 4 km auf der 52 erreichen Sie die Stadtgrenze von Brünn und damit das Ende des Radfahrverbotes, folgen Sie nun den Hinweisen zum Centrum.

(*In Gegenrichtung:* Verlassen Sie Brünn nach Süden auf der E461/52 in Richtung Mikulov, zweigen Sie nach 12 km rechts ab auf die Nebenstraße nach Syrovice.)

Brno (Brünn), Südmähren, 219 m, 395.000 Ew.
Die einstige Kapitale Mährens darf sich heute nur noch Bezirks-Hauptstadt des Südmährischen Kreises nennen. Die Kelten, die sich hier ab dem 4. Jh. v.u.Z. am verkehrsgünstigen Zusammenfluß von Schwarzawa (Svratka) und Zwittawa (Svitava) niederließen, gaben der Siedlung den Namen Brynn (von keltisch "brinen" = Hügel). Auf einem dieser "brinen", dem 56 m hohen Špilberk näm-

lich, entstand im 13. Jh. eine Premysliden-Burg. Sie trotzte im Dreißigjährigen Krieg den Schweden, 1621-1855 war sie eine der berüchtigsten Kerkeranlagen der Österreicher (während der deutschen Besatzungszeit war sie es erneut). Im späten 18. Jh. machten Tuchmacherfabriken, Steinkohle, Hüttenwesen und Maschinenbau aus Brünn ein "mährisches Manchester". Was Wunder also, daß Brünn heute von Industrie umzingelt ist. Ein Besuch der Altstadt lohnt sich dennoch; auch wenn - oder gerade weil - Brünn kein Touristen-Mekka ist.

Sehenswertes:

- der altstadtbeherrschende, neogotisierte Dom St. Peter und Paul - die Jakobs-, die Jesuiten-, die Thomas- und die Kapuziner-Kirche (letztere mit an die fünfzig leidlich erhaltenen Mumien in der Krypta, darunter der Pandurenoberst Freiherr von der Trenck, 20 Kapuzinermönche und ein 12jähriger Meßdiener; zu besichtigen: Di-Sa 9.00-11.45 u. 14.00-16.30 Uhr, So 11.00-11.45 u. 14.00-16.30 Uhr).
- das Alte Rathaus mit dem legendären "Brünner Rad" (ein Handwerker hatte es 1636 im Zuge einer Wette innerhalb von zwölf Stunden gezimmert und 50 km weit nach Brünn gerollt. Fatales Ergebnis: er wurde mit dem Teufel im Bunde gewähnt).
- das Mährische Museum (Moravské Muzeum), Di-So 9-18 Uhr.
- das Anthropologische Museum (Anthropos Muzeum, im Pisárky-Park, Di-So 8.30-17 Uhr, hier steht auch das Original der berühmten "Venus von Wisternitz").
- Haus Tugendthat (Entwurf: Mies van der Rohe).
- das Augustinerkloster, wo Gregor Johann Mendel Erbsen und Bohnen kreuzte und daraufhin die Vererbungsgesetze formulierte, die noch bis nach seinem Tode hartnäckig ignoriert wurden.

Telefonvorwahl: 05.

Information: ČEDOK, Divadelní třída 3, Tel. 23166; CKM, Česká 11, Tel. 23641 (Mo-Fr, 9-12 u. 13-18 Uhr, Sa, 9-12 Uhr).

Post: Rund-um-die-Uhr-Postamt im Hauptbahnhof.

Unterkunft: Juniorhotel "Kolej VUT", Purkyňova 93, Block C1 (während der Bürozeiten im CKM-Stadtbüro buchen - s.o. - ansonsten direkt); Vermittlung aller Arten von Unterkünften: Pavel Navrátil, Králova 9, Tel. 785483.

Camping: "Obora", ganzjährig, 10 km westlich am Brünner Stausee (brněnská přehrada), Tel. 791105; "Bobrava", 14.4.-15.10., 10 km südlich an der 52, Ausfahrt Motel Bobrava, Tel. 320110.

Fahrradservice: Ing. S. Svábenský, Nopova 5; BOSSY - Vladimír Vačkář, Klimentova 32, Tel. 671691; Tvrdik, Štefánikova 19, Tel. 743675; Cyklocentrum, Štefánikova 38; Perný-Dolek, Královopolská 1, Tel. 78768; WESTA, Skácelova 34, Brno-Královo Pole.

Abschließend sei hier noch die Alternative vorgestellt, wie man vom Süden her per Fahrrad nach Brünn gelangt, ohne dabei auf der "verbotenen" 52 fahren zu müssen:

Hinter Syrovice überqueren Sie die 52 mit einem Links-Rechts-Schlenker nach Rajhrad. Über *Rajhradice* (wo Sie einen Blick in die mächtige Peter-und-Paul-Kirche - barock, 18. Jh. - werfen können, die zu einem abgehalfterten Benediktinerkloster gehört) und Rebešovice erreichen Sie den Ortsteil Brno-Chrlice, wo Sie dem Hinweis Turany folgen. In Brno-Turany biegen Sie links in die Sokolničká ab und folgen anschließend den Hinweisen zum Centrum, die Sie westlich des Hauptbahnhofes an der Altstadt entlassen. (*In Gegenrichtung:* Von der Altstadt auf der 51 in Richtung Hodonin radeln, in Turany dem Hinweis Praha/Bratislava/ Wien folgen, in Chrlice auf Höhe des Postamtes die nach Modrice führende Vorfahrtstraße schräglinks verlassen - kein Hinweis - und dem Verlauf dieser Straße bis Rebešovice folgen.)

Etappe 50:
Brno - Rajhrad - Vranovice - Dolni Vestonice - Mikulov (53 km)

Den größten Anteil an dieser Etappe hat das weitgehend flache Grabengebiet Dyjskosvratecký úval. Auf den Schwarzerde- und Humusböden wird Mais angebaut (eine starkzehrende Pflanze), dazwischen machen sich Agrokombinate breit, die Gegend wirkt verbraucht. Ab Žabčice geht es dann wieder lieblicher zu. Störche, Marillenbäume und Flugenten tragen ihr Teil dazu bei. Der Dyje-Stausee wiederum sieht mit seinen abgestorbenen, aus dem Wasser ragenden Bäumen eher wie das Ergebnis einer Naturkatastrophe aus. Scharen von Vögeln halten die Baumleichen besetzt, fast schon ein Hitchcock-Film. Der Rest der Etappe führt durch ein schönes Stück bewaldeten Hügellandes. Der mäßige Verkehr nimmt im Verlauf der Etappe ab.

Verlassen Sie Brno auf der 52 in Richtung Mikulov und biegen nach 12 km nach Rajhrad ab (zum Radfahrverbot zwischen Stadtgrenze und Rajhrad siehe Etappe 49).
(*In Gegenrichtung:* Falls Sie nicht bis nach Brno wollen, können Sie ab Rajhrad auch direkt an Etappe 49 knüpfen.)
Radeln Sie von Rajhrad weiter nach Židlochovice. Überqueren Sie dort die Brükke nach Žabčice, wo Sie dann über Přísnotice nach Vranovice weiterfahren. In Vranovice (180 m, km 27) orientieren Sie sich zunächst nach Ivaň. Wenn Sie die Eisenbahn unterquert haben, biegen Sie links ab nach Pouzdřany. Hinter Strachotín überqueren Sie auf einer Damm-Straße den Dyje-Stausee.

Am Südende der Dammstraße liegt **Dolní Věstonice** (Unter-Wisternitz). Am Fuß der Pollauer Berge (Pavlovské vrchy) befindet sich hier die bedeutendste prähistorische Fundstelle der Tschechoslowakei. Man fand einen Lagerplatz der Mammutjäger und zahlreiche ihrer Kult-, Schmuck- und Gebrauchsgegenstände. Hier wurde zwischen Mammutknochen unter anderem der aus Ton gebrannte Torso der etwa 25.000 Jahre alten "Venus von Wisternitz" gefunden. Diese älteste bekannte Keramik der Welt, ein Fruchtbarkeitsidol, ist im Anthropologischen Museum von Brünn ausgestellt. Das kleine Archäologische Museum in Dolní Věstonice hat eine Kopie derselben (geöffnet: Di-So 8-12 u. 13-16 Uhr).

Kartenskizze Etappen 49 - 51

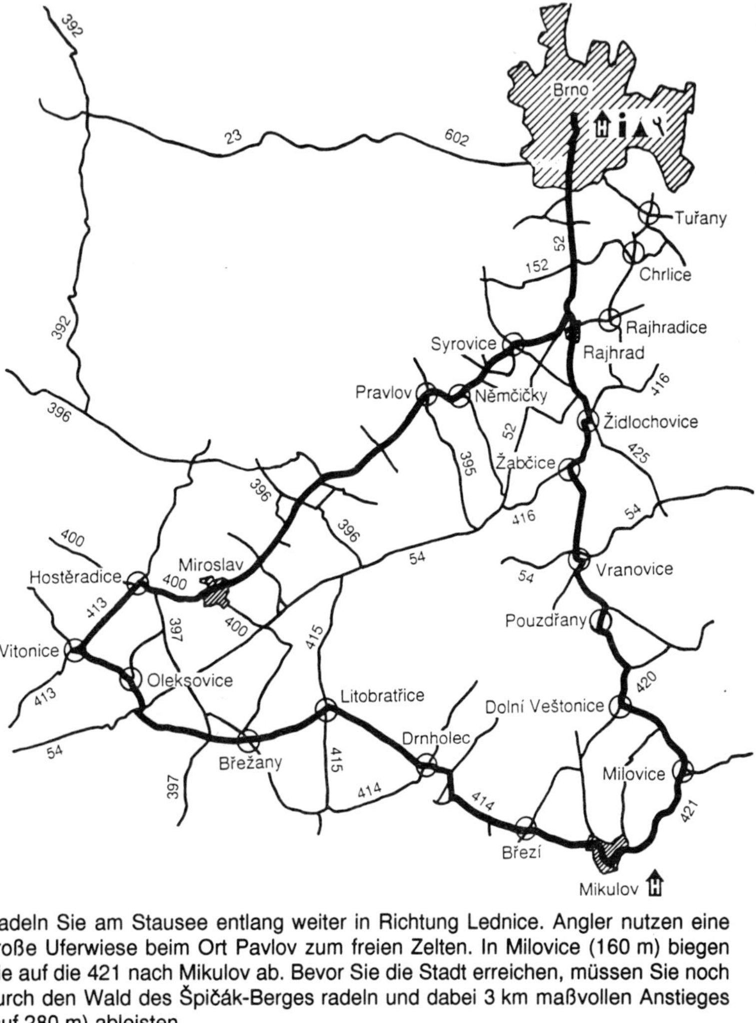

Radeln Sie am Stausee entlang weiter in Richtung Lednice. Angler nutzen eine große Uferwiese beim Ort Pavlov zum freien Zelten. In Milovice (160 m) biegen Sie auf die 421 nach Mikulov ab. Bevor Sie die Stadt erreichen, müssen Sie noch durch den Wald des Špičák-Berges radeln und dabei 3 km maßvollen Anstieges (auf 280 m) ableisten.

(*In Gegenrichtung:* Verlassen Sie Mikulov nördlich der Altstadt auf der Straße nach Pavlov, zweigen Sie rechts ab nach Milovice.)

Mikulov (Nikolsburg), Südmähren, 248 m, 6.000 Ew., liegt inmitten einer fruchtbaren Landschaft, wo Obst, Gemüse und vor allem Wein angebaut wird. Der Grundriß der Stadt geht auf ein im 14. Jh. gegründetes jüdisches Ghetto zurück (die aus dem 17. Jh. stammende jüdische Synagoge in der Husova-Straße mag daran erinnern), die Skyline der Stadt wird jedoch unangefochten von dem Barockschloß des Kärntner Fürstengeschlechts der Dietrichsteins dominiert, die Mikulov ab 1575 als ihr Eigentum betrachteten. Das Schloß ging aus einer romanischen Burg hervor, von der nur noch ein Wehrturm erhalten ist. Seine Räume bergen kunsthistorische Sammlungen und ein Weinbaumuseum, dessen Zentralobjekt ein gigantisches Weinfaß ist. Dieses im Jahre 1643 gezimmerte Behältnis faßt über 101.000 l (in einigen Reiseführern steht fälschlich, dies seien noch 1000 l mehr, als in das "Heidelberger Faß" gehen; dies hat aber ein Volumen von 227.726 l!). Ein halbes Jahrhundert lang wurde in dem Fäßle der jährliche Fruchtzehnt der Weinbauern eingesammelt, den sie ihren Feudalherren abzuliefern hatten. (Besichtigungen: Apr-Okt Di-So 8-16 Uhr)
Die St.-Anna-Kirche hatten sich die Dietrichsteins als Grabkirche herrichten lassen. Ihre prunkvollste Seite wendet sie dem Hauptplatz zu. An der Kirche ist viel umgebaut worden, aber richtig fertig geworden ist sie nicht.
Mikulov ist ein schönes, sehenswertes Städtchen - eines ohne Touristenrummel. Es gibt nicht einmal ein Hotel hier.
Unterkunft: Privatzimmer, Fučikovo nám. 32 (Marktplatz).

Etappe 51:
Mikulov - Litobratřice - Vitonice (40 km)

In der ersten Hälfte der Etappe durch das flache Gebiet des Dyjskosvratecký-Grabens sehen wir: eine sanft gewellte Ebene mit vielen Weinfeldern, Bäume, die wie Streublumen auf den Maisfeldern stehen, und einzelne Waldhaine. In der zweiten Hälfte: weite Felder und Wald am Horizont, verschlafene Dörfer, wo vor den Häusern auf verwaisten Stühlen Gurken und Tomaten angeboten werden. Der Verkehr hält sich in Grenzen, Steigungen gibt es praktisch nicht. Eine angenehme Etappe.

Um Mikulov zu verlassen, wenden Sie sich zunächst auf der 52 nach Brno und biegen dann am Ortsrand auf die 414 nach Znojmo/Březí ab. Auf einem Niveau um 140 m schnürt die 414 über Březí und Dobré Pole nach Drnholec (130 m, km 14). Nach Litobratřice, Břěžany und Čejkovice (180 m, km 30) stoßen Sie auf die 54, die Sie nach einem 500 m weiten Rechts-Links-Schlenker nach Oleksovice wieder verlassen. Dort biegen Sie links ab nach Vitonice (150 m).

(*In Gegenrichtung:* Verlassen Sie Vitonice nach Oleksovice. Dort zweigen Sie von der Hauptstraße beim Haus Nr. 188 rechts ab. Einen Hinweis gibt es an dieser Stelle nur in Geradeausrichtung nach Hosteřadice.)

Etappe 52:
Brno - Říčany - Velká Bíteš - Velke Meziříčí (55 km)

Früher fuhr man auf der Landstraße von Brünn nach Jihlava, heute trägt die Autobahn die Hauptlast des Verkehrs, so daß die alte Fernstraße 602 sich nun als angenehme Radelstrecke empfiehlt. Nur in der Nähe von Autobahnzufahrten ist der Verkehr auf ihr stärker. Pflaumenbaumspaliere, Mischwälder, Wiesen und Felder - eine hübsche Etappe. Mit zwei Ausnahmen verlangen die Steigungen nur nach gemäßigtem Muskeleinsatz.

Um Brno zu verlassen, wenden Sie sich zunächst auf die 52 nach Mikulov und zweigen 2 km südlich vom Zentrum rechts ab auf die 602 nach Jihlava. Hinter dem Ort Popůvky folgen ca. 2 km gepflasterte und dadurch etwas unangenehme Steigung, wobei Sie hundert Höhenmeter gewinnen. Biegen Sie rechts ab bei der auf den Abzweig zum Grand-Prix folgenden, nächsten Möglichkeit. (*In Gegenrichtung:* Biegen Sie 2 km, nachdem Sie die Autobahn unterquert haben, **links** ab, ein Hinweis zeigt an dieser Stelle rechts zur Autobahn Praha/Brno.)

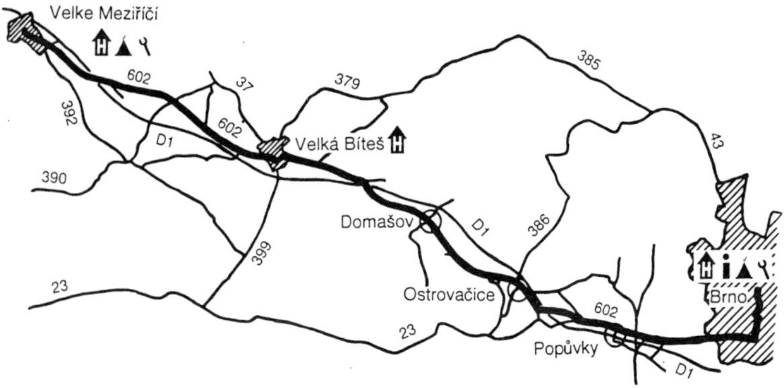

Dieses Sträßchen führt nun, nachdem es die Autobahn unterquert hat, auf die Fortsetzung der 602. Auf der radeln Sie rechter Hand weiter nach Ostrovačice. (*In Gegenrichtung:* 850 m nach dem Ortsendeschild von Ostrovačice zweigen Sie links von der 602 ab und unterqueren die Autobahn. Eine Halterung für einen Hinweis war 1991 bereits montiert.)

Ab Říčany (370 m, km 21, zwei Privat-Campingplätze) liftet Sie die Straße bis Říčky um hundert Höhenmeter (gut zu bewältigende Steigung) und führt dann über Domašov nach Velká Bíteš (500 m, km 38, nette Privat-Pension "u Raušů" am Marktplatz). Hinter dem Zentrum von Velká Bíteš müssen Sie etwas achtgeben, um den Abzweig nach Jihlava (geht rechts von der ortsdurchquerenden 37 ab) nicht zu übersehen. Auf einer schönen und nicht zu hügeligen Strecke führt Sie die 602 sodann bis Velke Meziříčí.

Velke Meziříčí, Südmähren, 410 m, 14.000 Ew., ist eigentlich eine graue Industriestadt, besitzt aber einen unvermutet attraktiven Marktplatz mit Renaissance-Rathaus, Bürgerhäusern aus Barock und Renaissance sowie einer Nikolauskirche, die dem 14. Jh. entspringt. Am Ende des Platzes sind sehenswerte Reste der Stadtmauer plus Stadttor erhalten geblieben (15./16. Jh.).
Unterkunft: zwei preiswerte Hotels am Marktplatz.
Camping: "Jestřabec", ganzjährig, keine Hütten, 3 km westlich, an der 602 nach Jihlava.
Fahrradservice: Jozef Borůvka, Sokolovska 42 (Ortsdurchgangsstraße).

Etappe 53:
Velke Meziříčí - Měřín - Jihlava (34 km)

Ins Zentrum der Böhmisch-Mährischen Höhe führt diese Etappe und ist dabei doch nur mäßig hügelig. Durch eine lieblich-grüne, schornsteinfreie Landschaft krabbelt die Straße auf der ersten Hälfte der Strecke allmählich bergan und verliert dann insgesamt wieder etwas an Höhe. Der Verkehr ist maßvoll.

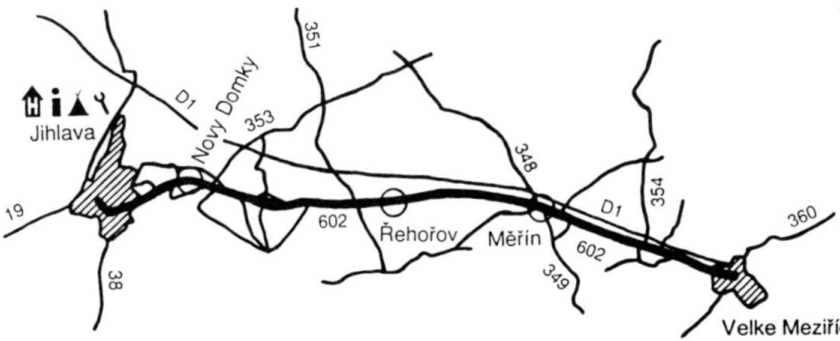

Setzen Sie Ihre Tour von Velke Meziříčí aus auf der 602 nach Jihlava fort. Über Měřín (470 m, km 11), Řehořov (590 m, km 18) radeln Sie nach Novy Domky (530 m, km 28), anschließend geht die Straße noch einmal kurz in die Knie (460 m), bevor sie sich nach Jihlava hinein wieder auf 510 m reckt.

Etappe 54:
Brno - Jedovnice - Macocha - Skalní Mlyn - Sloup (46 km)

Die Attraktion dieser Etappe ist der ***Mährische Karst*** *(Moravský kras), ein 100 km² großes, durch Einwirkung von Regen- und Schmelzwasser zerklüftetes Kalksteinareal mit zahlreichen Tropfsteinhöhlen (davon vier zugängliche), unterirdischen, teilweise noch unerforschten Flüssen und Schluchten von beachtlicher Tiefe. Eine Anzahl markierter Wanderwege führt durch die wundersame Formenwelt der Karsterscheinungen. Langsam gewachsener Mischwald bedeckt die mageren Karstböden.*

Auch ohne die über Stock und Stein führenden Wanderwege benutzen zu können, ist das Fahrrad das geeignete Vehikel, um a) zu den Hauptanziehungspunkten zu gelangen und b) einen landschaftlichen Eindruck zu bekommen. Das Karstgebiet ist kein Gebirge, es ruht eher in der Erde als über ihr. Steigungen gibt es daher hauptsächlich an den Randgebieten. Der Verkehr beschränkt sich auf die Autos der Besucher.

Auch außerhalb des Landschaftsschutzgebietes ist diese Etappe übrigens durchaus reizvoll, und trotz einiger Steigungen ist gut radeln auf ihr.

Hinweis: Die Detailkarte für den Mährischen Karst ("Moravský kras", 1:50.000) erhalten Sie unter anderem bei ČEDOK in Brno (s. Etappe 49).

Verlassen Sie Brno nördlich des Zentrums auf der Lidická-Straße (Hinweis Svitavy), biegen Sie nach 1 km rechts auf die Pionýrská-Straße ein (Hinweis zur Autobahn Olomouc). Folgen Sie dann dem Straßenverlauf für 3 km nach Osten, und zweigen Sie beim Hinweis Adamov links ab. (*In Gegenrichtung:* Zum Zentrum von Brno folgen Sie an dieser Kreuzung dem Hinweis Wien/Svitavy.) Auf der 374 radeln Sie nun durch eine schöne Landschaft nach Bilovice (230 m, km 11) und wenden sich dort nach Kanice (320 m, km 15), das Sie über Řícmanice erreichen. Auf der 373 geht es mäßig bergan nach Březina (440 m, km 19). (*In Gegenrichtung:* Folgen Sie 3 km hinter Březina dem Hinweis nach Kanice, nicht dem nach Brno.) Ab Březina geht es weiter über Křtiny (410 m, km 21; unvollendete, barocke Pilgerkirche von Giovanni Santini) nach Jedovnice (km 27), wo Sie am Ortsrand rechts abbiegen nach Vyskov.

Jedovnice, Südmähren, 460 m, hat sich zum Ferienort am Rand des Mährischen Karstes entwickelt. Die spätbarocke Dorfkirche brannte 1822 zusammen mit dem halben Dorf ab, wurde später äußerlich restauriert und in den 60er Jahren von zeitgenössischen Künstlern ausgestaltet.
Camping: "Olšovec", 14.4.-15.10., schöne Lage am See, Tel. Blansko 93134.
Unterkunft: Hotel "Riviera", Tel. 93209; Hotel "Terasa"; mehrere Privatunterkünfte.

Setzen Sie Ihre Tour auf der 373 nach Sloup/Macocha fort. Fast abrupt beginnt hinter dem Dorf Vilémovice (530 m, km 29) der Mährische Karst, und es geht rasch hinab auf 430 m. Folgen Sie nun den Hinweisen zur Macocha-Schlucht, bis die Straße ebendort bei einem Parkplatz endet (Anmerkung: sowohl im Velký-Autoatlas 1:200.000 als auch in der RV-Karte 1:300.000 führt die Straße fälschlicherweise bis zur Punkevní-Höhle weiter). Hier befinden Sie sich an einem der Ausgangspunkte für Karstwanderungen (Erfrischungsstände, Restaurant, Orientierungshilfen). Von einer Plattform können Sie in die 138 m tiefe **Macocha-Schlucht** blicken, die einst durch den Einsturz einer Höhle entstanden ist; ein markierter Pfad führt hinab.

Verlassen Sie Macocha wieder auf der Asphaltstraße, und biegen Sie auf die 381 nach Skalní Mlýn ab. 4 km weit geht es nun bergab (von 490 m auf 340 m) bis zum Eingang der **Katerinská-Höhle** (sehenswerte Tropfsteinhöhle, die einst zum unterirdischen Flußsystem der Punkva gehörte; monumentaler Höhlendom; bizarre Tropfsteingebilde; Führungen: täglich 8.00-15.30 Uhr). Von der Katerinská-Höhle führt der Weg weiter nach Skalní Mlýn, wo ein weiterer Ausgangspunkt für Wanderungen besteht. Folgen Sie dem Hinweis zur **Punkevní-Höhle** (Tropfsteinhöhle mit zwei prächtigen Domen. Ein Fußweg führt zum Grund der Macocha-Schlucht, zurück geht es per Boot auf der unterirdischen Punkva. Führungen: tägl. 8.00-15.30 Uhr).

Überqueren Sie den Parkplatz vor der Punkevní-Höhle, wo die nunmehr für Motorfahrzeuge gesperrte Straße sich durch das idyllische Stýžleb-Tal nach Norden schlängelt. Vor Sloup mündet dieser paradiesische "Rad"-weg nach sanftem Anstieg auf die 373/377. Hinweis: Hier können Sie, so Sie wollen, bereits an Etappe 55 knüpfen. Fahren Sie ansonsten geradeaus weiter bis zur **Sloup-Šošůvká-Höhle** (weitläufiges Tropfsteinhöhlensystem auf zwei Grottenetagen; wichtige archäologische Funde; Führungen: tägl. 8.00-15.30 Uhr). Wenn Sie die Höhle passiert haben, sind Sie auch schon gleich in **Sloup** (470 m, km 46; Campingplatz 15.6.-15.9., Privatunterkünfte).

(*In Gegenrichtung:* Verlassen Sie Sloup zunächst auf der 377 in Richtung Prostějov, fahren Sie beim nächsten Abzweig geradeaus weiter nach Skalní Mlýn. Dort folgen Sie dann den Hinweisen nach Jedovnice und Macocha.)

Kartenskizze Etappen 54 & 55

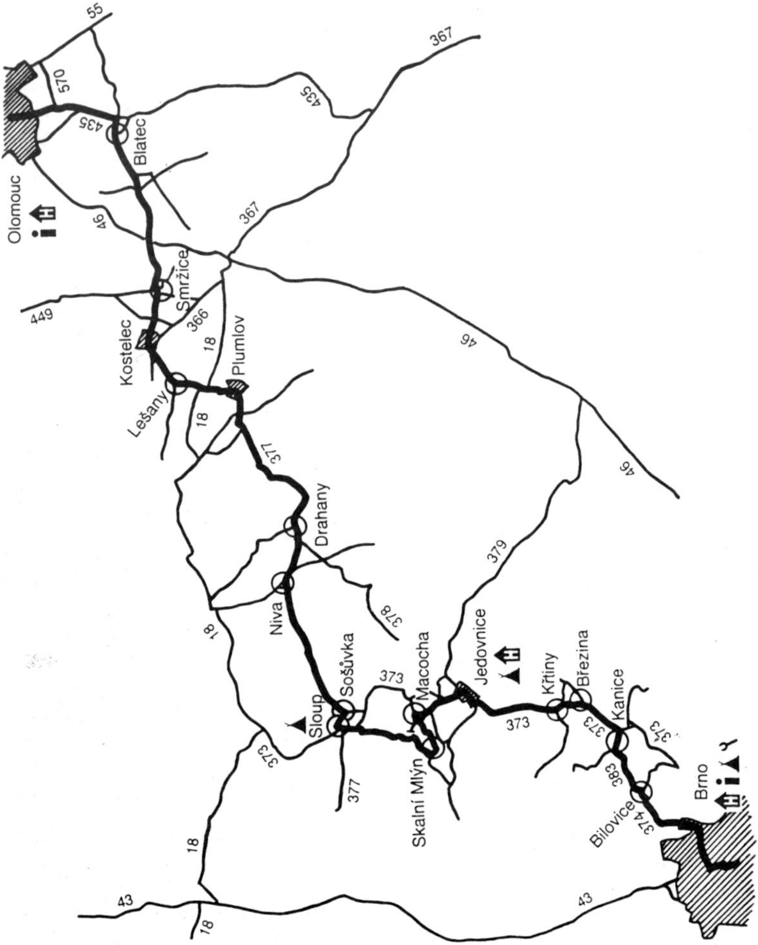

Bürgerhaus in Olmütz

Etappe 55:
Sloup - Plumlov - Kostelec - Blatec - Olomouc (57 km)

Ebereschen mit rotleuchtenden Früchten an der Straße bringen Farbe ins Bild einer insgesamt eher unspektakulären Landschaft; deren Hügel werden im Verlauf der Etappe zunehmend sanfter. Der Verkehr hält sich in akzeptablen Grenzen.

Verlassen Sie Sloup auf der 377 in Richtung Prostějov. Nach 1 km biegen Sie links ab auf die 373 (geradeaus führt die Straße weiter nach Skalní Mlýn; s. Etappe 54). Biegen Sie nach einer mittleren Steigungsstrecke links ab auf die 377 nach Sošůvka (560 m, km 3). Über Vysočany, Niva und Drahany klettern Sie allmählich auf 630 m, dann folgen 8 km mittleren Gefälles bis Plumlov (300 m, km 27; Camping "Žralok", 1.5.-30.9., am See gelegen, ausgeschildert).

Setzen Sie Ihre Tour in Plumlov auf der Nebenstraße nach Ohrozim fort. Über Lešany erreichen Sie Kostelec. Nachdem Sie dort ein Eisenbahngleis überquert haben, folgen Sie zunächst dem Hinweis Prostejov und fahren dann geradeaus weiter nach Smržice. Hier biegen Sie links ab nach Litovel und anschließend halbrechts nach Dubany; biegen Sie nicht versehentlich in die ganz rechts abzweigende Straße ein. (*In Gegenrichtung:* Folgen Sie zunächst dem Hinweis Prostejov, dann dem nach Kostelec.) Über Dubany und Blatec stoßen Sie auf die 435

nach Olomouc, die streßfrei in die Stadt führt. Wenn Sie dort die Eisenbahngleise passiert haben, halten Sie sich rechts und biegen noch vor der Brücke nach links in die Katerinská-Straße ein, die direkt in die Altstadt führt.
(*In Gegenrichtung:* Verlassen Sie Olomouc auf der 435 nach Tovačov, zweigen Sie 4 km nach der Stadtgrenze rechts nach Blatec ab.)

Olomouc (Olmütz), Nordmähren, 200 m, 106.000 Ew., in der fruchtbaren Haná-Ebene gelegen, war bis zum Dreißigjährigen Krieg die blühende Hauptstadt Mährens. Als dann die auf der Seite der Protestanten kämpfenden Schweden die streng katholische Stadt acht Jahre lang besetzt hielten, verlegte man die Hauptstadt nach Brünn (später gar nach Bratislava). Als die Schweden 1650 wieder abzogen, war Olomouc in großem Umfang zerstört. Die anschließenden Bautätigkeiten wurden gestoppt, als die Österreicher Olomouc 1741 zur befestigten Stadt erklärten. In einem Abstand von 1½ km mußten alle außerhalb der Stadtmauer gelegenen Gebäude entfernt werden. Dafür sperdierte Kaiserin Maria Theresia dem Stadtinnern eine Reihe prächtiger Bauwerke. Im europäischen Revolutionsjahr 1848 rettete sich die kaiserliche Familie in die Garnisonsstadt.
Erst als die Stadtmauern 1886 geschleift wurden, setzte auch in Olomouc die industrielle Entwicklung ein, heute ist die Stadt einer der Hauptstandorte der Lebensmittelindustrie und des Maschinenbaus.
An die 300 Objekte stehen in Olomouc unter Denkmalschutz, kulturhistorisch ist die Stadt damit die zweitreichste der ČSFR. Mit ihren Kirchen, Palästen sowie sechs alten Marktplätzen, ihren barocken Brunnen, Votivsäulen, Skulpturen und den Bürgerhäusern aus Gotik, Barock und Renaissance, gehört die Stadt zu den besonders sehenswerten Angeboten des Landes. Wenngleich auch hier noch viel Arbeit auf die Restauratoren wartet...
Weitläufige Parks umschließen heute anstelle der Stadtbefestigungen die Altstadt. Die vielen Blumenanpflanzungen sollen einen Vor- bzw. Nachgeschmack auf die Gartenbau- und Blumenausstellungen geben, die in Olomouc regelmäßig stattfinden. Zu den Altstadt-Highlights gehören das Rathaus mit der Astronomischen Uhr, die barocke Pestsäule, die so groß geraten ist, daß man gleich noch eine kleine Kapelle in ihr unterbringen konnte, der im Kern romanische, aber frühgotisch umgebaute Wenzelsdom und die spätgotische Kirche St. Mauritius mit einer barocken Orgel, von der manche behaupten, sie sei die größte der Welt. Mit 2311 Orgelpfeifen ist sie zumindest nicht die kleinste.
Eine lokale Spezialität sind die "Olmützer Quargeln": Käsekügelchen, die streng riechen, aber lange haltbar sind.

Telefonvorwahl: 068.

Information: ČEDOK, Horní nám. 2, Tel. 26738; Tourist Centrum, Rooseveltova 79, tägl. 9-21 Uhr, Tel. 27191.

Unterkunft: "Hotelový dům", Velkomoravská, Tel. 29671; "Morava", Riegrova 16, Tel. 29671.

Camping: Der nächstgelegene Campingplatz "Dolní Žleb" liegt 14 km nördlich bei Šternberk, 15.5.-15.9., Tel. Šternberk 2300.

Etappe 56:
Litomyšl - Strakov - Dětřichov - Moravská Třebová - Bouzov (63 km)

Von Ostböhmen nach Nordmähren: Ganz überwiegend auf ruhigen Landstraßen führt diese Etappe durch den Ostteil des Böhmischen Plateaus. Dem bereitet schließlich die Boskowitzer Furche ein Ende und bringt dabei die Strecke im zweiten Etappendrittel auf ein deutlich niedrigeres Niveau. Eng stehen die niedrigen Hügel schließlich im letzten Drittel der Etappe und formen ein kuscheliges Tal, wo sich im Vorbeiradeln in Gärten und Kaninchenställe schauen läßt. Die Landschaft ist freundlich, die Steigungen sind maßvoll, der Verkehr ist gering.

Verlassen Sie Litomyšl (330 m), indem Sie sich auf der 35 nach Svitavy wenden und noch innerorts links abbiegen nach Strakov. Nachdem Sie Janov (500 m, km 8) passiert haben, radeln Sie wieder ein Stück auf der 35 in Richtung Svitavy. (*In Gegenrichtung:* Abbiegen beim Hinweis Strakov.) Nach knapp 3 km verlassen Sie die 35 beim Hinweis Gajer. Fahren Sie über Gajer (550 m, km 11) nach Opatovec (480 m, km 16). Dort biegen Sie zunächst nach Opatov ab und radeln, nachdem Sie die Eisenbahngleise überquert haben, geradeaus weiter nach Mor. Třebová. (*In Gegenrichtung:* Folgen Sie den Hinweisen nach Litomyšl.)

Ab Dětřichov (530 m, km 21) geht es dabei durch Waldgebiet maßvoll bergan bis 620 m, anschließend haben Ihre Beine weitgehend Pause. Auf sich allmählich abflachendem Gefälle geht es über Kunčina hinab bis Moravská Třebová.

(*In Gegenrichtung:* Verlassen Sie Mor. Třebová auf der 368 in Richtung Šumperk, zweigen Sie dann links ab nach Kunčina.)

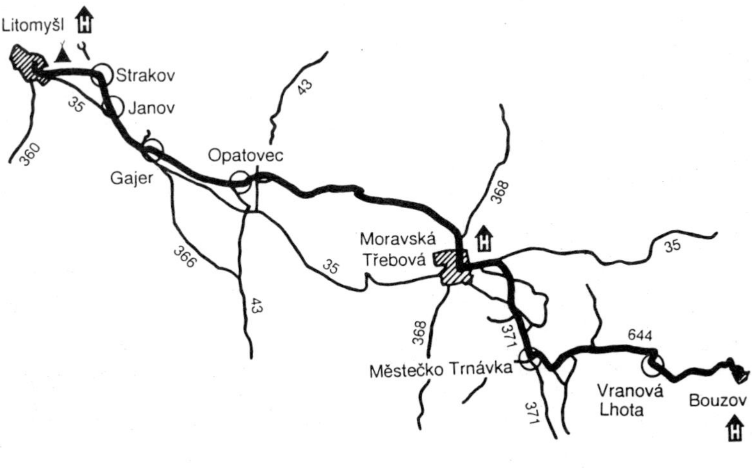

Moravská Třebova (Mährisch-Trübau), Ostböhmen, 400 m, 12.500 Ew., war eine der sechs Städte der historischen Region Schönhengstgau. Vom König im 13. Jh. ins Land gerufen, siedelten sich deutsche Kolonisten an einem Höhenzug an, den sie damals "Sintenhengst" nannten; heute würde man dies als Schinderhang übersetzen. Doch bald hatten sie sich mit ihrer neuen Heimat so weit angefreundet, daß sie den Höhenzug auf Schönhengst umtauften.
Die unter Denkmalschutz stehende Altstadt von Mährisch-Trübau weist den rechtwinkligen Grundriß einer gotischen Stadtanlage auf. Viele der schlichten Bürgerhäuser besitzen noch einen gotischen Baukern, ebenso das ursprünglich gotische Rathaus, das dann im 16. Jh. ein Renaissancegewand erhielt. Das Renaissanceschloß der Liechtensteins besitzt einen Arkadenhof, der einen vertieften Blick wert ist.
Unterkunft: Hotel "Morava", úl. Osvoboditelú 2/ Ecke Brněnska (Durchgangsstraße nach Brno); Hotel "Slavia", am Marktplatz (nám. T. G. Masaryka).

Verlassen Sie M. Třebová auf der 35 in Richtung Olomouc, biegen Sie dann auf die 371 nach Městečko Trnavka (330 m, km 45) ab. Auf der 644 radeln Sie nun auf ebener Strecke durch ein Tal bis Vránová Lhota (310 m, km 54). Folgen Sie anschließend den Hinweisen nach Bouzov, das Sie über Doly (290 m, km 61) nach 2 km mäßigen Anstiegs erreichen. (*In Gegenrichtung:* Biegen Sie in Doly nach Jevicko ab, folgen Sie anschließend den Hinweisen nach M. Třebová.)

Hrad Bouzov (Burg Busau), Nordmähren, 410 m.
Während der Zeit der Kreuzzüge gründeten norddeutsche Kaufleute im 12. Jh. in Palästina einen Krankenpflegeorden, aus dem wenig später der Deutsche Orden hervorging. Dieser geistliche Ritterorden erwarb im 13. und 14. Jh. das baltische Gebiet zwischen Danzig und Estland, das er christianisierte und als "Deutschordensstaat" zu wirtschaftlicher Blüte brachte. Im 15. Jh. mußte der Orden dieses Gebiet an Polen abtreten.
Da inzwischen auf dem Felde der Missionierung nicht mehr viel zu tun war, erwarb der Orden zur eigenen Bestands- und Machtsicherung möglichst viel Land jenseits des verlorenen Gebietes und kaufte im 17. Jh. auch die gotische Burg Busau mit ihren umfangreichen Ländereien. Die Festung war im Dreißigjährigen Krieg arg verwüstet worden; erst Ende des 19. Jh. gab der Hochmeister (= Oberhaupt) des Ordens den Auftrag zu ihrer Neugestaltung im Stile der romantischen Neogotik. Dabei entstand ein repräsentatives Zeremonienschloß mit all den Zutaten einer mittelalterlichen Burg. An die 150 original für den Orden eingerichtete Räume besitzt die Burg heute, die Burgkapelle beherbergt die Grabsteine der Ordensmeister, und auch die Sammlungen betreffen den Ritterorden - der seit 1929 nur noch in Form eines Bettelordens existiert.
Besichtigungen: Mai-Sep Di-So 9-12 u. 12.30-17 Uhr; Okt-Apr Sa/So 9-12 u. 12.30-16 Uhr.
Unterkunft: Im Ort Bouzov gibt es an der Hauptstraße ein Hotel, das sich einfach nur "Hotel" nennt.

Etappe 57:
Bouzov - Bohuslavice - Náměšť - Olomouc (41 km)

Weit einsehbar ist die Landschaft und grün die Dreifaltigkeit - Felder, Wald und Wiesen -, die sich über die ausladenden Hügel legt. Von denen weht gelegentlich das Geräusch eines Mähdreschers herüber. Auf dieser verkehrsarmen Etappe halten sich ebene Streckenabschnitte und maßvoll hügelige in etwa die Waage. Schwere Steigungen kommen nicht vor.

Über Kovářov (450 m, km 5) radeln Sie nach **Javoříčko** (380 m, km 10; eine Ortschaft, die am 15.5.1945 von den Nazis niedergebrannt wurde, wobei zugleich 38 Männer erschossen wurden. 5 km südlich des Ortes liegen die großen Tropfsteingrotten Javoříčské jeskyně, die ihre Entstehung der Erosionstätigkeit eines unterirdischen Flusses verdanken). Nach Veselíčko erreichen Sie Luká (480 m, km 13), wo Sie für 100 m die 373 in Richtung Olomouc benutzen, biegen dann im Ort bei der nächsten Möglichkeit zweimal rechts ab (kein Hinweis) und radeln weiter nach Polomi. (*In Gegenrichtung:* Folgen Sie dem Hinweis Bouzov.)

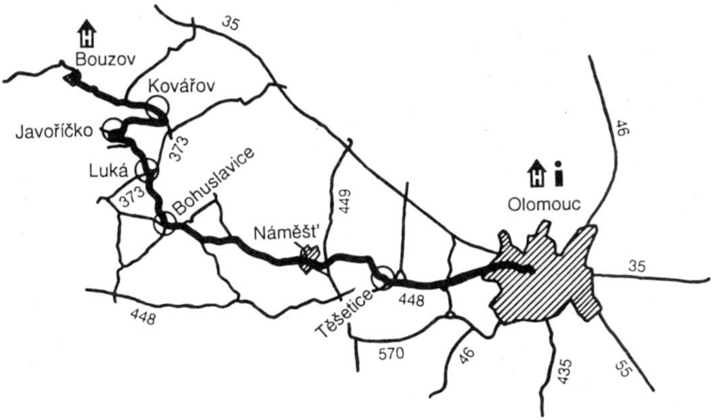

In Bohuslavice folgen Sie erst dem Hinweis nach Náměšt, dann dem nach Prostějov und nach ca. 2 km erneut dem Hinweis nach Náměšt. Über Olbramice erreichen Sie Náměšt (250 m, km 26), hier folgen Sie dem Hinweis nach Olomouc. In Těšetice (220 m, km 32) biegen Sie rechts ab auf die 448 - ein Hinweis fehlt an dieser Stelle - und radeln auf ihr bis in die Stadt hinein.

(*In Gegenrichtung:* Verlassen Sie Olomouc auf der Míru-Allee, die zugleich die 448 nach Konice darstellt. Biegen Sie nach 9 km beim Hinweis Loučany rechts ab.)

Etappe 58:
Olomouc - Dřevohostice - Holešov - Zlín - Březolupy (86 km)

Ohne große Mühe führt diese Etappe durch ein leicht hügeliges Nordmähren, wo Mais, Hopfen und Pflaumenbäume wachsen. Hinter Dřevohostice beginnt mit Südmähren der anspruchsvollere zweite Abschnitt der Etappe. Drei längere Steigungen und vermehrte Waldgebiete sind zu vermerken. Insgesamt eine schöne Etappe. Lediglich südlich von Zlín ist der Verkehr etwas dichter.

Verlassen Sie Olomouc (200 m) südlich der Altstadt auf der 435 in Richtung Tovačov. Zweigen Sie hinter der Stadtgrenze durch die Unterführung nach Grygov ab. (*In Gegenrichtung:* Falls Sie nicht nach Olomouc hineinfahren wollen, können Sie bereits hier an Etappe 55 anknüpfen.) Fahren Sie von Grygov nach Velký Týnec (220 m, km 14) und weiter über Hostkovice, Vacanovice (270 m, km 19) und Lipňany nach Penčice (240 m, km 23). Dort biegen Sie erst links in Richtung Tršice ab und sogleich wieder rechts in die nach Buk führende Ortsstraße Kbuku; ein Hinweis fehlt an dieser Stelle. (*In Gegenrichtung:* Biegen Sie zunächst nach Přerov, dann nach Lipňany ab.)

Über Z. Lhota und Buk (240 m, km 28) fahren Sie nach Prosenice, das Sie nach einem Zwischenspiel auf der 47 (400 m in Richtung Lipník) beim Hinweis Radslavice wieder verlassen. (*In Gegenrichtung:* Folgen Sie erst dem Hinweis Přerov, dann dem nach Buk.) In Radslavice folgen Sie den Hinweisen nach Pavlovice. (*In Gegenrichtung:* Wenden Sie sich erst nach Přerov, dann nach Prosenice.) In Pavlovice (300 m, km 36) biegen Sie nach einer kurzen Steigung halbrechts ab nach Dřevohostice; kein Hinweis an dieser Stelle. Nachdem Sie Hradčany und Nahošovice passiert haben, biegen Sie links ab auf die 18.

In Dřevohostice (230 m, km 42) angekommen, zweigen Sie von der 18 wieder ab nach Holešov. (*In Gegenrichtung:* Folgen Sie erst dem Hinweis Přerov, dann dem nach Pavlovice.) Über Prusinovice und Tučapy erreichen Sie Holešov (230 m, km 54; Hotel "Slavia" am Marktplatz). Fahren Sie nun für 3 km auf der 490 in Richtung Zlín, und biegen Sie dann nach Žeranovice ab. Hinter Racková (240 m) beginnt ein knapp 3 km langer Anstieg auf 350 m, dann liegt Ihnen, eingebettet in bewaldete Hügel, Zlín zu Füßen (220 m, km 71).

(*In Gegenrichtung:* Verlassen Sie Zlín, indem Sie auf der westlichen Stadtbrücke die Drevnice überqueren und anschließend links auf die Mladcovská-Straße biegen. Beim Haus Nr. 13 verlassen Sie die Mladovská nach links und radeln bergan aus Zlín heraus.)

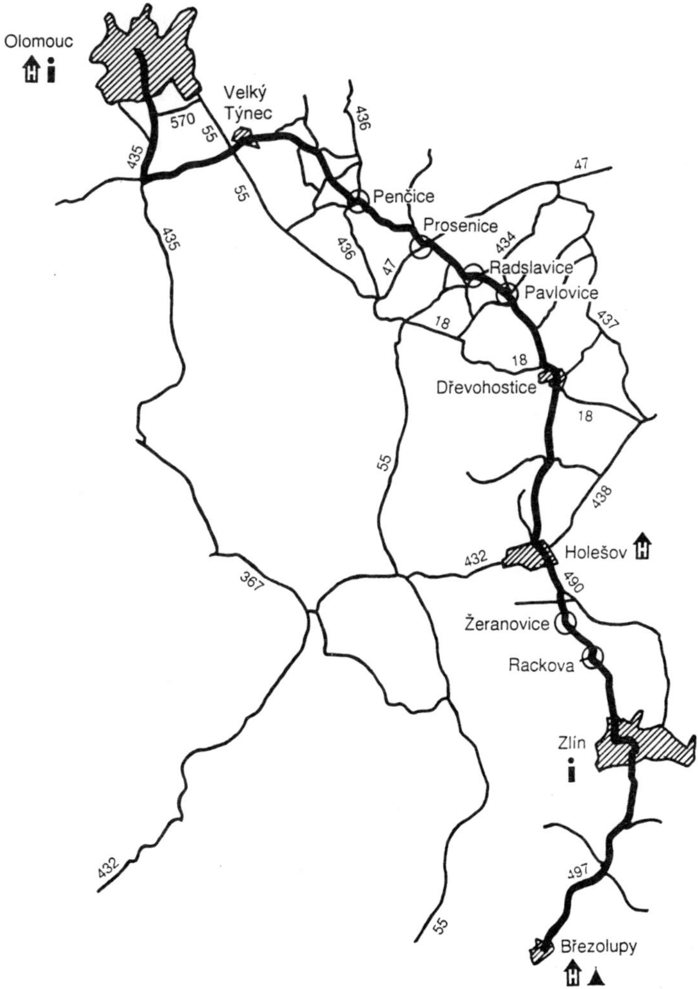
Olomouc
Velký Týnec
570
55
435
436
47
Penčice
Prosenice
434
Radslavice
Pavlovice
437
18
Dřevohostice
438
Holešov
432
490
367
Žeranovice
Rackova
Zlín
497
Březolupy

Zlín, Südmähren, 220-360 m, 90.000 Ew.
Einen alten Marktplatz wird man in Zlín vergeblich suchen, auch bilden weder Schloß noch Kirche den örtlichen Mittelpunkt, nein, der Nabel der Stadt ist die Svit-Schuhfabrik. 1894 begann Tomáš Bat'a Leinenschuhe industriell zu produzieren, die so billig waren, daß sie weite Käuferkreise ansprachen. Einen Haufen Geld verdiente er dann im Ersten Weltkrieg durch die Lieferung von Schuhwerk an das österreichische Militär. Dieses Kapital steckte er in den Ausbau von Schuhfabrik und Stadt. 1932 bauten in Zlín 23.000 Menschen Bat'a-Schuhe zusammen; es war das Jahr, in dem der Firmengründer tödlich verunglückte und sein Bruder die Leitung übernahm. Bat'a war der Typ des progressiven Unternehmers, wozu auch die Fürsorge für die Belegschaft gehörte. Er ließ moderne Werkssiedlungen bauen, die zwar nur vorläufig sein sollten, aber bereits so solide gebaut und gut ausgestattet waren, daß diese roten Ziegelbauten noch heute beliebter sind als die "modernen", realsozialistischen Plattenbauten. Bat'a beteiligte seine Arbeiter am Gewinn, war aber alles andere als ein Kommunistenfreund. Nach dem Krieg wurden deshalb aus den Bat'a-Werken die Svit-Werke, und Zlín mußte sich bis 1989 Gottwaldov nennen: nach dem ersten kommunistischen Präsidenten der Tschechoslowakei, der für die stalinistische Ära des Landes verantwortlich zeichnete.
Nun heißt die Stadt also wieder Zlín, und auch die Bat'a-Werke, die seit Kriegsende ihr weltweites Schuhgeschäft von Kanada und Brasilien aus betreiben, zeigen allmählich wieder Flagge.
Die Architektur der Stadt wurde von Bat'a geprägt, der auf eine ästhetisch-progressive Gestaltung Wert legte. Berühmte Architekten wie František Gahura und Le Corbusier schufen mit Elementen aus Beton, Ziegeln und Glasfächen ein Schaustück der klassischen Moderne, das allerdings unvollendet blieb und inzwischen in einem Konglomerat von Nachkriegsimitationen untergegangen ist.
Deshalb ist Zlín als solches auch kaum noch sehenswert, der Ort erscheint als ein Mischmasch aus halbmoderner Architektur, schöner Lage und heruntergekommener Gummi- und Schuhindustrie. Sehenswert ist das Schuhmuseum; seine Öffnungszeiten entsprechen der Frühschicht der Schuhfabrik, in der es untergebracht ist: Mo-Fr 7-13 Uhr, Sa 8-14 Uhr.
Information: ČEDOK, Kvitkova 80, Tel. (067) 27018.
Unterkunft: Zlín ist ein teures Pflaster. Am billigsten ist nochdas Hotel "Ondráš", wo ein Einzelzimmer auch schon auf 55 DM kommt.

Setzen Sie die Etappe fort, indem Sie von der Hauptdurchgangsstraße aus den Hinweisen nach Uherské Hradiště folgen. Bis zur Stadtgrenze geht es innerhalb von 2½ km von 200 auf 390 m (Zlín liegt eindeutig in einem Talkessel). Anschließend haben Sie leichtes Spiel: bis **Březolupy** (200 m; **Unterkunft:** Campingplatz und Touristenherberge "Slovácko", ganzjährig, an der Hauptstraße, Tel. 975125) geht es auf der 497 talwärts - erst schneller, dann langsamer.

Etappe 59:
Březolupy - Uherské Hradiště (12 km)

Sanft abfallende, nette Strecke. Mäßiger Verkehr.

Radeln Sie auf der 497 über Bílovice nach Uherské Hradiště. Biegen Sie in der Stadt links auf die 55, die Sie zum Zentrum führt.

(*In Gegenrichtung:* Verlassen Sie U. Hradiště, indem Sie sich innerorts auf der 55 nach Olomouc wenden und dann auf die 497 nach Zlín abbiegen.)

Uherské Hradiště (Ungarisch-Hradisch), Südmähren, 180 m, 38.000 Ew.
Die geschäftige Industriestadt an der March liegt im Mittelpunkt der Mährischen Slowakei, einer Landschaft, die wegen des slowakischen Dialektes ihrer Bewohner so heißt. Wenn man einmal von der Franziskanerkirche und der obligatorischen Jesuitenkirche absieht, ist eigentlich nur die am Marktplatz gelegene Barock-Apotheke "Zur goldenen Krone" einen Blick wert (leider mit modernisiertem Verkaufsraum).
Die eigentliche Attraktion von Uherské Hradiště ist im Ortsteil Staré Město (Altstadt) zu finden, der am anderen Ufer der March liegt. Hier wird seit fast fünfzig Jahren nach der, in alten Aufzeichnungen Velehrad (Großburg) genannten, sagenhaften Hauptstadt des Großmährischen Reiches (9.-10. Jh.) gebuddelt. Viele Funde sind allerdings noch älter und gehen auf Slawen zurück, die hier am Kreuzungspunkt zweier Handelsstraßen schon vor der Gründung der vermuteten Velehrad siedelten. Erschwert werden die Ausgrabungen, weil ein Teil des Areals sich mitten in der bewohnten Stadt befindet. Auf den freigelegten Grundmauern einer Kirche des 9. Jh. und über einer Anzahl von Gräbern, in denen viel heimischer und byzantinischer Schmuck gefunden wurde, steht nun der Museumsbau der "Nationalen Kultur- und Gedenkstätte Großmährisches Reich" (Pamatník Velké Moravy). Besichtigung: April-Okt Di-So 8-12 u. 13-16 Uhr. Noch mehr Fundstücke, aber auch volkskundliche Sammlungen, zeigt das Slowakisch-Mährische Museum (Slóvácké muzeum) in der Smetanovy sady im Osten von Uherské Hradiště.
Information: ČEDOK, Masarykovo nám. 35, Tel. (015) 3342, 2820.
Unterkunft: Hotel "Morava", Šafarikova 855.
Camping: "Kunovice", 1.6.-30.9., am südöstlichen Stadtrand, Tel. (015) 5371.

Etappe 60:
Uherské Hradiště - Vlčnov - Březová - Nové Mesto n. Váh. (56 km)

Die Apfelbäume an der Straße sind Legion; durch die nicht allzu aufregende Landschaft des Dolnomoravský-Grabens führt der Etappe erster Teil.
Wie ein Riegel liegen dann drei Grenzgebirge zwischen der Tschechischen und der Slowakischen Republik: ganz im Norden die Slowakischen Beskiden, darunter das zu den Außenkarpaten zählende Javorniky-Gebirge und - noch weiter südlich - die Weißen Karpaten (Bilé Karpaty). Daran führt kein Weg vorbei. Vergleichsweise günstig stellen sich dabei die ***Weißen Karpaten*** *dar, weil dieses ohnehin nur bis zu 970 m hohe Gebirge in einzelne Gebirgsstöcke zerfällt, zwischen denen sich Täler befinden.*
Der Südzipfel der Weißen Karpaten, durch den diese Etappe schlüpft, präsentiert sich denn auch nicht gebirgig, sondern als "verschärfte" Hügellandschaft. Eine optische Genußstrecke mit Kreislaufbeschleunigung; der Verkehr ist gering.

Verlassen Sie U. Hradiště, indem Sie sich zunächst auf der 55 nach Břeclav wenden und dann auf der 50 in Richtung Uherský Brod aus der Stadt herausfahren. Bei Veletiny verlassen Sie die verkehrsreiche Fernstraße und zweigen nach Vlčnov ab. Wenn Sie diesen Ort (230 m, km 14) geradewegs passiert haben, klettern Sie über einen 350 m hohen Hügel (nicht allzu anstrengend) und treffen schließlich auf die 490, auf der Sie sich nach Nivnice wenden.

In Nivnice (250 m, km 22) folgen Sie dem Hinweis Bánov, außerhalb des Ortes zweigen Sie dann nach Březová ab. Bevor Sie diesen Ort erreichen, hat Ihnen der liebe Gott jedoch die Weißen Karpaten in den Weg gestellt. Auf 5 km ziehen Sie sich und Ihr Rad nun von 290 auf 580 m hoch, das Gefälle des sich anschließenden Gebirgstals trägt Sie nach Březová (390 m, km 34) hinein.

Leicht abfallend führt die Straße weiter bis Bošáca. Beim Haus Nr. 219 beschreibt die Durchgangsstraße einen Linksknick, fahren Sie an dieser (nicht beschilderten) Stelle geradeaus auf der Nebenstraße weiter. Über Dolné Srnie erreichen Sie dann **Nové Mesto nad Váhom** (200 m; **Information:** ČEDOK, Franá Králá 11; **Unterkunft:** Hotel "Javorina", Malinovského; **Camping:** "Zelená voda", 15.6.-15.9., 2 km östlich an der 515).

(*In Gegenrichtung:* Verlassen Sie N. Mesto von der Durchgangstraße beim Hinweis nach Dolné Srnie. Bošáca durchfahren Sie geradeaus. Ab Březová folgen Sie bis Nivnice den Hinweisen auf Uherský Brod. Fahren Sie dann in Richtung Dol. Němčí, und zweigen Sie nach Vlčnov ab. In Veletiny biegen Sie links auf die 50 ab; die 55 in Richtung Olomouc bringt Sie schließlich zum Zentrum von Uherské Hradiště.)

Kartenskizze Etappen 59 - 62

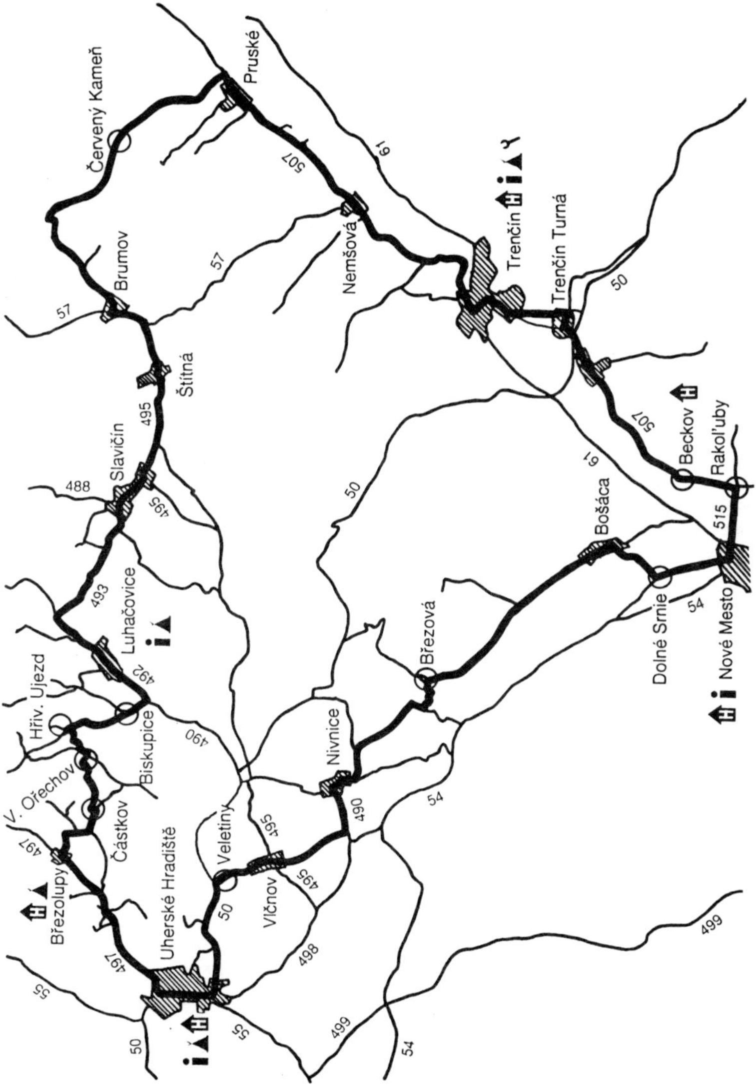

Etappe 61:
Nové Mesto n. Váh. - Beckov - Trenčín - Nemšová - Pruské (53 km)

*Die **Váh** (Waag) ist ein rein slowakischer Fluß, dessen Quellen in der Hohen und Niederen Tatra liegen; 440 km weiter südlich mündet die Váh bei Komárno in die Donau. Dem oberen und mittleren Váh-Tal hat die Nachkriegsindustrialisierung der "rückständigen" Slowakei eine Kette von Zellulose-, Kunststoff-, Bekleidungs- und Maschinenbaufabriken beschert, die dem Fluß kräftig eins auf die Mütze geben. Erst im Unterlauf, wo die Váh das fruchtbare Donautiefland durchquert, wird es ruhiger um sie.*
Ohne das Waag-Tal wäre die Slowakei auch verkehrsmäßig arm dran, stellt es doch die naturräumlich problemloseste Nord-Süd-Verbindung dar. Alle anderen Straßen führen unweigerlich durchs Gebirge.
Da die Váh aber, zumindest bis zum Durchbruch der Kleinen Fatra (östlich von Žilina), auf beiden Seiten über Straßen verfügt und die Radel-Etappen im Váh-Tal stets die verkehrsärmere Variante nutzen, ist alles halb so wild. Zudem halten Landschaft und Orte entlang der Váh so manches Trostpflaster bereit; und das weitgehend ebene Streckenprofil ist auch nicht zu verachten.
Die folgende Etappe führt zunächst in einigem Abstand zur Váh durch Getreide- und Hopfenfelder, durch Laubwald und halbmoderne Dörfer. Der Verkehr ist gering. Ab Trenčín verläuft der Weg nun auf der rechten (westlichen) Flußseite. Hier ist die Besiedlung wesentlich dichter und (zunächst) auch der Verkehr. Die ebenen Flächen zwischen den Dörfern werden bis in den letzten Winkel für Gemüsefelder und Weiden ausgenutzt. Bewaldete Bergketten begleiten das Tal, Apfelbäume die Straße. Von Industrie ist in diesem Abschnitt der Váh wenig zu erblikken. Eine nette Etappe.

Verlassen Sie Nové Mesto auf der 515 nach Rakol'uby, dort biegen Sie links ab auf die 507 in Richtung Trenčín und radeln auf ebener Straße nach Beckov (km 10).

Beckov, Westslowakei, 190 m.
Auf einem steilen Kreidefelsen, den Steilwandkletterer gern als Trainingswand benutzen, liegt im Dorf Beckov die gleichnamige Burgruine. Nachdem die Festung im 18. Jh. den Flammen zum Opfer fiel, fand sich kein neuer Burgherr mehr. Der gotische Kern der Burg sowie Reste der späteren Renaissance-Umbauten sind noch erhalten; einen guten Ausblick bietet der Burgfelsen natürlich auch.
Unterkunft: Hotel "Kolár", direkt am Burgfelsen.

Radeln Sie von Beckov aus über Stankovce weiter auf der 507 bis Trenčín Turná. Dort biegen Sie zunächst rechts ab nach Mníchova Lehota und anschließend links erneut auf die 507, die direkt nach Trenčín hineinführt.
(*In Gegenrichtung:* Verlassen Sie Trenčín auf der 507 in Richtung Bánovce, folgen Sie dann dem Hinweis nach Beckov.)

Trenčín (Trentschin), Westslowakei, 220 m, 55.000 Ew.
Trotz aller industriellen Randerscheinungen ist Trenčín im Kern eine ansprechende Stadt geblieben, wohl die vergleichsweise reizvollste des gesamten Waag-Tales. Einst verlief hier die Nordgrenze des Römischen Reiches. Laugaricio hieß die vorgeschobene Armeesiedlung, wo im Jahr 179 römische Legionäre eine Inschrift in einen Felsen schlugen. Siegesstolz berichtete dieses älteste und einzigartige Schriftdokument der Tschechoslowakei, daß die germanischen Quaden soeben von den Römern zurückgeschlagen worden seien.
Die Burg, die im 11. Jh. auf dem Felsen mit der Inschrift errichtet wurde, kontrollierte die Handelsstraße im Waag-Tal. Von hier aus beherrschte der Oligarch Matúš Čák im 13. Jh. die Slowakei, 1663 eroberten die Türken zwar Trenčín, doch die gewaltige Burg knackten sie nicht. Das schafften erst die Feuersbrünste von 1790, nach denen die Anlage mehr und mehr verfiel. Seit 1954 wird die Anlage restauriert und abschnittweise zugänglich gemacht. Um den 142 m tiefen Burgbrunnen rankt sich die Legende, daß er im 15. Jh. von einem türkischen Prinzen ausgehoben worden sei, um damit seine vom Burgherrn gefangengehaltene Braut auszulösen. Der Wirklichkeit näher kommt wohl, daß es eine ganze Kolonne (türkische Gefangene) war, die diese Monsteraufgabe zu bewältigen hatte. "Brunnen der Liebe" klingt aber besser.
Die Stadt, die sich im Schatten der Burg entwickelte, nahm bei dem Feuer von 1790 ebenfalls großen Schaden, dennoch ist auch hier noch einiges vom alten Stadtbild vorzufinden. So etwa am Marktplatz die Renaissance-Bürgerhäuser mit den teilweise im Barock umgestalteten Fassaden; die zwischen den Häusern errichtete frühbarocke Piaristenkirche mit ihren exquisiten Barockfresken; die gotische Pfarrkirche am Burgfelsen, die ebenfalls in der Renaissance umgestaltet wurde; das Beinhaus gleich nebenan, das als einziges Bauwerk der Stadt rein gotisch erhalten blieb.
Information: ČEDOK, Mierové nám. 34, Tel. (0831) 35107.
Unterkunft: Hotel "Trencan", ul. Jozefa Braneckehó.
Camping: "Ostrov", 1.6.-15.9., auf der Flußinsel, ausgeschildert, Tel. (0831) 34013.
Fahrradservice: D+V Cyclosport, nám Stúrovo 5

Verlassen Sie Trenčín, indem Sie Richtung Vsetín die Váh überqueren und auf der 507 nach Nemšová radeln. Anschließend dünnt der bis dahin mittelstarke Verkehr etwas aus. Über Bolešov erreichen Sie **Pruské** (230 m, km 51). 2 km nördlich von Pruské erreichen Sie auf "freier Strecke" eine Kreuzung, an der die Straße nach Brumov/Cerveny Kamen abzweigt. Hier schließen sich die Etappen 62 und 63 an.

Etappe 62:
Pruské - Červený Kameň - Brumov - Slavičín - Luhačovice - Březolupy (74 km)

Die Weißen Karpaten (Bílé Karpaty), die Wisowitzer Berge (Vizovická vrchovina) und die Senke des Dolnomoravský-Grabens bestimmen zu ungefähr gleichen Teilen den Charakter diese Etappe.
Landschaftlich haben dabei alle drei Abschnitte ihre Reize und Impressionen, wie etwa "gestaffelte Hügelketten in der Abendsonne". Fünf anspruchsvollere Steigungen (sie sind im folgenden Text erwähnt) hält diese Etappe parat, der überwiegende Teil der Strecke geht jedoch recht locker vom Fuß. Zwischen Brumov und Luhačovice ist der ansonsten geringe Verkehr dichter, da aber keine LKWs darunter sind, noch tolerierbar.

Diese Etappe startet 2 km nördlich von Pruské (230 m), beim Abzweig nach Brumov/Červený Kameň. Folgen Sie diesem Hinweis. Eine kontinuierliche, leichte Steigung zieht Sie über Č. Kameň (350 m, km 6) hinauf in die Weißen Karpaten. Nach 13 km und inzwischen auf 500 m passieren Sie die Grenze zur Tschechischen Republik, und die Straße wird schlagartig holpriger und steiler. Aber bereits nach einem guten Kilometer auf diesem Pflaster haben Sie den ersten Paß erreicht (530 m, schöne Aussicht). Anschließend müssen Sie bis Brumov nicht mehr viel tun, es geht bergab. In Brumov (310 m, km 23) biegen Sie zunächst links auf die 57 ein und anschließend auf die 495 nach Luhačovice. (*In Gegenrichtung:* Folgen Sie erst dem Hinweis nach Val. Klobouky, dann dem nach Nedašov.)

Im Jo-Jo-Verfahren geht es nun auf einem Niveau um 350 m über Stítná nach Slavičín (zwei kurze aber strenge Steigungen ab Stítná und vor Slavičín). Vor Slavičín knickt die Straße nach Luhačovice ab und heißt nun 488, bis sie ab Ortsende Slavičín (340 m, km 36; Hotel "Zlín") die Nummer 493 trägt. (*In Gegenrichtung:* Folgen Sie erst dem Hinweis Trenčín, dann dem nach Val. Klobouky.) Bis vor Petrůvka folgt eine strengere Steigung auf 480 m (schöne Aussicht), hinter dem Ort (450 m, km 42) ein stufenförmiges scharfes Gefälle, das bis zur Einmündung auf die 492 anhält und Ihr Höhenkonto dabei um 150 m erleichtert. Biegen Sie links auf die 492 ab, um nach Luhačovice zu radeln. (Falls Sie jedoch zum Campingplatz "Luhačovice" wollen, müssen Sie hier *rechts* auf die 492 in Richtung Zlín abbiegen; bereits 100 m weiter zweigt die Zufahrt zum Platz ab.) Bis zum Zentrum des langgezogenen Kurortes geht es mäßig bergab.

Durchfahren Sie **Luhačovice** (250 m, km 49; Heilbad aus dem 18. Jh. mit jod- und bromhaltigen Kochsalz-/Natronquellen, die ältesten Kurgebäude stehen noch in der Tradition der Volksarchitektur der umgebenden Region Valašsko; **Information:** ČEDOK, úl. Uh. Brodska 137; **Unterkunft:** div. teurere Hotels; **Camping:** s.o.) auf der 492 in Richtung Uherský Brod, biegen Sie dann rechts ab auf die 490 nach Zlín/Biskupice. Durchqueren Sie Biskupice geradewegs, dabei dem Hinweis Zlín folgend. Über Kaňovice gelangen Sie auf recht ebener Strecke nach

Hřiv. Ujezd. Bis Velký Ořechov folgt nun eine 2 km lange Steigung von 250 m auf 380 m. (*In Gegenrichtung:* Folgen Sie ab Kaňovice den Hinweisen nach Luhačovice, dann dem nach Zádveřice und anschließend dem nach Slavičín.) In Velký Ořechov biegen Sie nach Častkov (200 m, km 67) ab. (*In Gegenrichtung:* Folgen Sie erst dem Hinweis Zlín, dann dem nach H. Ujezd.). In Častkov folgen Sie dem Hinweis Bílovice, anschließend biegen Sie noch einmal rechts ab nach **Březolupy**.

Etappe 63:
Pruské - Púchov - Bytča (43 km)

Entlang des Mittellaufes der Váh (Waag) erstreckt sich diese Etappe. Zwischen den Dörfern liegen saftig grüne Hügel. Nördlich von Púchov rücken die Berge näher, wird das Waagtal enger, schmiegt sich die Straße dichter an den breiten Fluß. Angler demonstrieren lässige Zuversicht, in der Váh einen Fang zu machen, einen guten? Die Industrie ist höchstens mal am anderen Ufer als mickriger Schornstein wahrnehmbar. Eine landschaftlich schöne Etappe. Nur der (unvermeidbare) Verkehr stört; auf den ersten Zweidritteln der Etappe ist er mittelstark, ein schmaler Randstreifen sorgt für etwas Abstand.

Diese Etappe startet 2 km nördlich von Pruské (230 m) beim Abzweig Brumov/ Červeny Kameň. Radeln Sie von dort auf der 507 über Lednické Rovne nach Púchov (220 m, km 13; **Unterkunft:** "Sport-Hotel"). Von dort geht es weiter in Richtung Pov. Bystrica, diese Stadt liegt auf der anderen Flußseite, so daß Sie nicht mit ihr in Berührung kommen. Per Brücke wird an dieser Stelle ein Teil des Verkehrs entsorgt. Bis Bytča haben Sie es dann nur noch mit mäßigem Verkehr zu tun.

Bytča, Westslowakei, 280 m, 12.000 Ew.
Die gotische Wasserburg, die sich hier zunächst an den Ufern der Waag befand, wurde im 16. Jh. durch ein Renaissanceschloß ersetzt. Nach seiner Fertigstellung wurde dem vierflügeligen Kastell, das in der Werbung "als schönstes Renaissance-Herrenhaus der Slowakei" firmiert, noch ein Vermählungspalast zur Seite gestellt. Ebenso wie der Schloßhof wurde dieser mit reichhaltigen Sgraffiti ausgestattet, befindet sich heute aber in jämmerlichem Zustand. Zeichen einer zögernden Restaurierung sind erkennbar.
Unterkunft: Da das Hotel am Schloß geschlossen ist, gibt es z.Z. keine offiziellen Unterkünfte im Ort.
Fahrradservice: am Hauptplatz nám. Slov. Republiky 7.

Etappe 64:
Nové Mesto - Piešt'any - Hlohovec (49 km)

Wiesen und Felder zur Rechten, die bewaldete Bergkette des (niedrigen) Inovec-Gebirges zur Linken, so schnürt die Straße durch die tektonische Senke des Váh-Tales und passiert dabei nur proppere Dörfer. Die Strecke ist so gut wie eben, der Verkehr ist maßvoll.

Verlassen Sie Nové Mesto auf der 515 nach Rakol'uby und biegen dort rechts ab auf die 507 in Richtung Pieštany. Die Straße schwingt sich nun mit einigem Abstand zur Váh durch eine gepflegte Agrarregion. Über Kočovce und Moravany erreichen Sie das am rechten Flußufer gelegene Piešt'any (km 28).

Piešt'any, Westslowakei, 180 m, 33.000 Ew.
Ein junger Mann zerbricht seine Krücke. Diese Statue auf der Kolonnadenbrükke ist das Symbol des Kurortes Piešt'any. Es mag Rheuma, Gicht oder ein Ischiasleiden gewesen sein, das er hier hinter sich ließ, denn auf die Behandlung solcher Leiden versteht man sich besonders gut im bedeutendsten Kurort der Slowakei.
Heutzutage müssen sich die Patienten jedoch keine Vertiefung mehr am Flußufer graben, um dann zu warten, bis es sich mit schweflig-heißem Wasser füllt, wie es etwa im 16. Jh. üblich war. (Daß das "heiße" Wasser auch leicht radioaktiv ist, wußte man seinerzeit natürlich noch nicht.)
Ein schmaler Nebenarm der Waag trennt die sog. Bäderinsel vom Ort als solchem. Früher waren auch solch illustre Gäste wie Beethoven hier zu Kur, heute sind's die Audi- und Mercedesfahrer. Zwar hat Piešt'any, kulturhistorisch be-

trachtet, wenig zu bieten, aber dafür sichert dem Ort noch etwas anderes die Gunst der Kurlauber: Wenn anderswo im Land der Himmel bereits wolkenverhangen ist, scheint hier immer noch die Sonne; wohl abgeschirmt durch Gebirgshänge liegt Piešt'any in einem der wärmsten Landesteile der Tschechoslowakei.

Information: ČEDOK, Winterova 38, Tel. (0838)25684.

Unterkunft: Hotel "Lipa", Winterova 16; Privatzimmer an der 507 nach Trenčín (Bananská ul.).

Camping: "Sl'ňava", 15.6.-20.9., am südlichen Ortseingang zwischen 507 und Sl'ňava-Stausee.

Fahrradservice: VELORA, Žilinská 53.

Über Ratnovce und Drahovce radeln Sie auf der 507 weiter bis **Hlohovec** (150 m; Barockschloß aus dem 18. Jh.; zwei gotische, in der Renaissance umgestaltete Kirchen aus dem 15. Jh.; **Unterkunft:** Hotel "Jelen" am Marktplatz).
(*In Gegenrichtung:* Verlassen Sie Hlohovec, indem Sie sich auf der 513 in Richtung Trnava wenden und noch vor der Váh-Brücke rechts abbiegen auf die 507 in Richtung Topoľčany; dieser Hinweis ist allerdings nur von entgegenkommender Richtung einsehbar.)

Etappe 65:
Hlohovec - Rišňovce - Nitra (26 km)

Die mittelstark befahrene Straße führt durch sanft hügeliges Agrarland. Eine unspektakuläre Etappe, die sich, je nach Windrichtung (wahrscheinlich: Südwind), in 1-2 Std. zurücklegen läßt.

Radeln Sie von Hlohovec auf der 513 über Rišňovce nach Nitra.

Nitra (Neutra), Westslowakei, 160 m, 77.000 Ew., ist die landwirtschaftliche Kapitale des Landes. Während die Altstadt am Fuß des Burgfelsens vor sich hindämmert, brummt die Neustadt vor Geschäftigkeit.
Im 9. Jh. war der Ort das Zentrum eines slawischen Fürstentums. Fürst Přibina ließ 833 in Nitra die erste Kirche der Slowakei bauen, um sich mit den benachbarten Deutschen gutzustellen. Bald darauf gehörte Nitra zum Großmährischen Reich, wurde Bischofssitz und erlebte seine Blütezeit. Dann geriet es allmählich ins Abseits und hatte unerfreuliche Begegnungen mit Plünderungen, Bränden und osmanischen Türkenheeren. So blieb nicht mehr allzuviel übrig aus der Zeit vor 1663 - dem türkischen Eroberungsjahr. Das kleine Altstadtviertel ist dennoch sehenswert. Die Burg mit ihren barocken Befestigungen, der gotischen Brücke und dem Renaissancetor war über Jahrhunderte hinweg Zufluchtsort für ungarische Könige. Auf dem höchsten Punkt des Burgfelsens erhebt sich die Bischofskathedrale, in die zwei ältere Kirchen integriert sind. Die weltlichen Bauten der Altstadt sind vornehmlich klassizistisch.

Information: ČEDOK, Stefánikova 72, Tel. (087) 28248.
Unterkunft: Hotel "Zobor", Stefánikova 5, Tel. (087) 253814.
Fahrradservice: "Cyklocentrum - Mestský autoklub invalidov", Stúrova 14; "Velo sprint", Štadión TJ Stavbár, Tel. (087) 35232.
Lebensmittelspätkauf: "Konsum Eva", Saratovská 2 (Mo-Fr 10-21, Sa 6-21, So 8-20 Uhr).

Etappe 66:
Hlohovec - Trnava (28 km)

Der Etappe erster Teil verläuft entlang der Váh, deren Unterlauf hier die Donautiefebene (Podunajská nížina) durchfließt und entwässert. Daß diese Ebene die Kornkammer der Slowakei darstellt, ist anhand der weiten Getreidefelder unübersehbar. Die gesamte Strecke verläuft durch flaches Terrain, der Verkehr ist insgesamt gering.

Fahren Sie von Hlohovec auf der 513 in Richtung Trnava. Nach 3 km biegen Sie links ab auf die Nebenstrecke nach Sered'. Auf einem Niveau um 140 m schnürt die Straße ziemlich geradlinig bis Šúrovce dahin. Dort biegen Sie ab nach Trnava und radeln weiter über Zavar, bis Sie das Weichbild Trnavas vor Augen haben. Biegen Sie dort zunächst rechts ab auf die Umgehungsstraße nach Trenčín und anschließend links auf die 51 nach Senica. Folgen Sie dann den Hinweisen zum "Centrum".

(*In Gegenrichtung:* Verlassen Sie Trnava auf einer der beiden Hauptstraßen, die östlich und westlich der Altstadtmauern entlangführen. Folgen Sie dann sukzessive den Hinweisen nach Trenčín, Bratislava und Zavar. In Šúrovce biegen Sie nach Hlohovec ab.)

Trnava (Tyrnau), Westslowakei, 150 m, 70.000 Ew., entwickelte sich an der Kreuzung zweier europäischer Handelsstraßen. Als die Türken im 16. Jh. Ungarn besetzten, nahm der Erzbischof von Esztergom für die nächsten drei Jahrhunderte in Trnava seinen Sitz und erhob die königliche Freistadt damit zum kirchlichen Zentrum des ungarischen Reiches. Ihre zahlreichen Kirchen und Klöster brachten sie bald in den Ruf, ein "slowakisches Rom" zu sein. Auch wenn ČEDOK diesen Spruch in Touristenbroschüren gern wiederholt, klingt er aus heutiger Sicht doch etwas angestaubt. Trnavas Glanzperiode repräsentieren heute Barockbauten wie Universitätskomplex, Stadtturm, Nikolauskirche sowie die Universitätskirche (17. Jh.), die als erster Barockbau und zugleich größte Kirche der Slowakei gilt. Die bis zu 6 m starken Stadtbefestigungen umschließen noch heute den größten Teil der Altstadt.
Information: ČEDOK, Vajnského 1, Tel. (019) 27797.
Unterkunft: Hotel "Koliba", Kamenná cesta, Tel. (019) 24907; Hotel "Skloplast", ul. L. Svobodu.
Fahrradservice: Cyclosport ing. Roman Krampl, ul. 29. augusta 13.

Kartenskizze Etappen 64 - 66

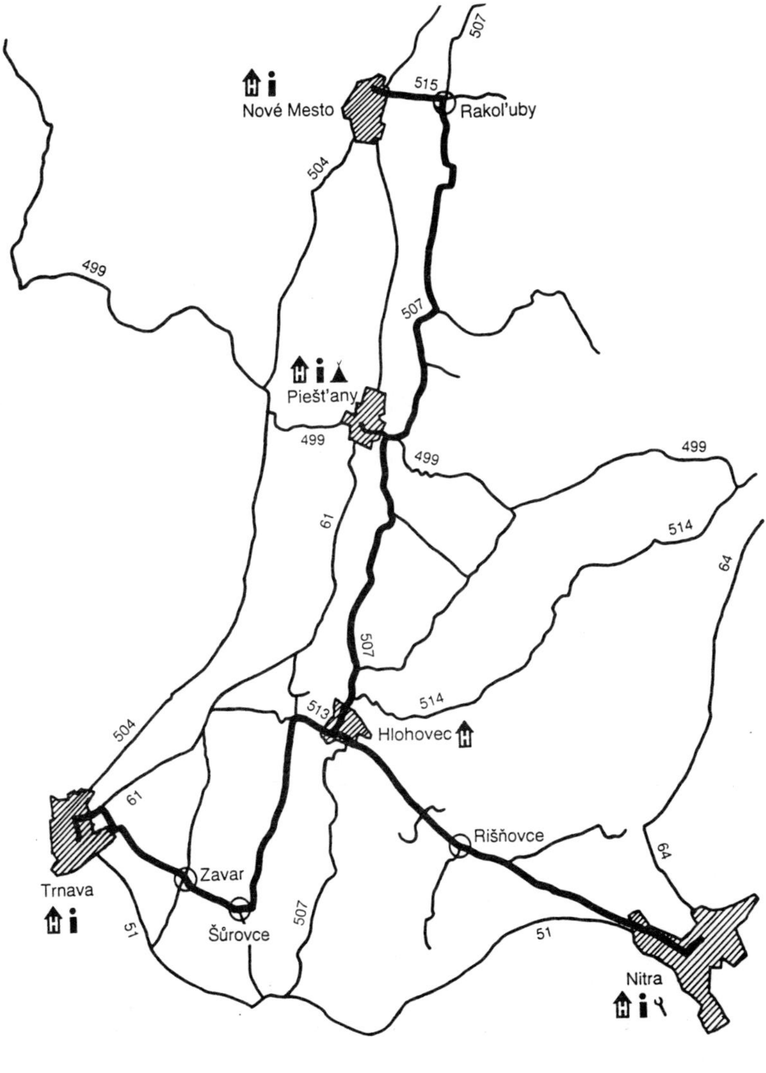

Etappe 67:
Brno - Velké Hostěrádky - Nenkovice - Kyjov - Ježov - Těmice (73 km)

Am Steinitzer Wald (Ždánický les) und Marsgebirge (Chřiby) entlang "mogelt" sich diese Etappe durch ein Hochland, das zusammen mit dem Hügelland von Kyjov (Kyjovská pahorkatina) die Mittelmährischen Karpaten bildet. Auch wenn dies gewaltiger klingt, als es in Wirklichkeit ist (der höchste Gipfel des Marsgebirges kommt gerade mal auf 587 m), so bleiben doch genügend kleine Erhebungen, sprich Hügel, um beim Radeln nicht immerfort zu singen; anspruchsvollere und gemütlichere Streckenabschnitte wechseln sich ab. Manches Haus in den propperen südmährischen Dörfern trägt ein aus Ornamenten oder Blumensgraffiti bestehendes Friesband. Hübsch sieht das aus. Apfelbäume, pickpackevoll mit roten Früchten, markieren einen Teil der Strecke, anderswo sind es Weinberge oder schlichte Maisfelder oder Kinder, die häufiger als anderswo "Dobrý den!" rufen. Eine freundliche Etappe, und überwiegend verkehrsarm ist sie auch.

Verlassen Sie Brno auf der 51 in Richtung Hodonin, biegen Sie dann im Vorort Turany beim Hinweis Prace links ab. Radeln Sie über Kobylnice nach Sokolnice (200 m, km 16), wo Sie auf die 418 nach Újezd einschwenken. Ab Otnice (210 m, km 23) geht es über Bošovice maßvoll bergan bis auf 310 m. In Velké Hostěrádky folgen Sie dem Hinweis Kyjov und radeln nun auf der verkehrsarmen 54, bis Sie hinter Dambořice auf die 419 stoßen. Auf die biegen Sie rechts nach Hodonín ein; nicht links nach Kyjov! Erst ab Násedlovice (250-190 m, km 43) folgen Sie dann wieder den Hinweisen nach Kyjov.
Über Želetice und Nenkovice gelangen Sie nach Stavěšice (220 m, km 51), nun folgt eine gut 2 km lange Steigung (ca. 12 %), die durch Strážovice bis hinauf auf den Sattel des Weinberges Babi lom führt (340 m). Inzwischen auf der 54 gelandet, radeln Sie auf dieser Straße bis Kyjov (210 m, km 60; **Unterkunft:** Hotel "Slavia" am Masarykovo-Platz).
Fahren Sie von Kyjov weiter, indem Sie sich zunächst nach Uherské Hradiště orientieren, um den Ort dann auf der 422 in Richtung Osvětimany zu verlassen. In Ježov (**Camping** "Ježov", 15.4.-15.11, nördlich des Ortszentrums) folgen Sie zunächst dem Hinweis Uh. Hradiště, dann dem nach Bzenec. Hinter Žeravice (280 m, km 70) stoßen Sie auf die 426, die Sie rechter Hand nach Těmice führt. **Těmice** ist ein unauffälliges Dorf, das lediglich das Etappenende markiert.
(*In Gegenrichtung:* Fahren Sie von Těmice ein Stück auf der 426 in Richtung Medlovice, zweigen Sie dann ab nach Žeravice. Folgen Sie über Ježov den Hinweisen nach Kyjov. Verlassen Sie Kyjov auf der 54 in Richtung Brno und biegen Sie dann nach Nenkovice ab. Über Želetice erreichen Sie Násedlovice, wo Sie zunächst dem Hinweis Slavkov folgen und anschließend nach Dambořice abzweigen. Über Velké Hostěrádky und Bošovice erreichen Sie Sokolnice, wo Sie dem Hinweis Šlapanice folgen, um dann in Kobylnice nach Turany abzubiegen; der Abzweig ist an einer Verkehrsinsel mit Heiligenhäuschen, ein Hinweis existiert nur für den Gegenverkehr. Ab Brno-Turany folgen Sie den Hinweisen zum "Centrum".)

Kartenskizze Etappen 67 & 68

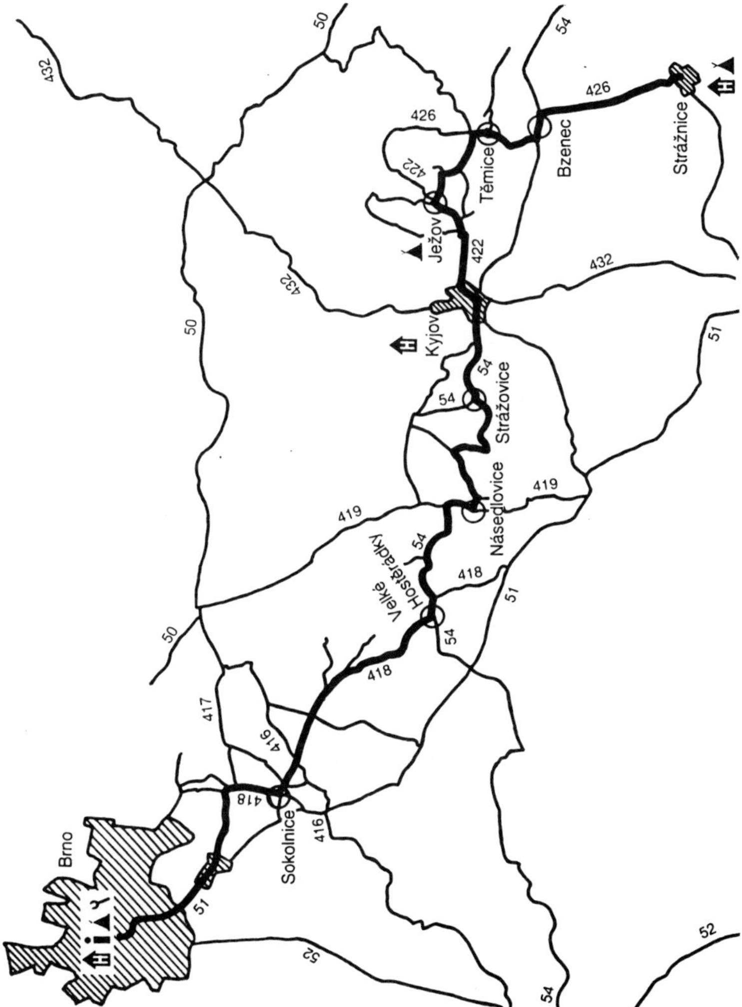

Etappe 68:
Těmice - Bzenec - Strážnice (15 km)

Slovácko heißt die Landschaft zwischen Marsgebirge (Chřiby) und Weißen Karpaten. Hier sind die Felder flach und das Brauchtum noch wach. Sagt man. Am vitalsten sind wohl die alten Weinkeller (sklepy) geblieben, die es in den Dörfern um Strážnice noch gibt (beispielsweise in Petrov). Die Strecke ist mäßig befahren, dabei recht eben und unspektakulär.

Fahren Sie auf der 426 von Těmice nach Bzenec. Schwenken Sie dort auf die 54 nach Nové Mesto ein, und biegen Sie hinter dem Ortszentrum erneut ab auf die 426, die nun direkt bis Strážnice führt. (*In Gegenrichtung:* Biegen Sie in Bzenec zunächst nach Kyjov und dann nach Těmice ab.)

Strážnice (Straßnitz), Südmähren, 130 m, 6000 Ew.
So klein waren die Städte im 17. Jh., daß Strážnice zu dieser Zeit die drittgrößte Stadt Mährens war. Nur zwei Renaissance-Stadttore und eine zum Schloß umgewandelte Burg sind erwähnenswerte Bauzeugen dieser Zeit. Alljährlich im Juni findet im Schloßpark ein internationales Folklorefestival statt; das größte seiner Art in Böhmen und Mähren. Das wenig aufsehenerregende Schloß beherbergt ein gutgemachtes Heimatmuseum der südostmährischen Region Slovácko (Mai-Okt, Di-So, 8-17 Uhr).
Freilichtmuseum: "Objekte alter Bauerndörfer Südostmährens", Mai-Okt, Di-So, 8-16 Uhr.
Unterkunft: Hotel "Černý orel", Malinovského, Tel. 942655.
Camping: "Strážnice", ganzjährig, im Schloßpark gelegen, Zufahrt am nördlichen Ortseingang, Tel. Strážnice 942134.

Etappe 69:
Těmice - Boršice - Buchlovice - Velehrad - Uherské Hradiště (30 km)

Gepflegte Dörfer mit üppigblühenden Blumen vor den Häusern, kleinteilig gegliederte Felder, Wiesen und Wälder - unablässig produziert die hügelige Landschaft neue Ansichten und Perspektiven. Fast könnte man ins Träumen geraten, wären da nicht einige anspruchsvollere Steigungen (keine Extrema!). Bis Buchlovice ist der Verkehr außerordentlich gering, auf dem letzten Drittel des Weges immerhin noch maßvoll.

Verlassen Sie Těmice auf der 426 nördlich in Richtung Medlovice. Nach 1 km biegen Sie rechts nach Ořechov ab. Zwischen Vázany und Tučapy schiebt sich eine Anhöhe (360 m), die ein Rundumpanorama gewährt - inklusive Anblick der noch in weiter Ferne liegenden Burg Buchlov. Durchqueren Sie Boršice (km 13) auf der 422 in Richtung Stříbrnice, biegen Sie vor dem Ortsendeschild von Boršice rechts ab (gegenüber ein Buswartehäuschen, ein Hinweis fehlt). Die Nebenstraße beschreibt nun eine enge Schleife um den See des Erholungsgebietes Smradavka. Hinter der kleinen Brücke zweigt links ein Weg zum Campingplatz "Smradavka" ab, radeln Sie rechts weiter durch die Unterführung der 50 nach Buchlovice (km 18).

Im Städtchen **Buchlovice** (Buchlowitz), Südmähren, ist ein Barockschloß aus dem 18. Jh. einen Halt wert. Die Räume des Landhauses, das seine Eigentümer 1945 in aller Hast aufgegeben hatten, enthält noch immer den größten Teil der einstigen Rokoko-Einrichtung. Im Arboretum (botanischer Gehölzgarten) läßt es sich, umgeben von Rhododendren, Azaleen und Pfauen, gut verschnaufen; so gut, daß mancher schon gar nicht wieder aufs Rad steigen wollte.
Besichtigung: Mai-Sep Di-So 8-17 Uhr; Apr/Okt Di-So 9-16 Uhr.
Umgebung: Weithin sichtbar erhebt sich in den stillen Wäldern des Marsgebirges (Chřiby) die gotische Königsburg **Buchlov** (Buchlau). Die Premysliden ließen sie im 13. Jh. als Herrschersitz errichten. Der dreieinhalb Kilometer lange Anstieg, der von der nach Brünn führenden 50 abzweigt, wird mit einer kühlen Brise und toller Aussicht belohnt. Bereits Anfang des 19. Jh. wurde die Burg in ein Museum umgewandelt, so daß ihr stilfremde Verwandlungen erspart blieben. Außer den Sammlungen (Porzellan, Glas, Waffen, Naturkundliches) ist in in den Burgräumen auch eine alte Bibliothek zugänglich. Besichtigung: Mai-Sep, Di-So, 8-17 Uhr; Apr/Okt, Di-So, 9-16 Uhr.
Unterkunft: Hotel "Maly", am Schloß von Buchlovice.
Camping: "Smradavka", ganzjährig, angegliederte Herberge, 3 km westlich von Buchlovice, Tel. Buchlovice 95307.

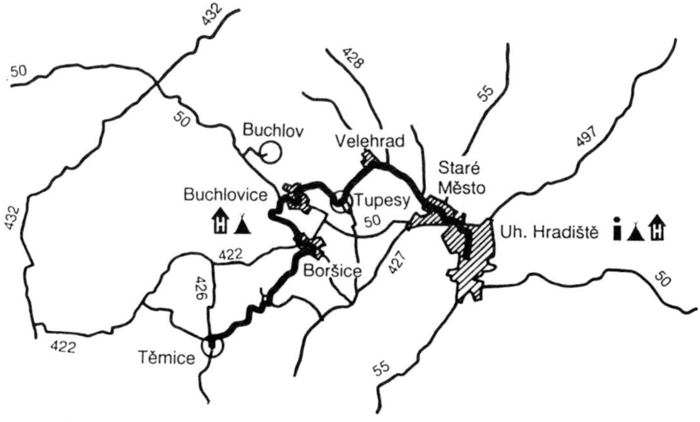

Radeln Sie über Břestek und Tupesy weiter nach Velehrad (km 24).

Velehrad, Südmähren, 230 m.
Das 1205 in einer altslawischen Siedlung gegründete Zisterzienserkloster erinnert mit seinem Namen an die legendäre Hauptstadt des Großmährischen Reiches (9./10. Jh.), die im 5 km entfernten Gebiet von Staré Město vermutet wird. Kloster und Kirche waren ursprünglich romanisch, nach einem Brand wurden sie barock umgestaltet. Der Legende nach war Kloster Velehrad im 9. Jh. Sitz und Sterbeort von Methodius, dem ersten Erzbischof der Slawen. Auch nachdem diese Annahme widerlegt wurde, blieb Velehrad einer der bedeutenden Wallfahrtsorte der Tschechoslowakei. Als Papst Johannes Paul II. hier im April 1990 die Einheit Europas im Zeichen des Christuskreuzes beschwor, pilgerten mehr als 500 000 Menschen nach Velehrad. Der beeindruckend ausgestattete Innenraum der mächtigen Klosterkirche ist täglich von 9-17 Uhr zugänglich.

Die 428 bringt Sie von Velehrad nach Staré Město; radeln Sie dann auf der nach Břeclav führenden 55 bis zum Stadtzentrum von **Uherské Hradiště**.
(*In Gegenrichtung:* Verlassen Sie Uh. Hradiště auf der 55 in Richtung Olomouc, und biegen Sie in Staré Město links ab auf die 428 nach Velehrad. Vor Boršice treffen Sie auf die 422, auf der Sie links zum Ortszentrum radeln. Dort biegen Sie zunächst nach Nedakonice ab, anschließend nach Tučapy.)

Etappe 70:
Strážnice - Skalica - Hodonín - Mikulčice - Břeclav (43 km)

Teils in Südmähren (Tschechische Republik), teils in der Westslowakei (Slowakische Republik) verläuft diese Etappe. Nur wenige Straßen verbinden die beiden Teilrepubliken der ČSFR. Entsprechend groß ist das Verkehrsaufkommen auf diesen Routen. Die erste Hälfte der Etappe ist deshalb kein besonderer Genuß, die zweite Hälfte gleich viel freundlicher, nicht nur in puncto Verkehr sondern auch landschaftlich. Für die gesamte Etappe gilt, daß sie nahezu eben ist.

Verlassen Sie Strážnice in Richtung Hodonín, und biegen Sie in Petrov von der LKW-verseuchten 55 ab auf die 426 in Richtung Holíč. Hinter **Skalica** (130 m, km 9; hübscher alter Stadtkern, Heimatmuseum, **Unterkunft:** Hotel "Tatran") nimmt der LKW-Verkehr dann wieder spürbar zu; weiß der Kuckuck weshalb. Mangels Alternativen radeln Sie auf der breiten Randspur der 426 weiter bis Holíč (140 m, km 15), dort biegen Sie auf die 51 nach Hodonín (140 m, km 21) ab. Dort angekommen, biegen Sie zunächst auf die 55 nach Břeclav und hinter dem Ortsendeschild nach Lužice ab.

Auf einer verkehrsarmen Nebenstraße radeln Sie nun über Lužice weiter nach

Mikulčice.

Bei **Mikulčice** (Mikultschitz), Südmähren, muß im 9./10. Jh. eine bedeutende und reiche Stadt Mährens existiert haben; es wird sogar vermutet, dies könne die Hauptstadt des Großmährischen Reiches gewesen sein (falls sie eben nicht doch in Staré Město angesiedelt war.) Die Ausgrabungen, die seit 1954 an der bedeutendsten archäologischen Fundstätte Mährens stattfinden, haben bislang die Reste von elf Kirchen und einer Fürstenburg freigelegt, dazu die Grundmauern weiterer Bauwerke, Hunderte von Gräbern, Schmuckstücken und Alltagsgegenständen. Die Fundstelle ist noch nicht erschöpft. Das Areal und eine Ausstellung von Fundstücken können besichtigt werden. Vom Ort sind es 4 km bis dorthin, die Zufahrt ist ausgeschildert.

Hinter Mikulčice endet die reguläre Asphaltstraße, es führt jedoch ein Betonplattenweg entlang der Eisenbahn weiter nach Moravská Nová Ves. Durchqueren Sie dort angekommen die Abfüllstation mit den blauen "Vitkovice"-Agrarsilos, überqueren Sie sogleich rechter Hand die Eisenbahnbrücke, und folgen anschließend Sie dem Straßenverlauf bis zum Marktplatz nám. Republiky. Dort biegen Sie links nach Hrušky ab, das Sie auf regulärer Straße erreichen. Radeln Sie weiter in Richtung Břeclav, nach 2 km biegen Sie links auf die 55 ein, auf der Sie den Rest des Weges bis Břeclav zurücklegen.

(*In Gegenrichtung:* Verlassen Sie Břeclav auf der 55 in Richtung Hodonín. Biegen Sie bei der Kilometermarkierung 121,0 rechts ab nach Kuty, anschließend sofort wieder links, um dann geradeaus nach Hrušky zu radeln. In Moravská N. V. überqueren Sie erst den Hauptplatz und dann die Eisenbahnbrücke, hinter der Sie linker Hand durch eine Art Fabriktor fahren und so die Silostation passieren, bis Sie auf den Betonplattenweg stoßen, der Sie nach Mikulčice bringt. Folgen Sie in Hodonín erst dem Hinweis nach Senica, dann dem nach Skalica.)

Břeclav (Lundenburg), Südmähren, 159 m, 24.000 Ew., ist ein Verkehrsknotenpunkt, der unter anderem Eisenbahnverbindungen nach allen vier Himmelsrichtungen offeriert. Da die Stadt im Laufe ihrer Geschichte mehrmals überfallen und niedergebrannt wurde, sind nur wenige historische Bauten erhalten geblieben. Dazu zählen die Wenzelskirche aus dem 17. Jh. sowie ein, im 19. Jh. restauriertes, Renaissance-Schloß, das aber bereits wieder einer Ruine ähnelt. Die Gegend um Břeclav ist wegen ihrer wildreichen Auenwälder entlang der Dyje bekannt.

Information: ČEDOK, Jana Palacha 2921, Tel. (0627) 20522.
Unterkunft: Privatzimmer, Dyjová 6, Hinweis an der 55.
Camping: "Pod zámkem", 1.5.-30.9., zwischen Schloß und Durchgangsstraße, Tel. (0627) 20413.
Fahrradservice: Bicykle Servis Petr Sedlák, Lidická 30.

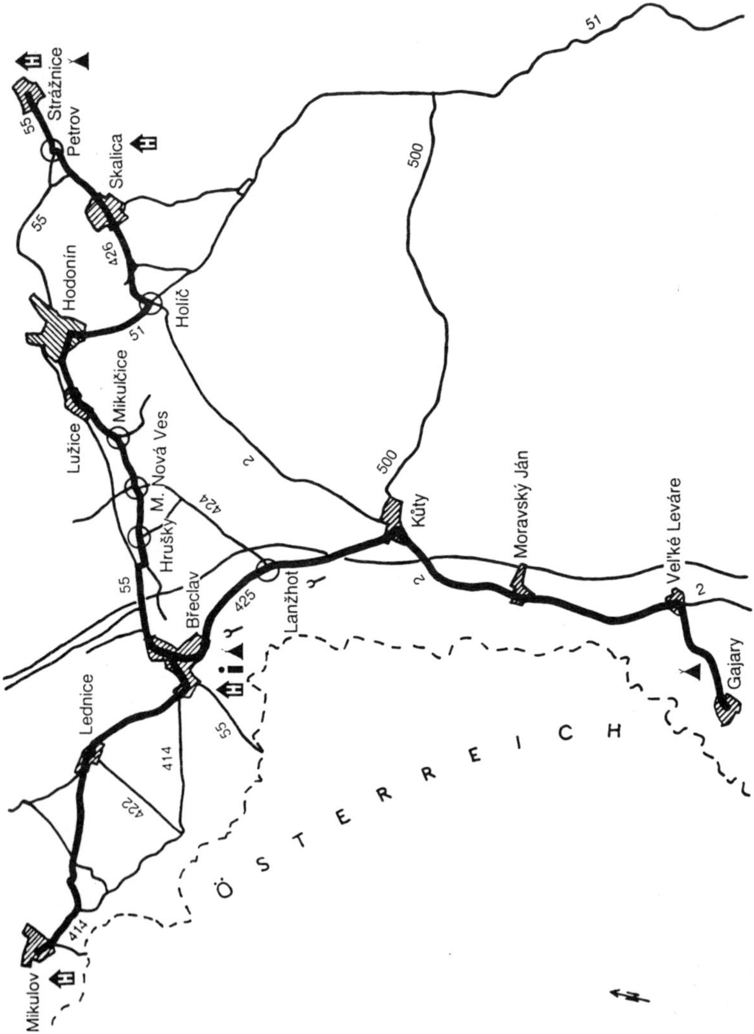
Strážnice
Petrov
Skalica
Hodonín
Holič
Mikulčice
Lužice
M. Nová Ves
Hrušky
Břeclav
Lanžhot
Kůty
Moravský Ján
Veľké Leváre
Gajary
Lednice
Mikulov
Ö S T E R R E I C H
55
426
51
500
2
424
425
414
422

Etappe 71:
Břeclav - Lednice - Mikulov (23 km)

Ein Fischteich vor Lednice, ein Schloß in Lednice und ein Hügelrücken hinter Lednice: das sind die Merkpunkte dieser durch überwiegend flach welliges Land führenden Etappe. Insgesamt geringer Verkehr. Prädikat: lohnenswert.

Verlassen Sie Břeclav, indem Sie den Hinweisen nach Lednice folgen. Nach 9 km haben Sie den Ort erreicht.

Lednice (Eisgrub), Südmähren, 160 m, 4.000 Ew.
Schloß Eisgrub gehörte seit dem 13. Jh. zu den Gütern der Liechtenstein-Familie, die bis 1945 zu den mächtigsten Gutsbesitzern im Land gehörte. Eisgrub war eines ihrer letzten Objekte, das sie besonders spendabel umgestalteten. Zwischen 1846-1856 erhielt das Schloß sein neugotisches Aussehen. Es gibt viel zu sehen - innerhalb (geschnitzte Holzdecken, Mobiliar, Porzellan- und Waffensammlungen, Jagdmuseum, große Orangerie) und außerhalb (Französischer und Englischer Park, Empirepavillons, 60 m hohes Minarett beim Teich Zámecký rybnik, Vogelschutzgebiet). Schloß Lednice ist ein zu Recht beliebtes Ausflugsziel.
Besichtigungen: Mai-Aug Di-So 8-12 u. 13-17 Uhr; April/Sep/Okt Di-So 9-12 u. 13-16 Uhr (Schloßpark und Orangerie können auch montags besichtigt werden).
Unterkunft: Hotel "Zámecky", direkt am Schloßeingang, Tel. 98220, in der Hochsaison von Reiseunternehmen ausgebucht.

Folgen Sie nun den Hinweisen nach **Mikulov**.
(*In Gegenrichtung:* Verlassen Sie Mikulov, indem Sie sich innerorts auf der 52 in Richtung Videnská orientieren, und dann auf die 414 nach Břeclav abzweigen. Nach 2 km biegen Sie erneut ab nach Lednice.)

Etappe 72:
Břeclav - Kúty - Vel'ké Leváre - Gajary (44 km)

Die Záhorská-Niederung, ein Ausläufer des Wiener Beckens, bildet den Rahmen dieser wie auch der folgenden Etappe. Die fruchtbare, vergleichsweise dicht besiedelte Landschaft hat praktisch keine Erhebungen, und so erhascht der Blick nur die nächstgelegensten Felder und Wiesen. Da dies aber auch eine verkehrsarme Strecke ist, können Sie der Kette die große Übersetzung anbieten und werden dahinfliegen "wie der Wind".

Verlassen Sie Břeclav, indem Sie sich zunächst in Richtung Hodonín orientieren, dann die Dyje überqueren und hinter der Brücke rechts abbiegen nach Kúty; ein Hinweis ist hier allein dem Gegenverkehr vorbehalten. Folgen Sie dann den Hinweisen Malacky/Kúty.

Über Lanžhot (**Fahrradservice:** Cyklocentrum Milan Beneš, Na peci 33, Tel. (931) 485) radeln Sie auf der 425 nach Kúty. Von dort weiter auf der 2 in Richtung Malacky. Da der größte Teil des Verkehr de in Parallelrichtung verlaufende E65 bevorzugt, ist die 2 geradezu verkehrsarm. Über Moravský Ján gelangen Sie nach Vel'ké Leváre (150 m, km 36). Dort angelangt, radeln Sie weiter nach Male Leváre ab (**Camping:** "Rudava", 15.6.-15.9., Badesee, 1½ km südwestlich von Male Leváre, Tel. Malcky 943134) und erreichen anschließend **Gajary**.

Etappe 73:
Gajary - Jakubov - Zohor - Devín - Bratislava (51 km)

Auch diese Etappe wird von der Záhorská-Niederung bestimmt, deren Südzipfel kurz vor Bratislava an die Kleinen Karpaten grenzt. Kiefernwälder und Marillenbäume setzen im flachen Agrarland der ersten Etappenhälfte Akzente. Ganz besonders reizvoll aber ist der zweite Abschnitt, wo die Straße auf Tuchfühlung mit der Morava (March) und ihren weitläufigen Auenwäldern geht. Der Verkehr ist kaum der Rede wert.

Durchqueren Sie Gajary, indem Sie dem Hinweis Malactky/Kostolište folgen. Ca. 300 m nach dem Ortsendeschild schwenken Sie auf die nächste Asphaltstraße (nicht beschildert) rechts ein. Auf der radeln Sie nach Jakubov (150 m, km 7) und biegen dort rechts auf die 503 ein. Biegen Sie dann außerhalb von Jakubov links ab nach Zohor. (*In Gegenrichtung:* Fahren Sie auf der nach Malacky führenden 503 nach Jakubov hinein, biegen Sie dort hinter dem Haus Nr. 59 links ab nach Gajary; kein Hinweis.)
Über Láb erreichen Sie Zohor (150 m, km 21), folgen Sie dort dem Hinweis Vysoká pri Mor. Nach 2 km stoßen Sie auf eine Kreuzung, an der es links nach Stupava geht, fahren Sie hier geradeaus weiter.

Hinweis: Falls die Morava Hochwasser führt, was nach außergewöhnlich starken und langanhaltenden Regenfällen möglich ist, biegen Sie links ab nach Stupava; denn die weitere Etappe (s.u.) wird höchstwahrscheinlich überflutet sein. Fahren Sie von Stupava auf der 2 in Richtung Bratislava weiter, biegen Sie aber zuvor nach Dúbravka ab (ansonsten müßten Sie auf der Autobahn nach Bratislava hineinradeln). Von Dúbravka fahren Sie durch die "Schlafstadt" Karlova Ves hinunter zur Donau, wo Sie linker Hand zum Zentrum gelangen. (*In Gegenrichtung:* Verlassen Sie Bratislava auf der 63 in Richtung Brno. Wenn die 63 rechts abknickt, radeln Sie geradeaus auf der 505 weiter entlang der Donau und folgen anschließend dem Verlauf der Schnellstraße durch Karlova Ves nach Dúbravka. Dort unterqueren Sie die Autobahn, um auf die 2 nach Stupava zu gelangen.)

Die Straße führt nun durch die Auenwaldlandschaft entlang der Morava. Über Devínska Nová Ves erreichen Sie Devín (km 40).

Devín (Theben), Westslowakei, 150 m, 1000 Ew.
Dort wo sich die Grenzflüsse March und Donau vereinigen, erhebt sich auf einem 212 m hohen Felsen die Burgruine Devín. In der Zeit des Großmährischen Reiches (9. Jh.) konnten die Franken sie nicht einnehmen, und in der Zeit der Türkenkriege galt sie als Bollwerk, das allerdings von den Türken, die sich bereits an Wien die Zähne ausbissen, nicht mehr geprüft wurde. Erst Napoleons Truppen brachten die gotische Burganlage 1809 vermittels Sprengstoff zu Fall.
Alljährlich im Juli findet in der teilweise restaurierten Burganlage ein panslawisches Folklorefestival statt. Dann wird auch der berühmt-berüchtigte Johannisbeer-Wein ausgeschenkt, den man im Ort keltert.

Ab Devín radeln Sie auf der 505 entlang der Donau zum Altstadtzentrum Bratislavas.
(*In Gegenrichtung:* Verlassen Sie Bratislava auf der 63 in Richtung Brno. Wenn

die 63 rechts abknickt, radeln Sie weiter auf der 505 entlang der Donau bis Devín. In Devínska Nová Ves biegen Sie links ab nach Zohor.)

Bratislava (Preßburg), Westslowakei, 164 m, 435.000 Ew.
Bereits in prähistorischer Zeit war die Gegend an der "Thebener Pforte", am Donaudurchfluß zwischen Alpen und Karpaten, ein wichtiger Kreuzungspunkt zwischen den europäischen Handelswegen von West nach Ost (Donau) und Süd nach Nord (Landweg). Hügelfestungen sicherten die Handelswege. Auf Kelten und Römer folgten Slawen, die ab dem 6. Jh. im Gebiet Bratislavas siedelten. Im Jahre 892 zerschlugen die Ungarn das von den Slawen gegründete Großmährische Reich und kolonisierten um das Jahr 1000 Preßburg mit bayerischen Einwanderern. Die Burg wurde zum Schutzpfeiler der ungarischen Westgrenze. 1526 eroberten die Türken einen Großteil Ungarns, woraufhin Preßburg für die nächsten drei Jahrhunderte ungarische Haupt- und Krönungsstadt wurde. Ihre größte Bedeutung erlangte die Stadt zur Regierungszeit der habsburgischen Kaiserin Maria Theresia (1740-80), die sich hier häufig aufhielt. Im 19. Jh. geriet die Stadt zum Zentrum der slowakischen Befreiungsbewegung. Nach dem Ende der Österreichisch-Ungarischen Monarchie wurde Preßburg Bestandteil der neugegründeten Tschechoslowakei und hieß von nun an Bratislava.
Heute konzentriert sich ein Fünftel der slowakischen Industrieproduktion in und um Bratislava. Die heftige Industrialisierung nach dem Zweiten Weltkrieg hat die Einwohnerzahl der Hafenstadt mehr als verdreifacht und sie beidseitig der Donau auf eine Fläche von 370 km² ausgedehnt; verhältnismäßig klein erscheint der historische Stadtkern. 1987 schätzte der Slowakische Umweltverband 60 % aller Altstadt-Häuser als renovierungsbedürftig ein.

Sehenswertes in Bratislava:
- Burg (Hrad): Nur Steinwürfe von Altstadt und Donau entfernt wacht auf einem 74 m hohen Hügel eine mächtige Burganlage mit vier charakteristischen Ecktürmen über die Stadt. An der Stelle einer ursprünglich slawischen Festung aus dem 9. Jh. wurde im 12. Jh. eine romanische Steinburg, aus der wiederum im 15. Jh. eine gotische Festung mit quadratischer Grundform entstand. Die Habsburger bauten sie zum Bollwerk gegen die Türken aus, von 1572-1784 war sie der Hort für die ungarischen Kronjuwelen, 1761 ließ sie Maria Theresia zur kaiserlichen Residenz ausbauen. 1811 brannte die Burg schließlich aus, seit 1953 wird sie restauriert. Der Slowakische Nationalrat und ein Teil der Ausstellung des Slowakischen Nationalmuseums (Di-So 10-12 u. 14-16 Uhr) sind hier untergebracht. Von der Burg können Sie nach Österreich und Ungarn blicken - und auf die graue Vorstadt Petržalka (in ihren trostlosen Betonkasernen lebt mehr als ein Drittel der Stadtbevölkerung, hier wurde die höchste Selbstmordrate der Slowakei konstatiert).
- St. Martins-Dom (zwischen Staromestska und Nálepkova): Zwischen 1563 und 1830 wurden hier zehn ungarische KönigInnen-Häupter gekrönt, darunter

auch jenes von Maria Theresia. Auf dem 85 m hohen Turm des gotischen Domes (14. Jh.) prangt die ungarische Königskrone (ihr schiefes Kreuz soll sie einer Hofdame zu verdanken haben, die die Krone auf einer hastigen Flucht unter ihren Röcken versteckt hielt).

- Altes Rathaus (stará radnica, am Hlavné nám.): Aus mehreren Bürgerhäusern entstand im 14. Jh. ein einheitlich gotisches Gebäude für öffentliche Zwecke. Im 16. Jh. im Renaissance-Stil umgestaltet (Arkaden des Innenhofes). Als Ersatz für den von einem Brand zerstörten gotischen Turm entstand 1733 der stilmäßig deplaziert wirkende Barockturm. Rats- und Gerichtssaal sind reichhaltig verziert (Kassettendecke/ Stuck und Fresken). Die meisten Räume beherbergen die originelle Ausstellung des Stadtmuseums (Besichtigungen: Di-So 10-17 Uhr, letzter Einlaß 16.15 Uhr). Der Rolandsbrunnen (1572, Renaissance) auf dem Hlavné-Platz vor dem Rathaus fungierte ursprünglich als Löschwasserreservoir.
- Dreifaltigkeitskirche (am Hurbanovo-nám.): ein Barockbau (1717-1727) mit einem Deckenkuppelfresko von Antonio Galli da Bibiena (Mitglied einer im 18. Jh. sehr geschätzten italienischen Baumeister- und Malerfamilie).
- Franziskanerkirche (am Františkánské nám.): Die frühgotische Kirche aus dem 13. Jh. ist die älteste der Stadt, mußte allerdings nach einem Erdbeben im 17. Jh. wieder neu aufgebaut werden. Als besonderes Meisterstück gotischen Kirchenbaus gilt die an der Nordseite gelegene St. Johannes-Kapelle (1380).
- Mirbach-Palais (Františkánské nám. 8): Das von Höllriegel für einen Brauereibesitzer errichtete Palais (1768-70) gilt als schönstes Rokoko-Gebäude der Stadt.
- Jesuitenkirche (am Františkánské nám.): Im Zuge der Gegenreformation wurde die ursprünglich protestantische Kirche (Spätrenaissance, 1636-38) von den Jesuiten 1672 übernommen und mit aufwendiger Barockinnenausstattung versehen.
- Klarissinenkirche (in der Klariská ul.): Der gotische Bau aus dem 13. Jh. gehörte zu einem Kloster der Klarissinnen. Um den Regeln des Bettel-Ordens zu genügen, die aus Gründen der Bescheidenheit lediglich den Bau von turmlosen Kirchen vorsahen, mußte der zierliche Kirchturm (1360) vom Hauptschiff der Kirche getrennt auf nur einem Pfeiler errichtet werden.
- Michaelstor (Michalská brána): Das einzig erhalten gebliebene von einstmals drei Stadttoren. Der gotische Turm (14. Jh.) erhielt im 18. Jh. einen barocken Aufbau mit Zwiebeldach und einer Statue des Erzengels. Im Turm, der bestiegen werden kann, befindet sich eine Ausstellung mittelalterlicher Waffen und Stadtbefestigungen.
- Primatialpalais (am Primaciálne nám.): Dieses 1777-81 im französischen Klassizismus errichtete Palais war anfänglich der Wintersitz des ungarischen Erzbischofs von Esztergom. Hier besiegelten Napoleon I. und Kaiser Franz II. nach der Schlacht bei Austerlitz 1805 den "Frieden von Preßburg".
- Das Haus zum Guten Hirten (Zidovská 1): Eines der schönsten Rokoko-Gebäude der Stadt (1765), mit einer Sammlung stark verzierter Uhren aus Barock und Empire (geöffnet: täglich außer di 10-17 Uhr).

- Academia Istropolitana (Ventúrska ul.): Die 1467 vom ungarischen König Matthias gegründete Universität (ursprüngl. gotisch, in der Renaissance umgestaltet) war die erste auf dem Boden der heutigen Slowakei. Sie hatte nur bis 1490 Bestand. Seit 1975 beherbergt sie die Akademie der Musischen Künste.
- Pharmazeutisches Museum (Michalská ul. 24): In der Barock-Apotheke "Zum roten Krebs", der ältesten der Stadt (17. Jh.), ist heute das Pharmazeutische Museum untergebracht (Di-So 10-17 Uhr).
- Botanischer Garten, Botanická Záhrada, 1.4.-31.10. tägl. 10-18 Uhr.

Telefonvorwahl: 07.
Information: BIPS, Laurinská 1, Tel. 333715, 334325; ČEDOK, Jesenského úl.; CKM, Hviezdoslavovo nám. 16, Tel. 331607.
Unterkunft: Youth Hostel, Ruzinovská 1, Tel. 220441, 220442; Studentenwohnheim (Studentský domov) "Mladá garda", Račianská 103, Tel. 56629, 253136, 253146, nur in den Semesterferien vom 1.7.-15.9., 24-Std.-Rezeption; "Juniorhotel Sputnik", Drieňová 14, Tel. 238000.
Camping: "Zlaté piesky", 1.5.-30.9., Senecká cesta č., zwei Plätze an einem Badesee 8 km nordöstlich vom Stadtzentrum, an der 61 in Richtg. Zilina/Nitra, Tel. 65170, 64406.
Fahrradservice: Cyklo Sport, Obochodná 3, Tel. 332791; Velosport Klub, Bradáčova 3; Davis šport - Rudolf Čevela, Zitná 62, Tel. 284782.

Etappe 74:
Bratislava - Král'ová - Senec - Báhoň - Častá - Trnava (76 km)

Der direkte Weg ist nicht immer der beste. Verschlungen ist deshalb der Pfad dieser Etappe, aber auch idyllisch und verschwiegen. Durch die Donautiefebene führt er bis an den Rand der Kleinen Karpaten (Malé Karpaty). Die überwiegend flache Landschaft erweist sich dabei als prächtig geeignet für einen gemütlichen Radeltag.

Verlassen Sie Bratislava auf der 61 in Richtung Zilina/Nitra und biegen 2 km hinter der Stadtgrenze nach Ivanka p. D. ab. Radeln Sie von dort über Bernolákovo (130 m, km 17) und Nová Dedinka, bis Sie auf die 503 stoßen, die Sie geradeaus in Richtung Vel'. Úl'any überqueren. Fahren Sie dann über Kostolná nach Král'ová, wo Sie dem Hinweis nach Senec folgen. Überqueren Sie die 62 geradeaus. Wenn Sie im Ort die Eisenbahngleise passiert haben, folgen Sie dem Straßenverlauf bis zum Zentrum von Senec (km 38).

Senec, Westslowakei, 120 m.
Die Türken haben in der Tschechoslowakei nur wenige Bauwerke hinterlassen, in Senec steht ein solches: das sog. Türkische Haus (Turecký dom). Was die Menschen aber hierher zieht sind zwei sonnige Seen und ihre Sandstrände. Auf den beiden künstlichen Seen Slnečné jazerá ("Sonnige Seen") tummeln sich in den Sommermonaten Surfer, Segler und Kanuten en masse. Zelten kann man nur auf einem der beiden Campingplätze, dem am See Jazera sever.
Unterkunft: Hotel "Lúč", Mierové nám., Tel. (07) 923053.

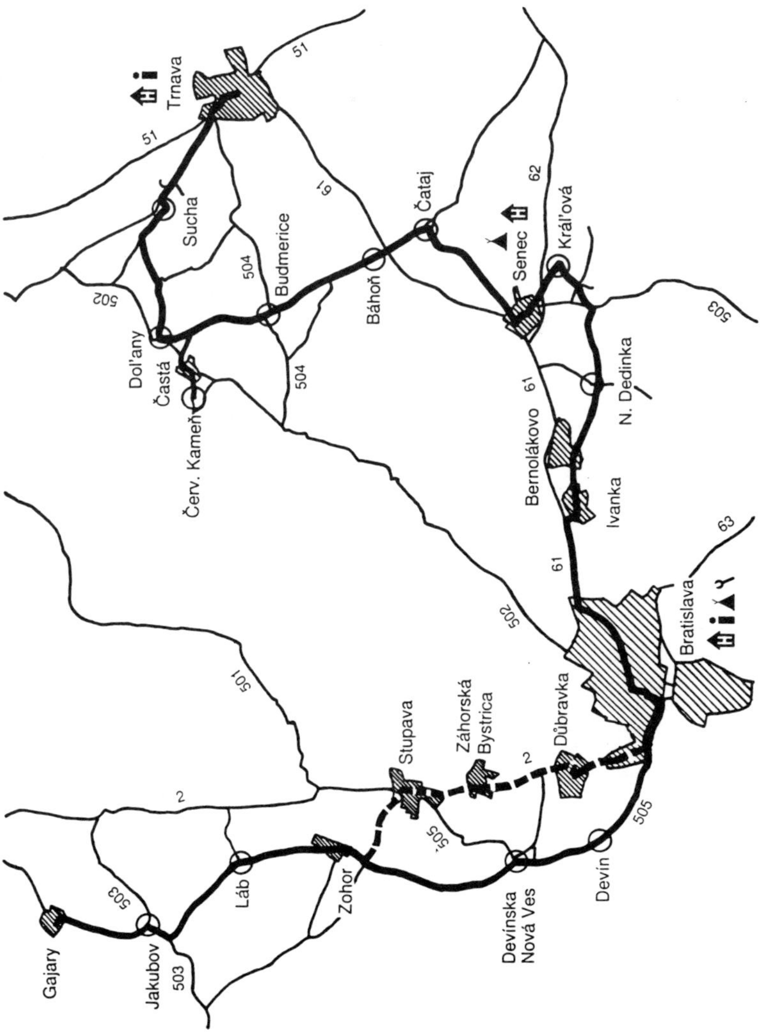
Trnava
51
51
Sucha
61
Budmerice
504
502
Čataj
Báhoň
Senec
62
Kráľová
503
Dol'any
Častá
504
Červ. Kameň
61
Bernolákovo
N. Dedinka
Ivanka
61
63
502
Bratislava
501
Stupava
Záhorská
Bystrica
Dúbravka
2
2
505
505
503
Láb
Zohor
Devínska
Nová Ves
Devín
Gajary
Jakubov
503

Wenden Sie sich in Senec auf der 61 in Richtung Trnava und biegen Sie noch im Ort nach Boldog ab. Von dort radeln Sie nach Čataj, biegen dort links auf die Hauptstraße ein und passieren nach dem Ort, auf dem Weg nach Báhoň, die Autobahnüberführung; kein Hinweis in Čataj. Von Báhoň radeln Sie geradewegs nach Budmerice, dort folgen Sie zunächst dem Hinweis nach Modra, dann dem nach Štefanova; hinter diesem Ort biegen Sie nach Častá ab. In Častá (240 m, km 56) gabelt sich die Durchgangsstraße vor einem Lebensmittelgeschäft (Potraviny), der rechte Abzweig ist die Zámocká ul., die mit 9%iger Steigung nach Červ. Kamen hinaufführt.

Burg **Červený Kameň**, Westslowakei, 330 m.
In einem zeitlichen Bogen von der Gotik zur Renaissance entstand eine Festung, die durch ihr trutziges Äußeres Feinde schon von fern entmutigen sollte. Der Entwurf der Basteien wird Albrecht Dürer zugeschrieben. Die ungarischen Pállfys richteten sich die Burg später zu einem luxuriösen Adelssitz her, mit allem was dazu gehört. Zur Zeit kann nur ein Teil der Anlage besichtigt werden. Nach der Restauration sollen auch ein Stilmöbelmuseum, eine Barockapotheke und eine mittelalterliche Folterkammer zugänglich sein. Besichtigungen: Di-So 9-17 Uhr, Führungen zu jeder vollen Stunde.

Fahren Sie nach diesem Abstecher zurück nach Častá und von dort auf der 502 nach Dol'any. Folgen Sie hier dem Hinweis nach Trnava. Über Košolná und Suchá erreichen Sie Trnavas Stadtgrenze. Orientieren Sie sich stadteinwärts in Richtung Nitra, bis Sie auf den Hinweis Centrum stoßen. In der Altstadt von **Trnava** (150 m, km 76) endet die Etappe.

(*In Gegenrichtung:* Wenden Sie sich in Trnava auf einer der beiden, parallel der Altstadtmauern verlaufenden, Hauptstraßen zunächst in Richtung Senica, biegen Sie nach Bratislava/Modra ab und gleich darauf nach Dol'any/Suchá. In Dol'any biegen Sie auf die 502 in Richtung Bratislava ab. Zweigen Sie in Častá nach Budmerice/Štefanová ab. 2 km hinter Častá biegen Sie beim Vorfahrt-achten-Schild rechts ab; kein Hinweis. In Budmerice folgen Sie erst dem Hinweis Trnava, dann dem nach Báhoň. Halten Sie sich hinter Čataj am nächsten Abzweig links und lassen Sie die Autobahn samt Überführung rechts liegen; kein Hinweis. Auf einem einsamen Sträßchen radeln Sie über Boldog nach Senec. Biegen Sie in Senec am Hauptplatz links in die Lichnerova-Straße ein, folgen Sie dem Straßenverlauf, und halten Sie sich hinter den Eisenbahngleisen links, bis Sie die letzte Seitenstraße erreicht haben. Auf der radeln Sie rechter Hand über die 62 hinweg nach Král'ová. In Kostolná biegen Sie rechts nach Hrubý Šúr ab. Biegen Sie beim Hinweis Tureň ab und fahren Sie dann über die 503 hinweg geradeaus weiter über N. Dedinka und Bernolákovo nach Ivanka. Hinter diesem Ort mündet die Nebenstraße auf die 61 nach Bratislava.)

Etappe 75:
Bratislava - Lehnice - Horný Bar - Gabčikovo (54 km)

Den landschaftlichen Rahmen für diese wie auch die beiden Folgeetappen bildet die Donautiefebene. Das flache und waldarme Gebiet zählt zu den wärmsten Landesteilen der Tschechoslowakei, intensiv und großflächig wird hier Getreide, Obst und Gemüse angebaut. In diesem "Garten der Slowakei" siedelt der Hauptteil der in der ČSFR lebenden 600.000 Ungarn. Zweisprachigkeit ist daher angesagt: Gasthäuser tragen hier die ungarische Zusatzvokabel "Vendéglö", und seit der samtenen Revolution sind auch die Ortsschilder zweisprachig. Häuser und Grundstücke sind häufig von westlichem Zuschnitt.
Historische und landschaftliche Sehenswürdigkeiten hingegen machen sich rar, und manche Hauptstraßen sind, wie etwa auf der ersten Hälfte dieser Etappe, etwas dröge. Dafür hat diese Landschaft aber auch Abschnitte, die von ganz besonderem Charme sind.

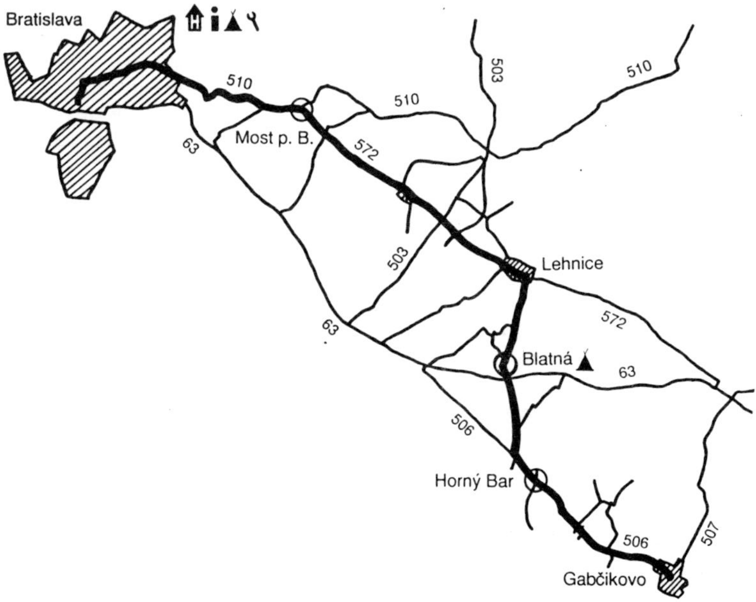

Um Bratislava zu verlassen, wenden Sie sich vom Stadtzentrum aus auf der 61 in Richtung Žilina/Nitra. Biegen Sie dann innerorts, gleich hinter der Tankstelle, rechts ab auf die 572; Hinweis Most pri Bratislave. Wenn Sie die Kleine Donau (Malý Dunaj) überquert haben, biegen Sie sofort links ab und radeln nun geradewegs über Most pri Bratislave (120 m, km 12) nach Lehnice (120 m, km 29). (*In Gegenrichtung:* Folgen Sie den Hinweisen nach Bratislava.)

In Lehnice, das aus zwei Dörfern besteht, zweigen Sie nach Blatná ab. In Blatná (km 35) biegen Sie an der Straßengabelung vor dem Kirchplatz links ein und setzen die Fahrt über die 3 hinweg fort; kein Hinweis. (Falls Sie einen *Campingplatz* suchen, biegen Sie an dieser Stelle links auf die 3 ein und radeln bis zum 3 km entfernten Holice; dort gibt es an der Kreuzung das Motel "Kondoros" mit einem kleinen Campingplatz.)
Bei Šul'any biegen Sie rechts auf die 506 nach Gabčikovo ein. Auf dem Weg über Horný Bar und Baka radeln Sie nun an den kilometerlangen, deichartigen Wänden des im Bau befindlichen Staudammes entlang.

Gabčikovo (ungar.: Bös), Westslowakei, 120 m
Ende der 70er Jahre vereinbarten Österreich, Ungarn und die Tschechoslowakei ein Joint-venture zur Errichtung eines Donau-Staudammes zwischen Gabčikovo und Bratislava. Nachdem sich aber die Argumente der protestierenden Umweltschützer in den 80er Jahren nicht mehr von der Hand weisen ließen, haben sich sowohl Ungarn als auch Österreich aus dem Projekt zurückgezogen. Nun stehen die Tschechoslowaken vor dem Dilemma, ob sie weitermachen sollen, um später weniger Braunkohle zu verstromen, oder ob sie das vom alten Regime übernommene Renommierprojekt stillegen, um Donau-Auen, landwirtschaftliche Flächen und Grundwasser (= Trinkwasser) zu erhalten, die ansonsten in großem Umfang verlorengingen. Zur Zeit wird langsam weitergearbeitet.
Der Ort selbst ist von dem Projekt nicht betroffen, er liegt etwas abseits. Auf der Dammwand verläuft eine Asphaltstraße, von der aus die gewaltigen Ausmaße sichtbar werden. Es gibt von der 506 aus einige provisorische Zufahrten, die hinaufführen.

(*In Gegenrichtung:* Verlassen Sie Gabčikovo auf der 506 in Richtung Samorín.)

Etappe 76:
Gabčikovo - Číčov - Zlatná - Komárno (60 km)

Die Landschaft des Donaubeckens gewinnt auf dieser Etappe stark an Reiz. Pflaumenbäume, Birken, Silberpappeln und Ebereschen säumen wechselweise die Straßen; auf den Feldern wachsen Tabak, Wein, Mais, Getreide, Zuckerrüben und Melonen. Ein Storch steht scheinbar unentschlossen in seinem hochgelegenen Nest. Auch einem Schäfer oder einem alten "Pußta"-Brunnen begegnet man hier schon mal. Kanäle und kleine Laubbaumgruppen lockern die Szenerie auf, überall zirpt und "brütet" etwas. Eine sehr liebenswerte, völlig untouristische Ge-

gend. Der Verkehr ist auf den ersten Zweidritteln bis Okánikovo gering, anschließend mittelmäßig.

Radeln Sie von Gabčikovo auf der 506 in Richtung Komárno. Ab Medvedov fahren Sie auf Nebenstraßen weiter über die Dörfer Kľučovec - Čičov - Trávnik - Klížska Nema - Vel. Kosihy bis Okánikovo. Dort biegen Sie nach rechts auf die 63 ein und radeln weitgehend unbehelligt vom Verkehr auf dem Randstreifen nach Zlatná na Ostrove (km 48; **Camping:** 1.5.-30.9., an der Durchgangsstraße, sehr gut für 1-2 Nächte, Tel. Zlatná na Ostrove 93250). Weiter geht es auf der 63 über Nová Stráž bis Komárno, der südlichsten Stadt des Landes.

Komárno (ung. Komárom), Westslowakei, 112 m, 36.000 Ew.
Halb zu Ungarn, halb zur Slowakei gehörend, ist Komárno/Komárom seit 1918 eine geteilte Stadt. Der Grenzfluß Donau ernährt die Stadt, die neben Bratislava den größten Hafen der Tschechoslowakei besitzt. Schon im 18. Jh. war Komárno ein bedeutendes Zentrum des Getreide- und Holzhandels. Auf Werften entstehen Personen- und Lastschiffe. Ansonsten wirkt die Grenzstadt eher ungarisch als slowakisch.

Im 16./17. Jh. wurden an der Stelle, wo die Waag in die Donau mündet, zwei Festungen gegen die Türkenheere errichtet, die nie eingenommen wurden. Der Komplex wurde in der Zeit der Napoleonischen Kriege um den Pallatinwall erweitert, so daß schließlich ein umfangreiches System aus Mauern, Basteien und unterirdischen Gängen die Stadt hermetisch abriegelte. Von der einst größten Befestigung Österreich-Ungarns, sind heute nur noch Bruchstücke zu sehen.

Das Stadtmuseum (Di-So 10-12 u. 14-16 Uhr) huldigt vor allem den beiden großen Söhnen der Stadt, von denen im deutschsprachigen Raum der Operettenerneuerer Franz Lehár der bekanntere sein dürfte, in Ungarn hingegen der

nationalistische Schriftsteller Moric Jókai.
Information: ČEDOK, ul. Pohranič nej stráže 4, Tel. (0919) 3654. (Tickets für das tägliche Tragflächenboot nach Budapest sind bei ČEDOK erhältlich, Fahrzeit 2 Std., Fahrradmitnahme möglich).
Camping: Nová Stráž, 15.5.-15.9., 4 km westlich von Komárno.

Etappe 77:
Komárno - Pribeta - Kolta - Dedinka - Bardoňovo - Kalná (76 km)

Die dritte Etappe durch das Donaubecken führt durch eine Gegend, in der sich das tägliche Leben um die "Produktion" von Obst, Gemüse und Getreide dreht. Selbst der mäßige Verkehr wird von landwirtschaftlichem Gerät dominiert. Ab Pribeta wird aus dem bis dahin flachen Land allmählich ein hügeliges. Auf den verkehrsarmen Nebenstraßen der zweiten Etappenhälfte sind daher auch wieder zwei längere, gut radelbare Steigungen enthalten. Diese Etappe gewinnt in ihrem Verlauf an Farbe.

Radeln Sie von Komárno auf der 64 in Richtung Nové Zámky, und biegen Sie nach 8 km rechts ab auf die 589. Über Sv. Peter, Dulovce, Pribeta und Jásová radeln Sie nach Kolta (180 m, km 45). Dort biegen Sie rechts auf die 75 in Richtung Tekovské Lužany ab und verlassen diese nach 5 km wieder beim Hinweis Dedinka. Folgen Sie in Dedinka dem Hinweis Pozba, und radeln Sie nun über Hurbanovce, Bardoňovo, Dol. Pial, Ondrejovce und Bajka, bis Sie auf die 76 stoßen, die linker Hand nach **Kalná** führt; Hinweis Levice.

(*In Gegenrichtung:* Wenden Sie sich von Kalná aus auf der 76 in Richtung Stúrovo, biegen Sie nach 2 km rechts ab beim Hinweis Bajka. Ab Kolta folgen Sie den Hinweisen nach Komárno.)

Etappe 78:
Kalná - Zl. Moravce - Topol'čianky - Jelenec - Nitra (64 km)

Der Wind streift über weite Felder und rauscht im Laub alter Kirschbäume, die kilometerlang die Straße säumen. Einziger Fremdkörper in dieser Landschaftsidylle ist ein neuer Kraftwerkskomplex, der sich bizarrerweise ein komplettes Dorf - das ehemalige Mochovce - mitsamt Barockkirchlein einverleibt hat. In der zweiten Etappenhälfte (westlich von Zl. Moravce) ist dann etwas mehr Engagement erforderlich, weil das Vorland des Tribeč-Gebirges einen Teil des weiteren Weges mit kleinen frechen Hügeln gewürzt hat. Von kurzen Abschnitten abgesehen ist die gesamte Strecke wenig befahren.

Kartenskizze Etappe 77

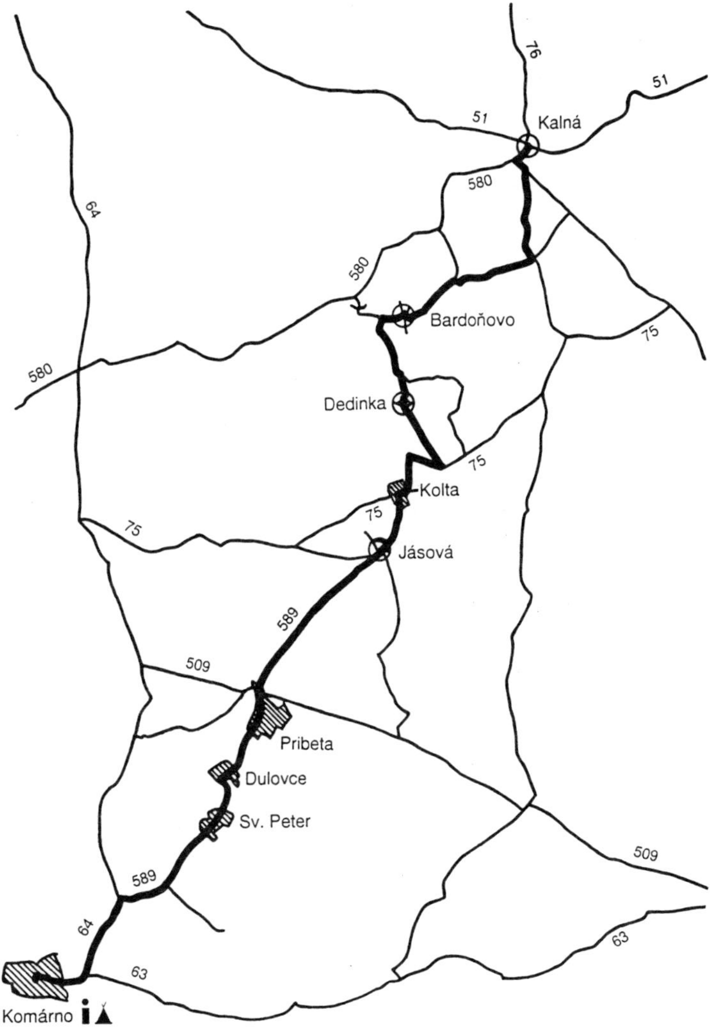

Verlassen Sie Kalná auf der 76 in Richtung Hronský Beňadik, und biegen Sie nach 1 km beim Hinweis Nemčiňany links ab. Sanft steigt die Straße von 180 m auf 280 m an und überquert dabei den Dobrica-Berg, auf den letzten 1500 m bis Nemčiňany (220 m, km 24) fällt sie wieder ab. In Čierne Kl'ačany (220 m, km 30) biegen Sie nach Zl. Moravce ab. (*In Gegenrichtung:* Folgen Sie in Čierne Klačany zunächst dem Hinweis Volkovce, radeln Sie dann ohne erneutes Abbiegen auf der Vorfahrtstraße weiter nach Nemčiňany.)

In Zlaté Moravce (200 m, km 34) biegen Sie rechts ab und folgen den Hinweisen nach Topol'čianky. Auf der 511 radeln Sie bis zum Hauptplatz von Topol'čianky (220 m, km 39).

Topol'čianky, Westslowakei, 220 m, 3.000 Ew.
Die Ursprünge des hiesigen Herrenhauses liegen im 13. Jahrhundert. Heute präsentiert sich der ehemalige Sommersitz der Habsburger - auch die ersten Präsidenten der Tschechoslowakei logierten hier gern - im klassizistischen Gewand. In den vergleichsweise bescheiden eingerichteten Schloßsälen werden gezeigt: Stilmöbel verschiedener Epochen, eine interessante Bibliothek mit allerlei deutschem Schriftgut, Alltäglich-Banales aus dem Leben der Schloßeigner.
Ein weitläufiger Park mit Jagdschlößchen und 300 seltenen Gehölzen umgibt das Herrenhaus. Daran schließt sich ein Wildgehege mit Reh- und Schwarzwild an - damit im diesem größten Jagdgebiet der Tschechoslowakei die Trophäen nicht knapp werden.
Bekannt ist Topol'čianky auch für seine Zucht edler Pferde.
Besichtigungen: Mo 9-12 Uhr, Di-Fr 9-16 Uhr, Sa 12-14 Uhr, So 12-16 Uhr.
Unterkunft: Hotel "Zamok" mit Appartements in einem der Schloßflügel; Hotel "Narodny dom", am Hauptplatz des Ortes.

Fahren Sie von Topl'čianky auf der 511 zurück nach Zl. Moravce. Dort folgen Sie den Hinweisen nach Sl'ážany und radeln anschließend immer "der Nase nach" über Neverice, Jelenec (**Camping:** 3 km nördlich am Jelenec-See, ausgeschildert), Kolinany, Štitáre und Hrnčiarovce bis ins Altstadt-Zentrum von Nitra.
(*In Gegenrichtung:* Verlassen Sie Nitra in nordöstlicher Richtung auf der Mostná-Straße. Nachdem Sie die Nitra überquert haben, passieren Sie den Kreisverkehr unter Beibehaltung Ihrer Fahrtrichtung. Folgen Sie dem weiteren Verlauf der Vorfahrtstraße, die aus Nitra heraus nach Jelenec führt.)

Kartenskizze Etappe 78

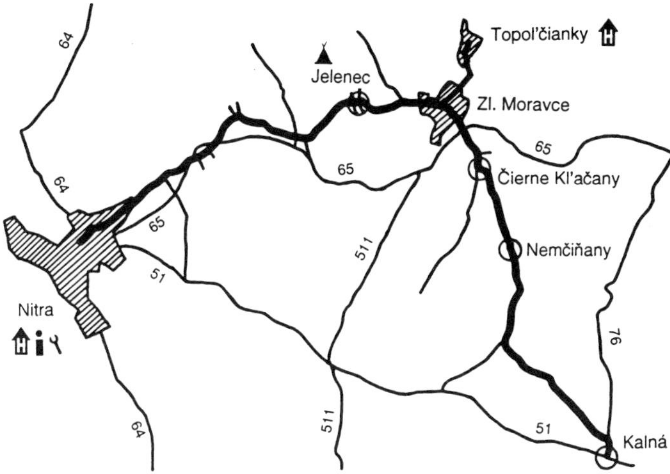

Etappe 79:

Kalná - Levice - Žemberovce - Banská Štiavnica (58 km)

Über weite, flache Hügel schaukelt das Sträßlein in der gemütlichen ersten Hälfte der Etappe. Dann übernimmt das zum Gürtel des Slowakischen Erzgebirges (Slovenské rudohorie) gehörende Schemnitzer Gebirge (Štiavnické vrchy) die Regie. In dessen Zentrum liegt die alte Bergbaustadt Banská Štiavnica, das Ziel dieser Etappe. Geomorphologisch betrachtet ist das Schemnitzer Gebirge ein stark zerschnittenes, auf vulkanischem Gestein basierendes Hochland, vom Fahrrad aus betrachtet ist es eine von Laubwald überzogene Bergregion, die sehr friedlich und heil wirkt. Da der Verkehr gering und die Straße wie immer in hervorragendem Zustand ist, lassen sich auch die anspruchsvolleren Steigungsabschnitte (insgesamt 8 km) ohne äußere Störungen recht gut bewältigen.

Fahren Sie von Kalná auf der 51 in Richtung Zvolen. Nachdem Sie Levice (km 8) passiert haben, zweigen Sie rechts in Richtung Šahy ab. (*In Gegenrichtung:* Radeln Sie auf der 51 in Richtung Trnava/Nitra bis Kalná.)

Levice, Westslowakei, 160 m, gotische Burgruine und Renaissanceschloß mit Heimatmuseum der umgebenden Region Tekov.
Unterkunft: Hotel "Lev" am Hauptplatz.
Fahrradservice: Turček & Petrík, Vojenská 2, Tel. (0813) 27586.

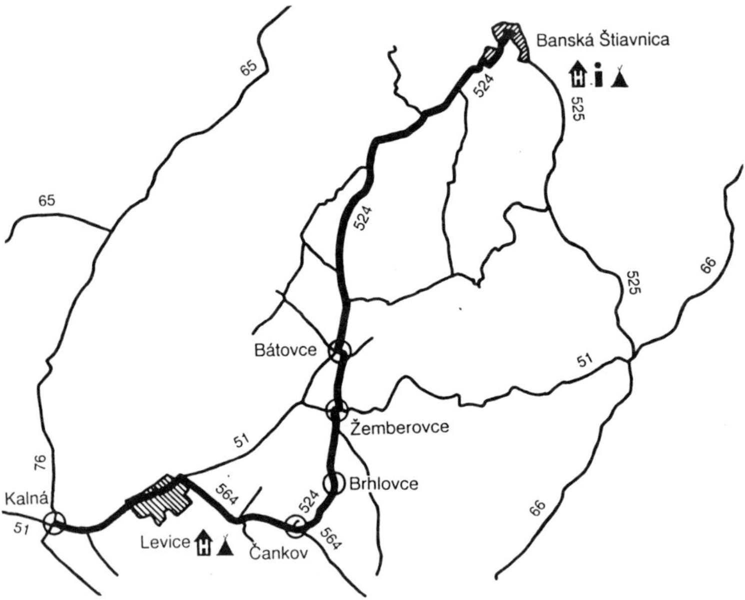

Auf der 564 fahren Sie nun über Kalinčiakovo (180 m, km 14; **Camping:** "Margita", 9.5.-15.9., ausgeschildert, Tel. Kalinčiakovo 27485) nach Čankov, wo Sie auf die 524 nach Žemberovce abbiegen. Als nächstes passieren Sie das Dorf *Brhlovce.* Hier gibt es einen flachen, obenauf bewaldeten Kalksteinhügel, in den die Dorfbewohner zur Zeit der Türkengefahr (16./17. Jh.) Wohnhöhlen trieben. Wer sich in den Wohngassen am Hügel umschaut, wird die eine oder andere Höhle noch entdecken.

Weiter schaukelt sich das Sträßchen über flache Mais- und Weinhügel bis Žemberovce. Fahren Sie dort ein kurzes Stück auf der 51 in Richtung Hontianske Nemce und biegen Sie dann nach Bátovce ab. (*In Gegenrichtung:* Wenden Sie sich zunächst nach Nitra, dann nach Dudince.)

Über Bátovce erreichen Sie auf der 524 Pukanec-Bohunice (270 m, km 35); hier beginnt der Anstieg nach Banská Štiavnica. Auf den ersten 9 km geht es dabei moderat bergauf bis 460 m, die nächsten 2 km sind streng, dann geht es wieder etwas leichter. Wenn Sie links unter sich den Richnavské-See sehen, haben Sie den höchsten Punkt der Etappe bereits erreicht (750 m, km 52). Anschließend passieren Sie einen Biwakplatz mit Hanglage und schwingen sich hinab nach Banská Štiavnica. Radeln Sie direkt ins Zentrum, meiden Sie die Umgehungsstraße, die Sie nur unnötigerweise über einen weiteren Bergrücken führen würde.

Banská Štiavnica (Schemnitz), Mittelslowakei, 550 m, 11.000 Ew. Pittoresk ist die Altstadt zwischen den aufragenden Berghängen des Schemnitzer Gebirges gelegen. Gold und vor allem Silber schürfte man hier - zunächst im Tagebau. Im 12. Jh. kamen deutsche Bergleute und begannen mit dem unterirdischen Abbau der Edelmetalle. 1241 wurde die Stadt durch die Tataren weitgehend zerstört, erholte sich aber aufgrund ihrer begehrten Erze schnell wieder. Ihre Blütezeit erlebte sie im 15./16. Jh.; im 17./18. Jh. galt sie als die fortschrittlichste Bergbaustadt der Welt. 1627 wurde erstmals Schießpulver zum Stollenvortrieb benutzt, 1732 setzte man ebenfalls zum ersten Mal in der Geschichte des Bergbaus dampfmaschinenbetriebene Grubenwasserpumpen ein, 1736 wurde die erste Bergbauakademie der Welt gegründet.
Silber und Gold machten nicht nur die ungarischen Könige und die Augsburger Fugger reich, auch die Stadt profitierte davon, wie die bürgerlichen Renaissance-Häuser am kleinen Marktplatz (Trojičné nám.) belegen. Sie gehörten den Besitzern der umliegenden Wälder, unter denen einst die Silberadern schlummerten. Über der denkmalgeschützten Altstadt erhebt sich das Alte Schloß (Starý zámok), das aus einer romanischen Basilika des 13. Jh. entstand. Die Bedrohung durch die Türken ließ die Schemnitzer aus der Kirche im 16. Jh. eine solide Renaissancefestung machen. Im Alten Schloß ist heute die Abteilung Kunst und Geschichte des Slowakischen Bergbaumuseums untergebracht. Auch das Neue Schloß verdankt seine Entstehung den osmanischen Türkenheeren; originellerweise beherbergt diese Renaissancefestung daher ein Museum der Türkenkriege.
Weitere Baudenkmäler sind die im 18. Jh. klassizistisch umgestaltete Domkirche St. Nikolaus (13.Jh.); die spätgotische Katharinenkirche aus dem 15. Jh.; das barockisierte Piargische Stadttor (Piargská brána, 1544), das die einstige Ausdehnung der Stadt erahnen läßt; der barocke Klopačka-Turm (1681), wo die Schläge eines Eichenhammers die Bergleute zu ihren Jobs riefen. Über die Arbeitsbedingungen und den technischen Fortschritt des Bergbaus kann man sich im Dionyz-Styr-Museum im Hellenbachschen Herrenhaus und in einem Freilicht-Bergbaumuseum beim Klinger-See ein Bild machen. Im letzteren ist der eigentlich interessante Teil der Bartoloměj-Stollen, in den man als Besucher - angetan mit Helm, Gummimantel und Akkuleuchte - "einfahren" kann.
Auf den weithin sichtbaren Kalvarienberg (800 m) führt ein von sakralen Gebäuden gesäumter Kreuzweg. Oben angekommen blicken Sie über die Bergbaustadt, die zu ihrer Blütezeit die drittgrößte Stadt im damaligen Ungarn bzw. die zweitgrößte der späteren Tschechoslowakei war. Als die Minen im 18./19. Jh. erschöpft waren, entstanden in der Neustadt einige Industrieunternehmen (Leder, Textilien, Nahrungsmittel).
Umgebung: 6 km südöstlich an der 525 liegt das Dorf *Antol* (430 m), wo das

originelle Barockschloß St. Anton mit sehenswertem Inventar, einem Jagd- und Forstmuseum und u.a. einem Mammutbaum (im Schloßpark) aufwartet.
Information: ČEDOK, Akademická ul. 1 (Altstadt), Tel. (0859) 22463.
Unterkunft: Privatzimmer bei Cecilia Kruppnerová, Sládkoviečna 21, Tel. (0859) 23801.
Camping: zwei Biwakplätze an der 524 nach Levice.

(*In Gegenrichtung:* Verlassen Sie Banská Štiavnica vom Altstadtzentrum aus auf der 524 in Richtung Levice.)

Etappe 80:
Banská Štiavnica - Zvolen - Sliač - Banská Bystrica (52 km)

Vom Schemnitzer Gebirge (Štiavnické vrchy) hinab zum Becken von Altsohl (Zvolenska kotlina): Während im ersten Teil dieser Etappe dichte Buchen- und Eichenwälder das Gemüt erwärmen (die Mittelslowakei ist das waldreichste Gebiet der Slowakei), ist der zweite Teil flach und unspektakulär.
Insgesamt sind in diesem Teil des Schemnitzer Gebirges weniger Höhenmeter zu bewältigen als südlich von Banská Štiavnica (Etappe 79). Der Verkehr ist zunächst gering, später maßvoll.

Verlassen Sie Banská Štiavnica auf der 525 in Richtung Zvolen. Nach einem kurzen Anstieg am Stadtrand (620 m) geht es nun über Banská Belá mit abflachender Tendenz bergab bis zum Fluß Hron (320 m). Von dort radeln Sie auf der 50 und 66 nach Zvolen.
(*In Gegenrichtung:* Verlassen Sie Zvolen vom Marktplatz aus in nördlicher Richtung, zunächst auf der 69 und dann der 50 in Richtung Žiar n.H., zweigen Sie dann nach Banská Štiavnica ab.)

Zvolen (Altsohl), Mittelslowakei, 293 m, 40.000 Ew.
Schon im 12. Jh. schürften deutsche Bergleute hier im ungarischen Altsohl nach Silber, 1244 verlieh der Ungarnkönig dem Ort die Stadtrechte. Die Stadt, die zwischen zwei Gebirgszügen am Treffpunkt zweier Flüsse liegt, erhielt erst im 14. Jh. eine Burg. Zunächst war es nur ein Jagdschloß nach italienischen Vorbildern, das aber zur Zeit der Türkeneinfälle schwer befestigt wurde. Die in der Renaissance prächtig ausgestattete Burg kam später ziemlich auf den Hund. Nun ist sie zwar restauriert, sieht aber äußerlich eher wie ein Werk aus Pappmaché aus. Die Räume, die ohne Originalinventar auskommen müssen, beherbergen Sammlungen der Slowakischen Nationalgalerie, eine Ausstellung slowakischer Gotik sowie Sonderausstellungen (Besichtigung: Di-So, 10-17 Uhr).
Der gepanzerte Eisenbahnzug vor der Burg wurde 1944 von der hiesigen Waggonfabrik für den Slowakischen Volksaufstand gefertigt.
Information: ČEDOK, nám. SNP 4, Tel. (0855) 22561.

Unterkunft: Hotel "Grand", nám. SNP, Tel. (0855) 22011; Hotel "Central", Jesenského, Tel. (0855) 22771.
Camping: "Neresnica", 1.5.-30.9., an der Ausfallstraße nach Krupina, Tel. (0855) 22651.

Verlassen Sie Zvolen vom Marktplatz (nám. SNP) aus in nördlicher Richtung. Folgen Sie zunächst dem Hinweis nach Banská Bystrica, und verlassen Sie die Hauptstraße beim Hinweis Sliač. Am Kurdorf Sliač und einem Militärflugplatz vorbei gelangen Sie schließlich zum Linksabzweig nach Badin. Überqueren Sie die Schnellstraße, und folgen Sie ab Badin dem Verlauf der Vorfahrtstraße, die über Rakytovce und Kremnička nach Banská Bystrica führt.

Banská Bystrica (Neusohl), Mittelslowakei, 362 m, 66.000 Ew.
Die Bezirkshauptstadt der Mittelslowakei liegt an der Mündung der Bystrica in die Hron, ist von Bergen umgeben und zählt zu den schönstgelegenen der Slowakei. Ab dem 13. Jh. bauten Thüringer Bergleute hier Silber und Kupfer ab; vollends blühte die Stadt auf, als die Fugger im 15. Jh. das europäische Kupfermonopol errichten konnten, denn sie hatten inzwischen die meisten Kupfergruben in der Umgebung erworben. Die Bürger- und Patrizierhäuser in der Altstadt zeugen vom Reichtum dieser Zeit. Erst nach dem Ende des Ersten Weltkrieges enstanden neue Industrien (Maschinenbau, Textilien, Pharmaka) anstelle der inzwischen unrentabel gewordenen Gruben.
In Banská Bystricá begann am 29.8.1944, mit einem Rundfunkappell der Slowakische Volksaufstand, kurz SNP (Slovenského národného povstania) genannt. Der Aufstand wurde zwei Monate später von den Nazis blutig niedergeworfen und mehrere Dörfer in einer Racheaktion liquidiert (allein in Kremnička wurden 747 Dorfbewohner ermordet).
Im Thurzo-Haus am nám. SNP 4 ist ein Heimatmuseum untergebracht (tägl. 9-12 u. 13-17 Uhr).
Telefonvorwahl: 088.
Information: ČEDOK, trieda SNP 4; Slovakoturist, Dolná ul. 4.
Unterkunft: CKM-Juniorhotel: Národná 12, 112 Betten, Tel. 23367/23295; Hotel "Národný dom", Narodná, Tel. 23737; Hotel "Turist", beim Campingplatz Turist, Tel. 35590.
Camping: "Turist", 1.6.-15.9., Tajovskéhoč. 9, keine Hütten; "Autocamping Tajov", 1.1.-31.12., an der Straße nach Tajov, 5 km westlich, Tel. Tajov 9755.
Fahrradservice: HPM šport, Križna 3; Laurin & Klement, Stavebná 8, Tel. 45835 (schwierig zu finden).
Lebensmittelspätkauf: tägl. 6-22 Uhr, A. Sládkoviča 7 (Ausfallstraße nach Kremnička).

(*In Gegenrichtung:* Verlassen Sie Banská Bystrica, indem Sie sich zunächst nach Zvolen orientieren, bis Sie auf die Hinweise nach Kremnička stoßen; hierzu müssen Sie in der Stadt die 66 unterqueren. Am nördlichen Ortsrand von Badin folgen Sie dem Verlauf der Vorfahrtstraße, die bei einem grau gestrichenen Haus mit drei Schornsteinen nach links abknickt. Anschließend überqueren Sie die Schnellstraße und nehmen nach der Brücke den ersten Rechtsabzweig, der Sie über Sliač nach Zvolen führt.)

Kartenskizze Etappen 80 & 81

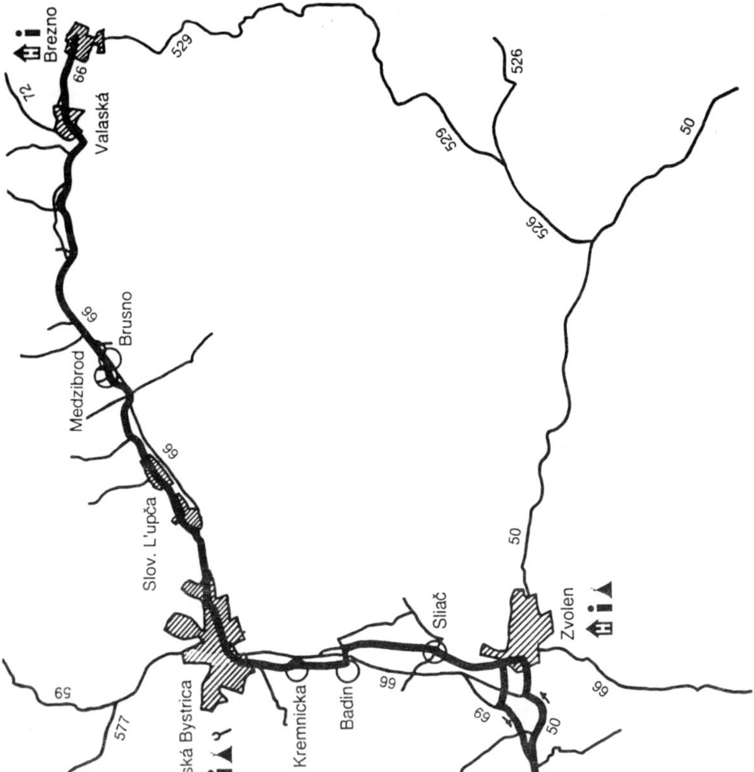

Etappe 81:
Banská Bystrica - Brezno (42 km)

Die Auswahl an Straßen ist nicht eben groß, um zwischen den Gebirgszügen der Niederen Tatra (Nízke Tatry) und denen des Slowakischen Erzgebirges (Slovenské rudohorie) in die Ostslowakei zu gelangen. Um genau zu sein: es gibt eigentlich nur eine. Immerhin besteht hier und da die Möglichkeit, auf verkehrsarme parallele Nebenstraßen auszuweichen, die diese Etappe auflockern. Auf der 66 ist der Verkehr mittelmäßig. Insgesamt eine steigungsarme, landschaftlich recht reizvolle Etappe.

Verlassen Sie Banská Bystrica auf der 66 in Richtung Brezno. Nach 7 km biegen Sie links ab nach Slovenská L'upča (die dortige Burg ist wegen Restaurierungsarbeiten geschlossen). Hinter Lučatin stoßen Sie dann wieder auf die 66, auf der Sie nun bis zum Abzweig Medzibrod radeln. Wenn Sie hinter Medzibrod erneut auf die 66 stoßen, biegen Sie von dieser sogleich wieder ab nach Brusno. Auch diese Nebenstraße mündet wieder auf die 66, auf der Sie nun über Valaská direkt bis Brezno radeln (die weiteren Nebenstraßen sind in einem relativ schlechten Zustand).

Brezno, Mittelslowakei, 490 m, ist kein Touristenort. Sehenswert ist nur das klassizistische Rathaus (18. Jh.), in dem heute ein Literatur- und Heimatmuseum untergebracht ist.
Information: ČEDOK, am Marktplatz nám. Gen. M.R. Štefánika 21.
Unterkunft: Hotel "Ďumbier", Kuzanyho ul. 1 (am Marktplatz), Tel. (0867) 2661.
Fahrradservice: Cyclocentrum-KVK, Rázusova 28, Tel. (0867) 5664.

Etappe 82:
Brezno - Telgárt - Stratená L'adova Jaskyňa - Spišský Štvrtok (89 km)

Forstwirtschaft anstelle von Landwirtschaft. Immer höher werden die Nadelbäume an den Südhängen der Niederen Tatra und rücken dichter an die Straße heran. Die besitzt nun zwar keinen Randstreifen mehr, muß dafür aber auch weniger Verkehr ertragen. Gelegentliche Himbeerbüsche versüßen den gut radelbaren Anstieg vom Hron-Tal in das Slowakische Erzgebirge. Zu diesem flächenmäßig größten Gebirge der Slowakei zählt auch der Nationalpark ***"Slowakisches Paradies" (Slovenský raj)****, durch den das letzte Drittel dieser Etappe führt. Die reizvollen Karsterscheinungen dieses Gebietes sind durch Wanderpfade erschlossen, die über Leitern und durch enge Schluchten führen (Wanderkarte "Slovenský raj, 1:50 000). Vom Fahrrad aus präsentiert sich der Park als wildromantisch verzugeschärfte Hügellandschaft, über der ein dichter Kiefernteppich liegt. Der Verkehr ist gering (ausschließlich Touristenautos), die Steigungen sind moderat. Viel zu schnell ist man hindurchgeradelt.*

Überqueren Sie den Marktplatz von Brezno und fahren Sie auf der 66 in Richtung Červená Skala. Die Straße führt flußaufwärts durch das zunächst engere, dann weitere Tal der Hron. Aus anfänglich milden Steigungen werden maßvolle, die ohne "Rückschläge" stetig bergan führen. Über Polomka, Závadka und Hel'pa erreichen Sie so Telgárt (880 m, km 47; Hotel). 3 km hinter Telgárt erreicht die 66 dann ihren höchsten Punkt (990 m) mit einem schönen Ausblick in das zurückliegende Tal.

Die 66 mündet nun in die 67, auf der Sie in Richtung Roznava weiterradeln. Nach 5 km erreichen Sie den Ort Stratená L'adova Jaskyňa (km 58; zwei Hotels, Postamt, Lebensmittelladen, Restaurant), hier befindet sich der Zugang zur Dobschauer Eishöhle.

Die **Dobšinská l'adová yaskyňa** (Dobschauer Eishöhle), Ostslowakei, ist eine der Hauptattraktionen im Slowakischen Paradies. In ihr befindet sich ein unterirdischer, gefrorener See mit einer Eisschichtdicke von 20 m. Darüber wölbt sich eine bis zu 100 m hohe und 7.000 m^2 weite Höhle, die von der Natur mit Eisornamenten ausgeschmückt wurde; in jedem Frühjahr gesellen sich neue hinzu. Anders als die subtilen Formen von Tropfsteingebilden ist es hier vor allem die schiere Mächtigkeit der Eisskulpturen, die beeindruckt. Eine Gefrierschranktemperatur von minus 7 °C sorgt für den Erhalt der Eismassen und das Frösteln der Besucher.
Einstündige Führungen: 16.5.-15.9. Di-So 9/11/13/15 Uhr.

Knapp 2 km hinter dem Ort biegen Sie beim Hinweis Hrabušice links ab. Das folgende Sträßchen führt nun mitten durch das Slowakische Paradies und erreicht nach fünf maßvoll ansteigenden Kilometern beim Berg Kopanec ihren Höhepunkt (991 m). Nach weiteren 9 km kommen Sie an einem Ausgangspunkt für Wanderungen durch die Velky-Sokol-Schlucht vorbei (610 m, km 73, 2 Schutzdächer, Orientierungsplan, provisorischer Parkplatz). Am Nordrand des Naturparks passieren Sie Podlesok (km 81, einfacher Campingplatz). Folgen Sie an der nächsten Straßengabelung rechter Hand dem Hinweis nach Spišský Štvrtok, das Sie sodann über Hrabušice erreichen.

Spišský Štvrtok (Donnersmarkt), Ostslowakei.
Auch solch kleine Städtchen wie Donnersmarkt gehörten zum Zipser Städtebund. Auf einem Hügel am Rande von Spišský Štvrtok erhebt sich die gotische Ladislaus-Kirche, die einen romanischen Baukern und einen eindrucksvollen hölzernen Kirchturm hat. Die seitliche Grabkapelle wurde vom Architekten des Wiener Stephansdomes in französischer Spätgotik entworfen - ein ungewöhnlicher Baustil für ostslowakische Verhältnisse.

Kartenskizze Etappen 82 & 83

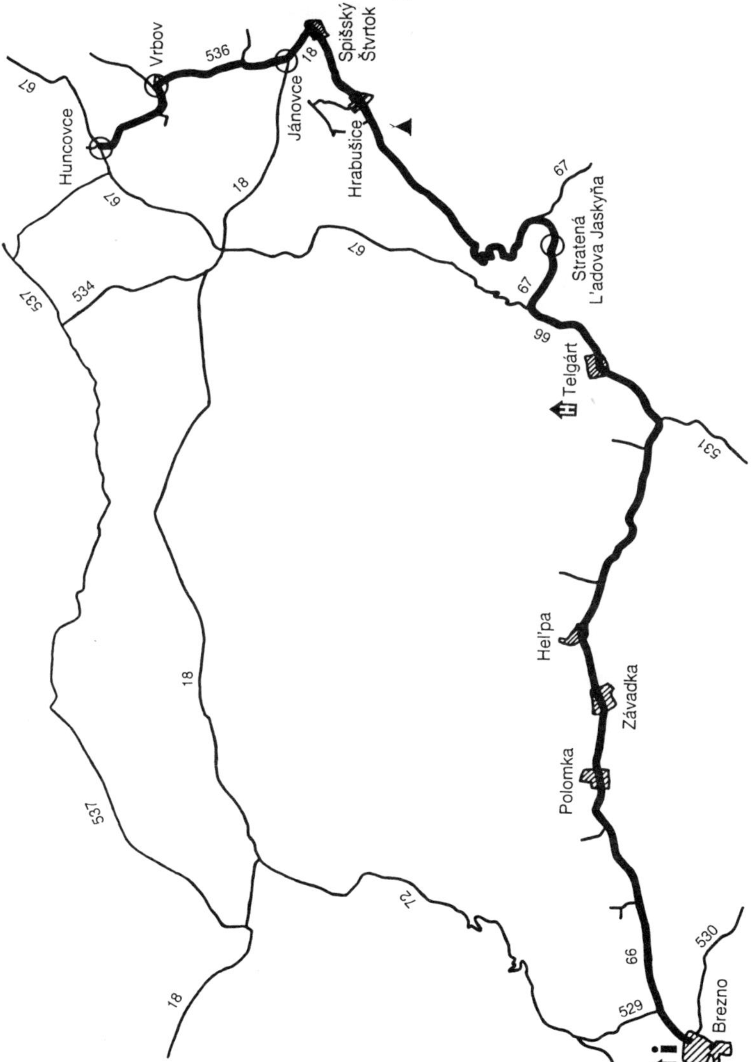

(*In Gegenrichtung:* Folgen Sie von Spišský Štvrtok aus den Hinweisen nach Stratená. Wenn Sie das Slowak. Paradies durchquert haben, wenden Sie sich auf der 67 nach Poprad und anschließend auf der 66 nach Brezno.)

Etappe 83:
Spišský Štvrtok - Vrbov - Huncovce (17 km)

Durch das Popradør Becken (Popradská kotlina) bis an den Rand der Hohen Tatra (Vysoké Tatry) verläuft diese Kurzetappe. Bei klarem Wetter wirkt der attraktive Anblick der Hohen Tatra auf dem letzten Etappendrittel wie ein Magnet.

Radeln Sie von Spišský Štvrtok zunächst auf der 18 in Richtung Poprad. Verlassen Sie diese verkehrsreiche Straße nach 3 km in Jánovce, indem Sie rechts beim Hinweis Kezmarok abzweigen. Über Vlkova radeln Sie auf der mittelstark befahrenen 536 über mäßige Hügel bis Vrbov (600 m, km 11). Dort biegen Sie links ab nach Huncovce und radeln nun mit häufiger Sicht auf die Bergmassive der Hohen Tatra weiter. In **Huncovce** (640 m) stoßen Sie auf die 67. (*In Gegenrichtung:* Biegen Sie im Ortskern von Vrbov rechts auf die Vorfahrtstraße ein; kein Hinweis.)

Etappe 84:
Spišský Štvrtok - Levoča - Spišské Podhradie - Krompachy (38 km)

In der Ost- und Mittelslowakei ist das Straßennetz ungleich dünner als in Böhmen oder Mähren. Daraus ergibt sich hier gelegentlich ein Radler-Dilemma wie das der folgenden Sorte: Die 18 ist mittelstark befahren, darunter von zahlreichen Transit-LKW; es ist also - trotz einer abschnittweisen Randspur - keine Strecke, um auf ihr vergnügt zu radeln. Und dennoch tut man es; weil es eben keine andere Möglichkeit gibt, um zur "besterhaltenen mittelalterlichen Stadt der Slowakei"

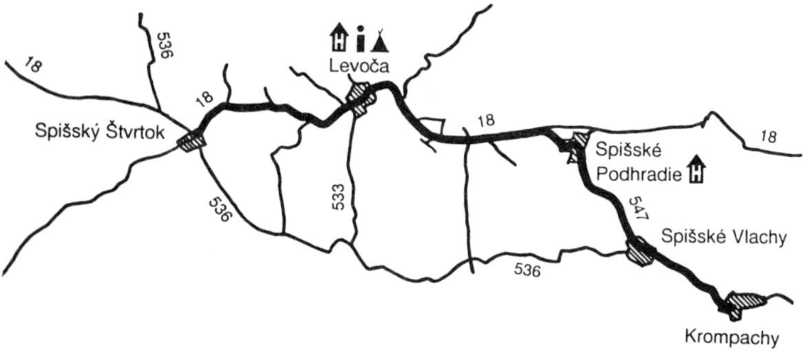

(Levoča) bzw. zur "einstmals größten Burg des Landes" (Zipser Burg) zu gelangen. Auch der zweite Teil der Etappe ist keinem Radlertraum entnommen, hier ist alles höchst mäßig: der Verkehr, die Steigungen und die recht dicht besiedelte Szenerie. Roma-Siedlungen erinnern an halbverfallene Goldgräberstädte.

Radeln Sie von Spišský Štvrtok auf der 18 nach Levoča (km 10).

Levoča (Leutschau), Ostslowakei, 380 m, 13.000 Ew., wurde Anfang des 13. Jh. von deutschen Einwanderern an der Stelle gegründet, wo sich die großen Handelswege zwischen Ungarn, Polen und Schlesien kreuzten. 1271 wurde Leutschau zum Hauptort des "Bundes der 24 freien Zipser Städte" gewählt. Das 15. und 16. Jh. brachten für Leutschau das goldene Zeitalter. In dieser Zeit entstanden die prächtigsten Bauten der Stadt. Da die Leutschauer übermäßig konservative Leute waren, die weder Industrie noch Eisenbahn wollten, waren der wirtschaftliche Abstieg und die bauliche Mumifikation der Stadt die Folge. Leutschau hat auch heute noch keine nennenswerte Industrie und nur einen Nebenanschluß der Eisenbahn. Man lebt vom Fremdenverkehr. Levoča, wie es nunmehr heißt, gilt zwar als die besterhaltene mittelalterliche Stadt der Slowakei, allerdings fehlt ihr das entsprechende Flair. Alles wirkt etwas traurig, und die zahlreichen Touristen irren wie Falschgeld herum, weil es noch nicht einmal eine Cukrarna (Konditorei-Café) gibt.

An und auf Leutschaus geräumigen Hauptplatz, dem "Ring", fanden gleich mehrere große Bauwerke Platz. Hier konzentriert sich die Mehrzahl aller Besichtigungsobjekte.

Das Renaissance-Rathaus, das nach dem großen Stadtfeuer von 1550 erbaut wurde, gilt als eines der schönsten der Welt. Es beherbergt das Zipser Museum mit vornehmlich deutschsprachigen Dokumenten. Die Fassadengemälde stellen die Bürgertugenden dar. Vor dem Rathaus befindet sich der bis ins letzte Jahrhundert benutzte Frauenpranger. Die benachbarte gotische Jakobskirche aus dem 14./15. Jh. besitzt den höchsten gotischen Altar der Welt (18,62 m), der zudem auch noch ein künstlerisches Meisterstück des berühmten Skulpturenschnitzers Paul von Leutschau darstellt - einem Riemenschneider-Altar durchaus ebenbürtig, nur eben viel größer (Besichtigung: Di-Sa 8-12 u. 13-18 Uhr, So 13-18 Uhr). Der Grundriß der klassizistischen Evangelischen Kirche am Südende des Hauptplatzes ist nach der Form eines griechischen Kreuzes gestaltet. Die Ausstattung der Kirche entstammt der früher an dieser Stelle stehenden Holzkirche.

Information: ČEDOK, Mierové nám. 46, Tel. (0966) 3840.

Unterkunft: Hotel "Biela páni", Mierové nám. 36, Tel. (0966) 2896.

Camping: "Levočská dolina", 15.6.-31.8., 3 km nördlich von Levoča, Abzweig Závada, Tel. (0966) 2701.

Radeln Sie weiter auf der 18 in Richtung Prešov. Zweigen Sie vor Spišské Podhradie auf die Nebenstraße nach Košice ab. 1 km nach diesem Abzweig erreichen Sie den Martinsdom, der zur Spišská Kapitula gehört. Schlüpfen Sie durch das westliche Stadttor und radeln Sie über Spišská Kapitulas einzige Straße in das sich anschließende Spišské Podhradie (km 24).

Spišské Podhradie (Kirchdrauf), Ostslowakei, 500 m, liegt am Rande der Landschaft Zips und hat einige mittelalterliche Bürgerhäuser und eine romanische Kirche mit gotischer Inneneinrichtung und klassizistischen Umbauten vorzuweisen. Auch um das obligate Volkskunde-Museum ist man hier nicht verlegen.
Doch die meisten zieht es wohl ohne Umschweife zur südöstlich gelegenen **Spišský hrad** (Zipser Burg). Es ist zwar nur eine gewaltige Ruine, die da auf einer 634 m hohen Anhöhe liegt, aber es ist ein großartiger Anblick - von unten wie auch von oben (30minütiger Anstieg; Besichtigungen: Mai-Okt Di-So 9-17 Uhr). Ihre Entstehung liegt ein wenig im Dunkel slawischer Zeiten; will heißen, daß sie irgendwann vor dem 8. Jh. entstanden ist und sich im 13.-16. Jh. zur größten Burganlage in der Slowakei entwickelte (zugleich auch zu einer der größten Adelsburgen Europas). Die 1780 niedergebrannte Burg ist teilrestauriert und zum nationalen Kulturdenkmal erklärt worden.
Auf einem Nachbarhügel der Zipser Burg etablierte sich im 13. Jh. die Kirchenverwaltung der Zips, wo der Propst residierte und sich eine Bruderschaft der 24 Zipser Stadtpfarrer bildete, die im 16. Jh. geschlossen auf der Seite der Protestanten stand. Das Hauptbauwerk der ummauerten Ein-Straßen-Siedlung *Spišská Kapitula* (Zipser Kapitel) ist der Martinsdom, der zwar spätgotisch überarbeitet wurde, aber noch viele Details seiner spätromanischen Ursprungsgestalt behalten hat. Sehr sehenswerter Innenraum.
Unterkunft: Hotel "Spiš", Spišské Podhradie, Tel. 8521.

Fahren Sie nun auf der 547 weiter in Richtung Košice. Über Spišské Vlachy erreichen Sie **Krompachy**.

Etappe 85:
Krompachy - Margecany - Žipov - Prešov (44 km)

Ineinander verschachtelte, waldbedeckte Hügel, zwischen denen sich sattgrüne Weiden breitmachen: sie bestimmen das Bild des Scharoscher Berglandes (Šarišska Vrchovina), durch das diese hübsche Etappe führt. Die Steigungen tendieren dabei eher zur Länge als zur Strenge, der Verkehr überwiegend zur Armut.

Radeln Sie von Krompachy aus auf der 547 nach Margecany. Biegen Sie noch vor dem Ort beim Hinweis Prešov/Margecany links ab, und überqueren Sie den Fluß Hornád. (*In Gegenrichtung:* Biegen Sie nach der Brücke auf die 547 in Richtung Spišská n. Ves. ab.) Hinter Margecany (400 m, km 14) steigt die Nebenstra-

ße nun über die nächsten 7 km bis auf 650 m an. Rollen Sie über Žipov und Rokycany wieder hinunter auf 320 m. Ab Rokycany folgen Sie nun über Cemjata den Hinweisen nach Prešov (km 44).
(*In Gegenrichtung:* Verlassen Sie Prešov auf der 18 in Richtung Levoča, und folgen Sie dann den Hinweisen nach Margecany.)

Prešov (dt. Preschau, ung. Eperies), Ostslowakei, 257 m, 83.000 Ew., ist der Mittelpunkt der Region Šariš und zugleich auch das kulturelle Zentrum der Ruthenen, einer ethnischen Minderheit, die in realsozialistischen Zeiten als Ukrainer abgestempelt war.
Die Stadt entwickelte sich aus einem von Deutschen gegründeten Marktflekken an der Handelsstraße zwischen Ostsee und Schwarzem Meer. 1572 begann man, das begehrte Salz zu fördern. Während das Bürgertum in der Folgezeit seinen Wohlstand mehren konnte, verarmte die einfache Bevölkerung Karpatho-Rutheniens immer mehr, so daß auch Prešov unter einer ständigen Abwanderung litt. Nach dem Zweiten Weltkrieg haben die forcierte Industrialisierung zwischen Košice und Prešov sowie die Gründung einer Universität die Bevölkerungszahlen wieder ansteigen lassen.
Die Spindelform des Marktplatzes erinnert an die alte Handelsstraße, die über ihn hinweg verlief. Das Gesicht des Stadtkerns prägen Bauwerke aus dem 15.-17. Jahrhundert. Viele Bürgerhäuser tragen die für Prešov typischen Renaissance-Attiken. Sehenswert ist die gotische Nikolaus-Kirche mit ihrem optimistisch lichten Innenraum, die Franziskaner-Kirche und eine barocke (!) protestantische Kirche. Zu den Resten der Stadtbefestigung gehört auch der Caraffa-Kerker. Nach einem niedergeschlagenen Aufstand des ungarischen Adels gegen die Habsburger ließ der kaiserliche General Caraffa 1687 das "Eperieser Blutgericht" abhalten, woraufhin im besagten Kerker 24 protestantische Stadträte hingerichtet wurden. Der aufständische ungarische Adel hingegen wurde großzügig amnestiert.
Information: ČEDOK, Hlávna ul. 1, Tel. (091) 24040.
Unterkunft: Hotel "Savoy", Hlávna ul. 50, Tel. (091) 31062; Hotel "Verchovina", Svätoplukova 1, Tel. (091) 24922.
Camping: Haniska pri Prešove, 15.5.-30.6. und 1.-30.9., 4 km südlich an der 68 nach Košice, Tel. Haniska 25220.

Etappe 86:
Prešov - Záhradné - Raslavice - Bardejov - Bardejovské Kúpele (58 km)

Der attraktivere Teil der Ostslowakei ist allemal deren nördliche Sphäre. Meeresablagerungen bildeten vor 100 Mio. Jahren das Baumaterial für die Landschaft: das mäßig wellige Wald- und Hügelland der Niederen Beskiden (Nízke Beskydy). Auch wenn die Landwirtschaft auf den Podsol- und Skelettböden nicht sonderlich ergiebig ist (Kartoffelanbaugebiet), blieb diese Region doch von den Hau-ruck-Industrialisierungen der Nachkriegszeit verschont.

Kartenskizze Etappen 85 - 87

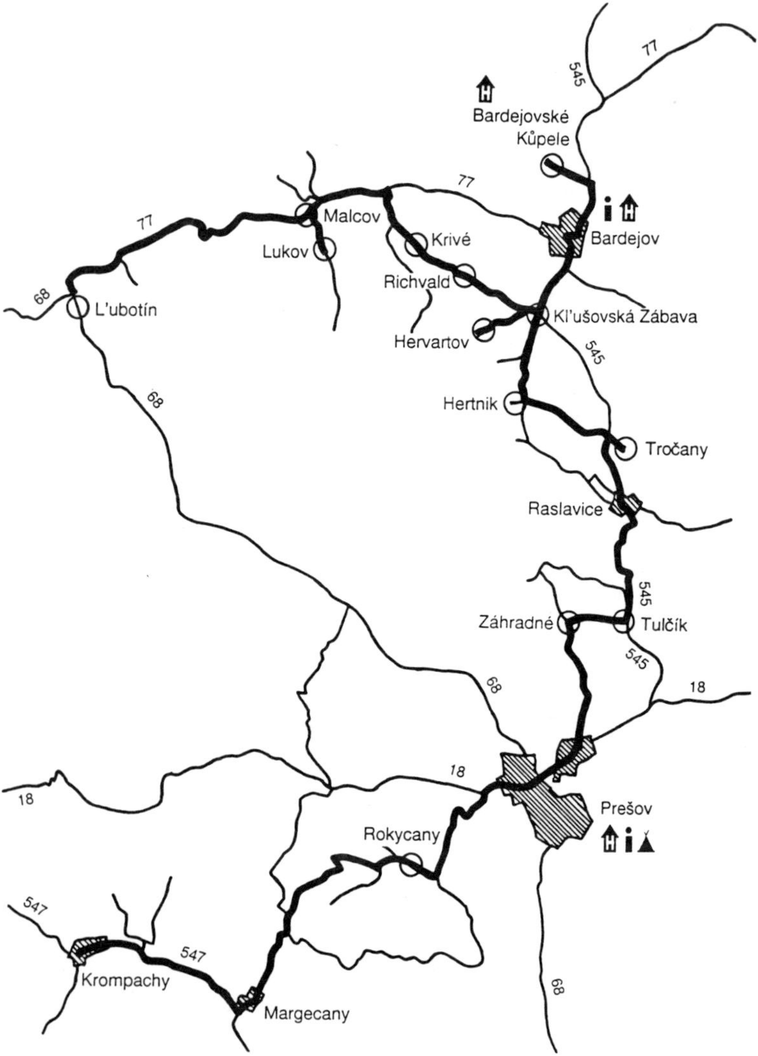

Zu den charakteristischen Sehenswürdigkeiten der nordöstlichen Slowakei gehören die russisch-orthodoxen Holzkirchen (15.-19. Jh.), die in etlichen Dörfern noch erhalten sind. Das Hügelrelief der Beskiden geht auf den Nebenstraßen spürbar in die Beine, dafür macht sich dort aber auch der Verkehr besonders rar.

Verlassen Sie Prešov zunächst auf der 18 in Richtung Vranov, und biegen Sie links ab nach Záhradné. Zwischen Fintice und Záhradné müssen Sie eine zähe Steigung nehmen (von 270 auf 430m); der geringe Verkehr mag Sie hierfür entschädigen. Von Žáhradné radeln Sie nach Tulčík weiter, wo Sie links auf die mittelstark befahrene 545 nach Bardejov einbiegen.
(*In Gegenrichtung:* Sobald Sie Tulčík erreichen, nehmen Sie den erstmöglichen - unbeschilderten - Rechtsabzweig, anschließend biegen Sie erneut rechts ab beim Hinweis Žáhradné.)

Wenn Sie Demjata und auch Raslavice (km 22) passiert haben, erreichen Sie nach 5 km eine Kreuzung, wo Sie rechts einen Abstecher in das 1,4 km entfernte Dorf Točany machen.

Fahren Sie an der neuen Kirche am Ortseingang von **Točany** vorbei in den Ortskern, wo Sie rechter Hand an der Dorfhauptstraße eine russisch-orthodoxe Holzkirche (Lukaskirche, 1739) entdecken werden. Eine gewisse Berühmtheit besitzt die im Innern des gut erhaltenen Kirchleins aufbewahrte düstere Bauern-Ikone vom Jüngsten Gericht. Um den Innenraum zu besichtigen, fragen Sie die Anwohner nach dem Priester (kňaz) bzw. dem Schlüssel (kľúč).

Nach diesem Abstecher überqueren Sie die 545 und sind sogleich in Janovce. Von dort radeln Sie durch eine gewellte, von entfernten Hügelketten begrenzte Ebene (moderate Steigungen, geringer Verkehr, teilweise löchriger Asphalt) über Bartošovce nach Hertnik. Dort folgen Sie dem Hinweis Bardejov. In Kľušovská Zábava stoßen Sie erneut auf die 545, auf der Sie bis Bardejov radeln (km 50).
(Hinweis: Falls Sie nicht nach Bardejov bzw. Bardejovské kupele wollen, können Sie in Kľušovská Zábava auch direkt zur Etappe 87 überwechseln.)

Bardejov (Bartfeld), Ostslowakei, 280 m, 21.000 Ew.
Sächsische Weber gründeten die Tuchmacherstadt Bartfeld. Bereits 1376, als ihr die Rechte einer königlichen ungarischen Freistadt verliehen wurden, war sie zu einem bedeutenden Umschlagplatz für Leinwand und Wein zwischen Ungarn und Polen aufgestiegen. Im 15. und 16. Jh. machten Pergament- und Papierherstellung und das ungarische Monopol des Leinwandhandels die Stadt wohlhabend. Als das Monopol verfiel und sich die Handelsströme neue Wege suchten, sank Bardejovs Bedeutung zu der einer bescheidenen Agrargemeinde herab.

Obwohl das strategisch wichtige Gebiet nördlich und nordöstlich des Ortes (vor allem die alte Handelsstraße über den Dukla-Paß) in beiden Weltkriegen schwer umkämpft war, ist Bardejov nicht in Mitleidenschaft gezogen worden. Der mittelalterliche Ortskern gilt heute zu Recht als der besterhaltene der Slowakei.

Die ursprünglich gotischen Bürgerhäuser am Rathausplatz (Radničné nám.) wurden nach Feuersbrünsten im Spätmittelalter vornehmlich im Renaissance- und Barockstil neu aufgebaut. Das architektonisch bemerkenswerteste unter ihnen ist das Rhodysche Haus, es ist auch das einzige mit einem Laubengang. Gegenüber befindet sich im "Šarišské Muzeům ikony" die größte Ikonensammlung der Slowakei (16./17. Jh.); Besichtigungen: Di-So, 9-12 u. 12.30-18 Uhr. Im Alten Rathaus in der Mitte des Platzes (spätgotisch begonnen, ab 1506 als erstes Renaissancebauwerk der Slowakei fortgesetzt) ist das Heimatmuseum der Region Sařiš untergebracht. Das Fassaden-Kind mit dem blanken Hintern, das durch die Beine schaut und dabei die Zunge herausstreckt, soll eine Gemeinheit des italienischen Baumeisters darstellen, der sich von den Stadtvätern um das vereinbarte Honorar geprellt fühlte. Am Nordende des Rathausplatzes erhebt sich die dreischiffige, gotisch strenge St.-Ägidius-Basilika, ihr Namenspate gilt als Schutzheiliger der Goldschmiede. Erbaut wurde die Pfarrkirche in der Mitte des 15. Jahrhunderts, um dann peu à peu mit elf (!) kunstvoll geschnitzten Seitenaltären ausstaffiert zu werden.

Information: ČEDOK, Radničné nám. 46, Tel. (0935) 2134.
Unterkunft: Hotel "Dukla", Radničné nám. 50.

Radeln Sie von Bardejov auf der 77 in Richtung Svidník weiter, nach 3 km schwenken Sie auf die Nebenstraße nach Bardejovské kúpele ein.

Bardejovské kúpele (Bad Bartfeld), Ostslowakei, 320 m, 600 Ew., stand zwar schon im 18. Jh. ganz im Zeichen von Schlammbädern und Trinkkuren, aber erst als 1893 die Eisenbahnlinie Preschau - Bartfeld (Prešov - Bardejov) eingeweiht war, stieg das Kurbad zu einem der beliebtesten Groß-Ungarns auf. Sehenswert ist in dem reizvoll in einem Waldtal gelegenen Kurort das Museumsdorf der umgebenden Landschaft *Šariš* (Scharosch). Die Sammlung volkstümlicher Holzhäuser beinhaltet auch ein typisches Holzkirchlein. Gleich nebenan befindet sich das ergänzende Volkskundemuseum Šariš. Besichtigungen beider Objekte: tägl. 9.30-12.00 u. 12.30-17.30 Uhr. Eine weitere russisch-orthodoxe Holzkirche (1766) aus der Umgebung wurde im Ort - außerhalb des Museumsdorfes - am Waldrand aufgestellt.

Und ein schönes Waldschwimmbad hat der Ort auch...

Unterkunft: Hotel "Mineral".

Etappe 87:
Bardejovské Kúpele - Kl'ušovska Zábava - Krivé - Obručné - (L'ubotín) (56 km)

Drei Holzkirchen an drei verschiedenen Orten und eine beschauliche Hügellandschaft, wo Gänse, Hühner und Bächlein tonangebend sind, markieren die folgende Strecke. Spürbare Steigungen gehören auch dazu. Der Verkehr ist auf den benutzten Nebenstraßen ausgesprochen gering, auf der Hauptstraße (77) gemäßigt. Eine wirklich reizvolle Etappe.

Fahren Sie von Bardejovské Kúpele nach Bardejov und von dort weiter auf der 545 in Richtung Prešov. Beim Ort Kl'ušovska Zábava (320 m, km 10) zweigen Sie rechts ab nach Richvald. (*In Gegenrichtung:* Falls Sie nicht nach Bardejov bzw. Bardejovské Kúpele wollen, können Sie in Kl'. Zábava auch direkt zur Etappe 86 überwechseln.) Biegen Sie dann linker Hand ab nach **Hervartov** (460 m, km 14). Dieser Abstecher beschert Ihnen am Dorfende die gotische "Franz-von-Assisi"-Holzkirche aus der 2. Hälfte des 15. Jahrhunderts. Den Innenraum der ganz aus Rottannenholz bestehenden Kirche schmücken rare frühbarocke Volkskunstgemälde biblischer Thematik. Der kunsthistorisch wertvolle Altar wurde (frecherweise) in ein Museum nach Bratislava verbracht; irgendwann soll er zurückkehren.

Radeln Sie von Hervartov zunächst zurück zur letzten Abzweigung, und fahren Sie dann linker Hand weiter über Richvald nach Krivé (420 m, km 25). Hier befindet sich die 1826 errichtete St.-Lukas-Holzkirche; ein vergleichsweise schlichtes Kirchlein. Hinter Kružlov schwenken Sie linker Hand auf die 77 ein und radeln bis Malcov (390 m). Dort machen Sie einen Abstecher ins 3 km entfernte Lukov (420 m, km 37). In diesem Ort werden noch zahlreiche hübsche Holzhäuser zu Wohnzwecken genutzt; auf einer Anhöhe am Westrand steht die russisch-orthodoxe Marienkirche (1708, Barockgotik) von Lukov. Dieses architektonisch reizvolle Gotteshaus aus Holz (s. Frontispiz, S. 2) ist vom Dorf aus kaum zu entdecken, weil es von einer in der Nähe befindlichen Steinkirche verdeckt wird.

Wenn Sie wieder zurück auf der 77 sind, müssen Sie von Malcov (390 m, km 40) bis Obručné (660 m, km 46) konzentriert bergan treten. Dem folgt eine fast genauso lange Abfahrt auf 470 m. 1 km vor **L'ubotín** stößt die 77 dann auf die 68 (Hinweis Stará L'ubovňa). schließt sich Etappe 88 nahtlos an.

Etappe 88:
(L'ubotín) - Stará L'ubovňa - Červ. Kláštor - Lesnica - Haligovce (65 km)

Langgezogen und relativ schmal ist das Tal, Wiesen und Weiden schmiegen sich terrassenförmig an seine steilen Hänge. Kühe ziehen an Stelle von Traktoren die Heuwagen der Almbauern. Heil und "unentwickelt" wirkt die Landschaft der Zipser Magura (Spišské Magura), durch die diese Etappe ab Stará L'ubovňa führt. Doch es kommt noch schöner: Im Norden dieser Region liegt der wald- und fel-

*senreiche **Pieninsky-Nationalpark**. Zu dessen beeindruckenden Dominanten gehören die Haligover Felsen (Haligovské skaly) und vor allem der durch eine tiefe Kalksteinschlucht mäandernde Grenzfluß Dunajec; von dem aus ist auch das bereits auf polnischer Seite liegende Drei-Kronen-Bergmassiv (Trzy korony) zu sehen. Steigungen gibt es einige auf dieser wunderschönen Etappe, aber nur zwei Kilometer davon sind streng. Der Verkehr ist gering, teilweise sogar sehr gering.*

Diese Etappe beginnt 1 km nördlich von L'ubotín, wo die 77 mit der 68 zusammentrifft. Radeln Sie von hier aus auf der mäßig befahrenen 68 über Plavnica nach Stará L'ubovňa (km 19).

Stará L'ubovňa, Ostslowakei, 560 m.
Weil er Geld für einen Krieg brauchte, verpfändete der ungarische König Sigismund 1412 dreizehn der 24 Zipser Städte an einen polnischen Verwandten. Um ihre Neuerwerbungen im Auge zu behalten, richteten sich die Polen für die nächsten drei Jahrhunderte die Burg von Stará L'ubovňa als Hauptsitz her. Heute kann die teilrestaurierte Burg als Museum besichtigt werden (2 km nördlich der Stadt auf einer Anhöhe; Besichtigungen: Di-Fr 9-16 Uhr, Sa/So 9-17 Uhr).
Zu Füßen der Burg wurde ein aus alten Holzbauwerken der benachbarten Region Zamaguria bestehendes Museumsdorf zusammengetragen. Diese ländliche Region war im 19. Jahrhundert dermaßen verelendet, daß die nackte Armut ihre Bewohner in die Emigration trieb. Einige dieser aufgegebenen Häuser bildeten den Grundstock der Ausstellung, die natürlich auch eine Holzkirche miteinschließt. Besichtigungen: Mai-Sep Di-So 10.00-11.30 u. 12.30-16.00 Uhr.
Information: ČEDOK, am Marktplatz, Tel. (0963) 21921.
Unterkunft: Hotel "Vrchovina", Tel. (0963) 23311; Herberge "Turistická ubytovna pod Hradom", unterhalb der Burg, Tel. (0963) 21301.

Westlich von Stará L'ubovňa radeln Sie nun auf der 77 weiter in Richtung Poprad. (*In Gegenrichtung:* Verlassen Sie Stará L'ubovňa auf der 68 in Richtung Prešov.) In Hniezdne (550 m, km 23) biegen Sie auf die 543 nach Červeny Kláštor ab. Gemütlich steigt die Straße auf den nächsten 10 km bis kurz vor Stráňany auf 710 m an, um dann über Haligovce (520 m, km 41; Haligover Felsen) bis Červeny Kláštor (450 m, km 45) kontinuierlich wieder an Höhe zu verlieren.

Červeny Kláštor (wörtlich: *"Rotes Kloster"*), Ostslowakei, ist eine kleine Ortschaft, dessen Dominante ein im 14. Jh. gegründetes Kartäuserkloster ist. Im restaurierten ehemaligen Kloster (gotische Kirche) ist heute ein Heimatmuseum untergebracht (Di-So 8-12 u. 13-17 Uhr; Mo 13-17 Uhr). Červeny Kláštor ist zugleich auch das touristische "Zentrum" des Pieninsky-Nationalparks (PIENAP), zwischen Mai und Oktober starten von hier aus täglich amüsante Floß-

fahrten durch die Schlucht der Dunajec (Tickets am Floßhafen).
Camping: 15.6.-15.9., keine Hütten, zwischen Kloster und Floßhafen, schönes Gelände am weiteren Etappenverlauf.

Folgen Sie dem Asphaltweg, der zum Campingplatz von Červ. Kláštor führt, Hinweis Autocamping. Wenn Sie den Platz auf diesem Weg überqueren, gelangen Sie auf den Wanderweg (rote Markierungen), der durch die bewaldete Felsschlucht der Dunajec führt und auf dem auch geradelt werden darf. Es ist der malerische Abschnitt, den auch die Flöße befahren. Der Weg ist eben und gut radelbar. Nach 7 km mündet der Weg wieder auf Asphalt und erreicht nordöstlich vom Fluß das Dorf Lesnica (500 m, km 54). Von hier aus müssen Sie nun über eine Bergkuppe strampeln; oben angekommen (730 m, km 59) entlohnt Sie ein Pieninen-Breitwandpanorama. Anschließend lassen Sie sich talwärts nach Vel'ky Lipník (590 m, km 61) tragen. Dort biegen Sie rechts auf die 543 ein und rollen weiterhin bergab bis Haligovce (520 m, km 65), wo sich der Rundkurs durch den Pieninsky-Nationalpark schließt.

Etappe 89:
Haligovce - Toporec - Spišská Belá - Kežmarok - Huncovce (36 km)

Während der erste Teil der Etappe durch die zertalte Hügellandschaft der Zipser Magura führt, wo Wiesen und Felder häufig nur kleine Parzellen bilden, verläuft die zweite Hälfte durch die offenere Landschaft des Poprader Beckens. Hier sind die Felder wieder groß genug, um auf ihnen Kartoffeln und Getreide großzuziehen. Der Verkehr ist anfangs sehr gering, später mäßig; eher umgekehrt verhält es sich mit den Steigungen. Eine schöne Radel-Etappe.

Verlassen Sie Haligovce in Richtung Toporec. Die ausgesprochen verkehrsarme Nebenstraße führt über Vel'ká Lesná kontinuierlich und maßvoll 8 km weit bergan, daran schließt sich bis zum Scheitelpunkt noch 1 km anstrengender Steigung an (800 m, km 9). Hier gibt es zwar keine Fernsicht, aber das Terrain ist ideal, um ungestört zu zelten. Über Toporec (620 m, km 14) geht es nun stetig bergab, bis Sie auf die 77 stoßen. Wenden Sie sich dort rechts nach Poprad. (*In Gegenrichtung:* Biegen Sie beim Hinweis Červ. Kláštor/Toporec links ab.)

Die Landschaft ist nun wieder weiter und die Hügel flacher. Bis Spišská Belá (km 25) schaukelt sich die mäßig befahrene, baumbestandene Straße wieder etwas nach oben auf 660 m. Auf diesem Niveau geht es auf der 67 weiter bis Kežmarok (km 32).

Kartenskizze Etappen 88 & 89

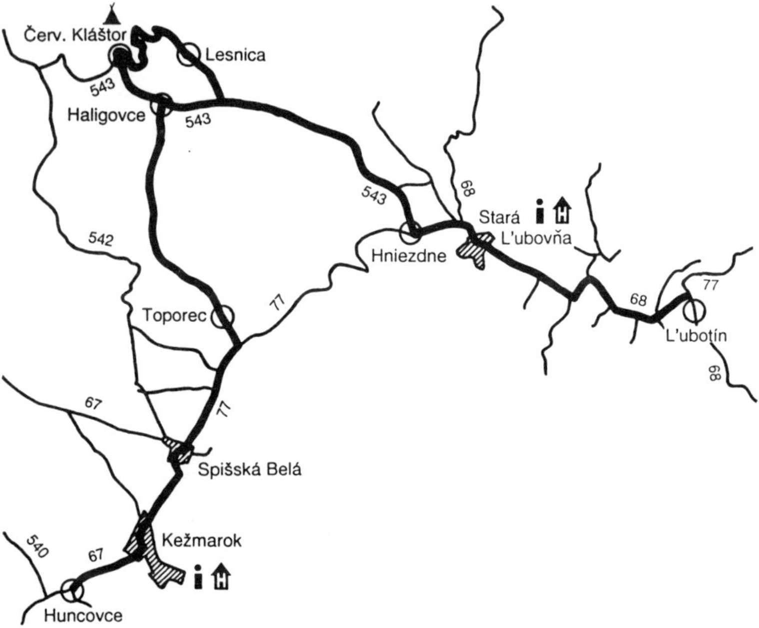

Kežmarok (Käsmark), Ostslowakei, 630 m, 20.000 Ew.

Im Tal der Poprad (Popper) gründeten deutsche Einwanderer den Ort Käsmark, der im 14. Jh., ebenso wie Leutschau (heute Levoča), zur Freien Königlichen Stadt erhoben wurde. Fortan rivalisierten beide Städte um die Führung in der Zips, dem deutschen Städtebund im nördlichen Ungarn.

Außerhalb der Altstadt steht an der belebten Umgehungstraße von Kežmarok ein ungewöhnliches Kirchenduo. 1681 durften die Protestanten erstmals nach dem Dreißigjährigen Krieg wieder Kirchen errichten. Doch wurde in den einschränkenden Artikularien verfügt, daß diese außerhalb der Stadt und gänzlich aus Holz zu sein hätten. So entstand in Käsmark 1717 eine aus Rotfichte und Eibe erbaute sog. Artikularkirche, in der 1.500 Gläubige Platz fanden. Der mit sehenswerten Schnitzwerken ausgestattete Innenraum kann zur Zeit nicht besichtigt werden, die Kirche ist in desolatem Zustand und soll restauriert werden. Gleich nebenan trumpft der historisierende Bau der Evangelischen Kirche auf, an dem von 1879-1892 gewerkelt wurde. Der freistehende Glockenturm der spätgotischen Hl.-Kreuz-Kirche am Kostolné nám. weist mit Sgraffiti, Zinnenbekrönung und Attika das typische Turmgesicht der "Zipser Renaissance" auf. Die Kirche entstand zwischen 1444-1498, der Turm erst hundert Jahre später, als das Gotteshaus im Renaissancestil überarbeitet wurde. Am Ende des schmalen Stadtplatzes liegt das Schloß des ungarischen Grafen Thököly. Unter seiner Führung lehnten sich 1678 die ungarischen Ständen erfolglos gegen die Habsburger Fremdherrschaft auf. Als die Türken sie dabei nicht mehr unterstützen konnten, brach der Aufstand 1683 zusammen. Die Stadtburg wurde enteignet und ging in den Besitz Käsmarks über (Besichtigungen: Juni-Sep Di-So 9-11 u. 13-16 Uhr; Okt-Mai 8-11 u. 13-15 Uhr).

Information: ČEDOK, Mudr Alexandra 41, Tel. (092) 3121.

Unterkunft: Hotel "Tatra", in der Altstadt, Tel. (092) 2795; Hotel "Lipa", Gabiarská ul. (gegenüber ČEDOK); Hotel "Start", nördlich der Burg auf einer Anhöhe.

Camping: "Karpaty", ganzj., Tel. (092) 2490.

Fahren Sie von Kežmarok weiter auf der 67 bis **Huncovce**.

Etappe 90:

Huncovce - Tatranská Lomnica - Starý Smokovec - Liptovský Hrádok (48 km)

Nur 18 km mißt der Kammverlauf des kleinsten Hochgebirges der Welt. Erdgeschichtlich betrachtet ist die zu den Westkarpaten gehörende ***Hohe Tatra*** *(Vysoké Tatry) ein junges Gebirge, ihren zugeschärften Granitgipfeln konnten die Erosionskräfte von Wasser, Wind und Wetter noch nicht viel anhaben. In ihren von einstigen Gletschern geformten Täler machen sich an die hundert Gebirgsseen (auch "Meeraugen" genannt) breit; ein Teil von ihnen entleert sich als Wasserfall, andere sind ohne Abfluß. An die 60 Karpatenbären und 30 Luchse gibt es in der Hohen Tatra - im allgemeinen aber jenseits der markierten Wanderpfade, die aus Naturschutzgründen nicht verlassen werden dürfen (s. Wanderkarte "Vysoké Tatry"). Schon eher treffen Wanderer hier auf allerlei Arten geschützter Gebirgsflora, wie Edelweiß und Enzian.*

Die Steigungen sind durchweg moderat, so daß sich diese lohnenswerte Radel-Etappe ohne übermäßigen Aufwand realisieren läßt. Einer möglichen Enttäuschung sei jedoch vorgebeugt: das Gebirgsmassiv läßt sich von der Straße aus wegen der dichten Bewaldung nicht sehen, das klappt nur aus größerer Entfernung (s. Etappe 83 und 89) oder nächster Nähe (Štrbské Pleso, s.u.).

Das letzte Drittel dieser Etappe durchquert das Liptauer Becken (Liptovská kotlina). In scharfem Kontrast führt die bis dahin von hohen Fichtenwäldern gesäumte Straße nun durch eine heitere, parkähnliche Landschaft.

Radeln Sie ab Huncovce (640 m) auf der 67 in Richtung Poprad bis Velká Lomnica (650 m, km 2). Biegen Sie dort auf die 540 nach Tatranská Lomnica (km 10) ab, das Sie auf kontinuierlich und maßvoll ansteigender Strecke erreichen.

Tatranská Lomnica (Tatra-Lomnitz), Ostslowakei, 850 m, liegt im östlichen Teil des Tatra-Nationalparks (TANAP). Die ältesten Gebäude in diesem Kur- und Erholungszentrum entstanden bereits im 19. Jahrhundert. Um auch die betuchteren Jahrhundertwende-Touristen zu beherbergen, wurde 1905 das Grand-Hotel Praha eröffnet, das heute eine Art Wahrzeichen des Ortes ist.
T. Lomnica ist vorrangig ein Wintersportort, als Ausgangspunkt für Wanderungen eignet sich die Nachbargemeinde Starý Smokovec besser. Dafür kann man in Tatranská Lomnica aber das TANAP-Museum besichtigen (Mo-Fr 8-12 u. 13-17 Uhr, Sa/So 8-12 Uhr) oder mit der Kabinenseilbahn auf den zweithöchsten Gipfel der Tatra, die Lomnitzer Spitze (Lomnický stít, 2632 m), gondeln. Dort oben arbeiten eine Wetter- und Himmelsbeobachtungsstation - und das höchstgelegene Postamt Europas. Übrigens: Wenn es "oben" zu windig wird, stellt die Seilbahn "unten" den Betrieb ein (Talstation beim Grand-Hotel Praha).
Information: ČEDOK, im Hotel "Lomnica", Tel. 967428.
Camping: "Tatranec-Camp" (15.6.-30.9.), "Eurocamp FICC" (ganzjährig, Tel. T. Lomnica 967741-5) und "Sport-Camp" (15.6.-30.9., keine Hütten); alle drei Plätze liegen an der 540 nach Velká Lomnica.

Radeln Sie nun auf der 537 weiter in Richtung "Smokovce". Obwohl die 537 zwischen Tat. Lomnica und Tat. Polianka für den motorisierten Durchgangsverkehr gesperrt ist, schwirrt doch allerlei vierrädriges Zeug auf dieser gut 10 km langen "Kurpromenade" herum. Zu diesem dennoch nur mäßigen Verkehr gesellt sich ein ebensolcher Anstieg bis Starý Smokovec (km 17), dem Hauptort des 4-Orte-Ensembles Smokovce.

Starý Smokovec (Altschmecks), Ostslowakei, 1010 m.
Am Fuß der Schlagendorfer Spitze (Slavkovský štít, 2452 m) liegt der Ort, der im touristischen Geschäft mit der Hohen Tatra an erster Stelle mitmischt. Bereits im ausklingenden 18. Jahrhundert begrüßte man hier die ersten Erholungssuchenden. Über den Zubringerdienst einer Standseilbahn und ein Netz von markierten Nah- und Fernwanderwegen läßt sich die Hohe Tatra ausgiebig erkunden. In den eingemeindeten Nachbarorten Nový S., Dolný S. und Horný S. werden Erkrankungen der Atemwege behandelt.
Information: ČEDOK, an der Hauptstraße, Tel. (0969) 2568.
Camping: "Tatracamp Pod lesom", 15.5.-30.9., 4 km südöstlich bei Dolný Smokovec, Tel. D. Smokovec 2406.
Fahrradservice: "Sport-Centrum", Horny Smokovec, an der Hauptstraße, Tel. (0969) 2953, hier auch MTB-Verleih und Camping-Gaz-Kartuschen.

Westlich von Starý Smokovec zieht sich die bestens ausgebaute und mäßig befahrene 537 (nur PKWs) weiterhin stetig und gutmütig in die Höhe. An der Kreuzung beim Štrbské Pleso (Tschirmer See), dem zweitgrößten und beliebtesten der Gebirgsseen in der Hohen Tatra, haben Sie dann den Etappenzenith (1250 m, km 33) erreicht. Nach einem kurzen Zwischenhoch (1230 m, km 35) geht es schubweise bergab. Hinter Podbanské beginnt das mittelslowakische Lip-

tauer Becken, durch das Sie nun über Pribylina bis Liptovský Hrádok (680 m, km 48) radeln.
(*In Gegenrichtung:* Verlassen Sie Lipt. Hrádok auf der 537 in Richtung Podbanské.)

Liptovský Hrádok, Mittelslowakei, 637 m, 7.500 Ew.
Der äußerlich wenig attraktive Ort gilt als Ausgangspunkt für Ausflüge in die Westliche und Niedere Tatra.
Beachtenswertes: Von der Ruine der ursprünglich gotischen Wasserburg gelangt man durch eine Unterführung in das befestigte Renaissanceschloß (1600-1603) mit dem Volkskundemuseum der Region Liptov. Beim ehemaligen Eisenerzhochofen ist ein barock-klassizistisches Waaghaus mit Glockenturm (1792) erhalten geblieben.
Unterkunft: Hotel "Smrek", Tel. 2491.
Camping: "Caravan", 4 km nördlich, an der 537 bei Vavrišovo, Tel. Lipt. Hrádok 2429.

Etappe 91:
Liptovský Hrádok - Hliník - Ružomberok - Podhradie - Sučany (84 km)

Abstoßendes und Schönes liegen manchmal nah beieinander. Wie diesmal, wo die Waag (Váh) in ihrem Oberlauf eine Anzahl verlotterter Industrieanlagen (Chemie, Zellstoff) zu ertragen hat. Besonders kraß äußern sich diese Fabriken in Liptovský Mikuláš und um Ružomberok. Geradezu ein Landschaftsidyll ist der dazwischen liegende Liptauer Stausee (Liptovská Mara). Ein geschützter Vegetationsgürtel säumt den See, wo Störche, Greif- und Wasservögel ihr Refugium haben. Auch die Waag ist westlich von Ružomberok ein hübsch anzuschauender Fluß, überhaupt ist dies, bis auf die besagten Kilometer, im Grunde eine schöne Etappe. Und zur Not gibt es ja noch die Eisenbahn, die einen großen Teil dieser Strecke begleitet...

Fahren Sie von Lipt. Hrádok auf der Randspur der mittelstark befahrenen 18 nach Lipt. Mikuláš (km 10).

Liptovský Mikuláš, Mittelslowakei, 576 m, 29.000 Ew.
Eine gotische Nikolauskirche aus dem 13. Jh., ein "Museum des slowakischen Karstes", ein Literaturmuseum, eine Gemäldegalerie. Die kleine Altstadt ist der einzig heile Fleck in dieser kaputtindustrialisierten Stadt. Einzig ihre geografische Lage empfiehlt sie als Ausgangspunkt für Wanderungen in die Niedere Tatra und das Gebirgstal Demänovská dolina.
Information: ČEDOK, nám. Osloboditelov 6, Tel. (0849) 22985.
Unterkunft: Hotel "Kriváň", Stúrova 5, Tel. 22414-5.
Camping: "Hôrka", 1.6.-30.9., 7 km nordwestlich bei Liptovský Trnovec, Tel. Lipt. Trnovec 97300.

Kartenskizze Etappe 90

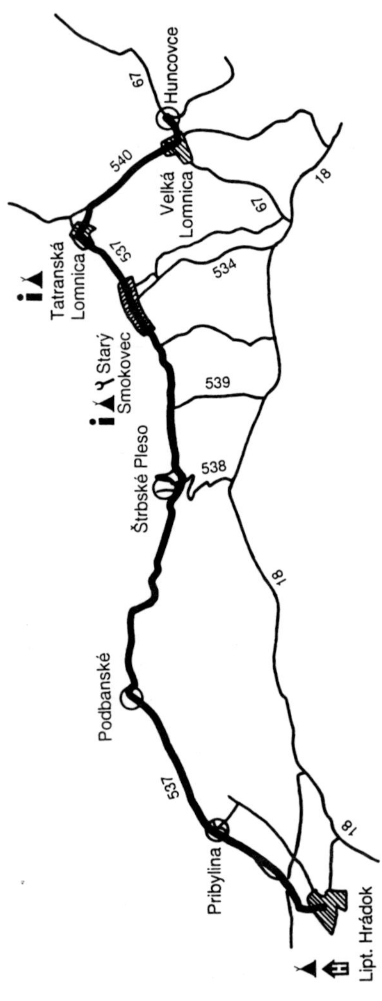

Kartenskizze Etappe 91

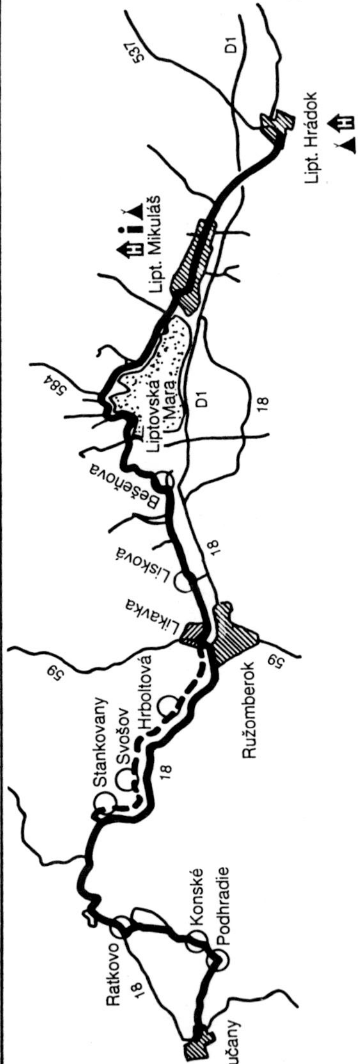

Biegen Sie westlich der Altstadt beim Hinweis Liptovská Mara auf die 584 ein. Die Straße führt nun nördlich um den Liptauer Stausee herum. Folgen Sie hinter Lipt. Trnovec dem Hinweis nach Ružomberok (*In Gegenrichtung:* Lipt. Mikuláš). Über Hliník gelangen Sie nach Beščňová (540 m, km 31). Radeln Sie von dort aus weiter nach Lipt. Teplá (*In Gegenrichtung:* Lipt. Mara). Nehmen Sie dort im Ortskern die linke Straße zwischen Kirche und Wirtshaus zur Weiterfahrt nach Lisková (530 m, km 38). Auf den nächsten Kilometern bis Likavka müßten Sie eigentlich die Augen zumachen beim Radeln, eine ungehemmt agierende Industrieanlage namens "Supra" hat der Gegend schwer zugesetzt. Wenn Sie dann in Likavka der Vorfahrtstraße folgen, gelangen Sie auf die 59, die über die Váh in den Industrieort Ružomberok (520 m, km 42) leitet. Dort biegen Sie auf die 18 in Richtung Martin ein. (*In Gegenrichtung:* Wenden Sie sich in Ružomberok auf der 59 in Richtung Dolny Kubín und nehmen Sie nach der Váh-Brücke die erste Abfahrt rechts nach Likavka; kein Hinweis.)

Die 18 ist zwar stark befahren, aber es ist so schlimm nicht, auf ihr zu radeln, weil sie eine Randspur hat und der schöne Lauf der Váh optisch vom Verkehr ablenkt. Außerdem verläuft die 18 so gut wie eben.

(*Alternative:* Wenn Sie ein stabiles Fahrrad besitzen, können Sie auch noch ein gutes Stück auf praktisch unbefahrener, aber mit einigen Steigungen versehener Strecke am rechten Váh-Ufer entlangradeln. Dazu müssen Sie ab Likavka unter der Váh-Brücke hindurch nach Hrboltová radeln. Von dort gelangen Sie auf einem steinigen Feldweg nach Švošov und haben anschließend bis Stankovany wieder Asphalt unter den Reifen. Dort überqueren Sie die Váh auf einer Fußgänger-Hängebrücke und setzen Ihre Fahrt auf der 18 fort.)

Hinter Ratkovo (km 69) biegen Sie links ab beim Hinweis Nolčovo. Eine kaum befahrene Nebenstrecke führt Sie über Krepl'any und Nolčovo nach Konské, anschließend dürfen Sie einer nicht sehr langen Steigung die Zähne Ihrer kleinsten Übersetzung zeigen, um den Bieličie-Berg (560 m) zu überwinden, der Sie noch von dem Dorf Podhradie (510 m, km 77) trennt. Von nun an geht es mehr oder weniger bergab bis **Sučany** (450 m, km 84).
(*In Gegenrichtung:* Verlassen Sie Sučany auf der Nebenstraße nach Podhradie; die Straße zweigt am östlichen Ortsrand, an einer T-Kreuzung mit drei Buswartehäuschen, ab.)

Etappe 92:
Sučany - Martin - Strečno - Žilina - Bytča (53 km)

Um es gleich vorweg zu nehmen, die ersten beiden Drittel dieser Etappe (bis Žilina) sind so beschaffen, daß es kein Verlust wäre, stattdessen mit der parallel verlaufenden Eisenbahn zu fahren. Einem Nadelöhr gleicht die 18/E50: die einzige Straße, die das Gebirge der Kleinen Fatra (Malá Fatra) durchquert; entsprechend verkehrsreich ist diese Verbindung auch. Das zweite Etappendrittel verläuft dann zwar auf einer Straße, die nur mittelmäßig befahren und immerhin von Apfelbäumen gesäumt ist, aber diese Strecke krankt dafür an optischer Umweltverschmutzung durch Schornsteine am anderen Waag-Ufer. Wenig Verkehr und wenig Industrie trüben das letzte Drittel der Etappe, wo stattdessen die landschaftlichen Reize wieder im Vordergrund der Wahrnehmung stehen.

Fahren Sie von Sučany aus auf der 18 nach Martin, das Sie am nördlichen Stadtrand erreichen (5 km).

Martin, Mittelslowakei, 399 m, 62.000 Ew.
Fast wäre Martin die Hauptstadt der Slowakei geworden. Mehrere Institutionen hatten die Stadt im 19. Jh zum Zentrum ihrer Bemühungen um die Erweckung des slowakischen Nationalbewußtseins gemacht. 1863 wurde hier der Slowakische Kulturfonds (Matica slovenská) ins Leben gerufen, der sich ein kulturellerzieherisches Programm für die Slowaken auf die Fahnen geschrieben hatte. Doch nachdem Ungarn durch den Österreichisch-Ungarischen Ausgleich (1867) freie Hand in seiner Reichshälfte erhalten hatte, erlebte die Slowakei eine letzte wilde Phase der Magyarisierung. Während dieser Zeit blieb Martin das geistige Zentrum der Slowaken. 1918, nach dem Zusammenbruch Österreich-Ungarns, verfaßten die Vertreter des slowakischen Volkes die "Martiner Deklaration"; sie enthielt den Beschluß, sich mit Böhmen-Mähren zur Tschechoslowakei zusammenschließen zu wollen. Den Ungarn, die mit allerlei Versprechungen für ein gemeinsames Groß-Ungarn warben, gaben sie damit endgültig den Korb. Und fast wäre Martin, wie gesagt, dann auch noch die Hauptstadt der Slowakei geworden, doch so wurde es nur ein gewichtiges Zentrum der Schwerindustrie. Seit das Panzerbaumonopol, das Martin gemeinsam mit der UdSSR seit 1948 im Warschauer Pakt besaß, verfallen ist, müssen sich die ZTS-Fabriken notgedrungen auf zivile Produkte umstellen. Und das fällt schwer.
Eine besonders schöne Stadt ist Martin nicht; sehenswert sind jedoch die gotische St.-Martinskirche, das Slowakische Nationalmuseum (außerordentlich reichhaltige ethnografische Sammlungen; Di-So, 8-17 Uhr) und das Museumsdorf mit Gebäuden aus allen Ecken der Slowakei (2 km südlich).
Information: ČEDOK, Mudroňova 3, Tel. (0842) 32771.
Unterkunft: Hotel "Turiec", im Stadtzentrum, Tel. (0842) 38603.
Camping: "Turiec", 15.5.-15.9., Vrútky, Abzweig an der 18 in Richtg. Žilina, Tel. (0842) 84215.
Fahrradservice: Markovič, Martin-Priekopa, Uzlovská 7, Tel. (0842) 831445.

Radeln Sie weiter auf der 18 in Richtung Žilina. Sie passieren die kantig-gotische Burgruine Strečno, die im 17. Jh. von kaiserlichen Truppen niedergerissen wurde, damit sie von Aufständischen nicht als Stützpunkt genutzt werden konnte. Anschließend zweigen Sie beim Straßenkilometer "466" (am Parkplatz) links ab, kein Hinweis. Diese Abfahrt führt unter der 18 hindurch in den Ort Strečno (km

20). Dort biegen Sie beim Postamt rechts auf die úl. SNP ein, wo Sie beim Haus Nr. 36 eine Fußgängerbrücke über die Váh bringt. Auf der anderen Seite liegt das Dorf Nezbudská Lúcka, radeln Sie linker Hand weiter bis Varín.

In Varín passieren Sie zunächst die Kirche und biegen bei der Drogerie links auf die Vorfahrtstraße ab, die dann ihrerseits auf die 583 mündet. Linker Hand geht es auf dieser weiter über Teplička bis zum nördlichen Stadtrand von Žilina (km 35). (Wenn Sie in die Altstadt wollen, überqueren Sie die Váh in Richtung Martin.)

Žilina (Sillein), Mittelslowakei, 344 m, 92.000 Ew., entwickelte sich am Kreuzungspunkt von fünf wichtigen Handelsstraßen. Der rechte Aufschwung setzte allerdings erst mit dem Eisenbahnzeitalter ein, das für Žilina 1871 begann. Heute ist die Stadt ein bedeutender Eisenbahnknotenpunkt, was stets zusätzliche Touristen garantiert. Nordöstlich vom Marktplatz und dessen Renaissance-Laubenhäusern steht die Pfarrkirche, die auf eine romanische Basilika des 13. Jh. zurückgeht. Am rechten Waag-Ufer befindet sich die Zollfestung Budatín, die im 13. Jh. zunächst als romanische Wasserburg entstand. Hier ist das Heimatmuseum von Žilina untergebracht (Di-So 9-16 Uhr, Zufahrt an der 507 in Richtg. Bytča); unter anderem hat in ihm auch das Drahtbinderhandwerk der hausierenden "Rastelbinder" einen gebührenden Platz gefunden hat.

Information: ČEDOK, Obrokova 1, Tel. (089) 6635; Slovakotour, Burianova Medzierka (am Duklá nám.).

Unterkunft: Hotel "Dukla", Dimitrova, (089) 20234; "Grand Hotel", am Duklá nám. (Marktplatz), Tel. (089) 21056.

Biegen Sie von der 583 rechts ab nach Čadca, und fahren Sie dann auf der 507 geradeaus weiter in Richtung Bytča. (*In Gegenrichtung:* Biegen Sie vor der Váh-Brücke beim Hinweis 583/Zástranie links ab, radeln Sie dann geradeaus weiter.) Auf der beschaulichen 507 geht's über Kotešova nach **Bytča**.

Etappe 93:

Bytča - Sú'lov (10 km)

Hohe Felsendome aus Kalkstein blicken zwischen dichten Wäldern hervor. Sie gehören zum Sulover Bergland, das den Nationalpark ***Súl'ovské skály*** *(Sulover Felsen) umfaßt. Auf einer Höhe von 500-900 m bietet eine bizarre Felsenwelt dem Betrachter hier Stoff zur Inspiration; wer mag, kann in den Felsformationen Häuser, Türme, Burgen oder gar ganze Städte erkennen. Einige Formationen haben Namen, wie etwa "Gotisches Tor". Spektakulärstes Objekt ist das von Felsspitzen gebildete Amphitheater, bei dem allerdings auch etwas technische Nachhilfe im Spiel gewesen sein soll. Seltene Pflanzen gibt es in diesem Naturschutzgebiet für diejenigen zu entdecken, die Botanik studiert haben, und am Eingang* *zum nächsten Gebirgstal erhebt sich auf einem Bergsporn die beeindruckende Ruine der Burg Súl'ov (15. Jh.). Eine kleine aber feine Etappe.*

Verlassen Sie Bytča auf der 18 in Richtung Žilina. Überqueren Sie die Váh, und biegen Sie rechts auf die 61 in Richtung Bratislava ab. Nach 2 km biegen Sie beim Hinweis Sulov links ab. Auf einer verkehrsarmen, leicht ansteigenden Nebenstraße erreichen Sie hinter Jablonové den Nationalpark **Súl'ovské skály** mit seinen Wandermöglichkeiten. Am Westrand dieses Gebietes liegt der Ort **Súl'ov** (400 m). Hier gibt es einen idyllischen Biwakplatz mit Plumpsklo, Bach, Wiese und Superpanorama, und auch ein preiswertes Hotel.

Etappe 94:
Sučany - Sklabiňa - Folkušová - Mošovce - Turč. Teplice (36 km)

Dicht unterhalb der Großen Fatra (Vel'ká Fatra) verläuft diese Etappe. Drei dicke Hügel sind dabei zu nehmen. Der Rest ist ausgesprochen schön. Hügel schiebt sich in Hügel, auf den Weiden bimmeln Kuh- und Schafherden, und zwischen den Wäldern der Großen Fatra schimmern weißgraue Felsen hindurch. Jede Menge Frieden liegt über der Landschaft, wo Heuhaufen und gelegentlich ein Kirchlein die höchsten Bauwerke darstellen. Verkehr: ab und zu ein Traktor oder ein Moped, mehr nicht bis Mošovce. Straßenzustand: entgegen der Darstellung im Velký Autoatlas 1:200.000 wie auch in der RV-Karte 1:300.000 ist diese Etappe durchgehend asphaltiert.

Verlassen Sie Sučany (450 m), indem Sie dem Hinweis Turč. Štiavnička folgen; auf einer sanft ansteigenden, durch Wald führenden Straße erreichen Sie den Ort (500 m). Über einen Hügel (540 m) geht es weiter nach Sklabinský Podzámok (490 m). Im folgenden radeln Sie durch das stark zertalte Vorgebirgsland der Großen Fatra. Über Sklabiňa geht es nach Jaseno. Anschließend müssen Sie den ersten dicken Hügel (610 m) überwinden, um nach Belá-Dulice (500 m, km 15) zu gelangen. Hinter Necpaly (500 m, km 17) erwartet Sie dann auch schon der zweite fette Hügel (600 m), und zwar mit einer Steigung, die ganz gemein beginnt, dann aber abflacht.

Zwischen Folkušová (510 m, km 20) und Blatnica (510 m, km 25) können Sie sich auf ebener Strecke wieder etwas erholen. Dann müssen Sie noch einmal runterschalten, um auch den dritten und letzten Hügel (560 m) zu erklimmen. Auf seiner Kuppe befindet sich ein Campingplatz (km 26). Rollen Sie hügelabwärts nach Mošovce (490 m, km 29; Campingplatz "Drienok", 1.6.-15.9., Tel. Mošovce 94162; Freibad), und radeln Sie weiter geradeaus, bis Sie hinter Turč. Michal auf die 65 stoßen. Dort biegen Sie links ab in Richtung Žiar. (*In Gegenrichtung:* beim Hinweis Mošovce rechts ab.) Um in den Ort Turč. Teplice zu gelangen, zweigen Sie anschließend rechts ab.

Kartenskizze Etappen 92 - 95

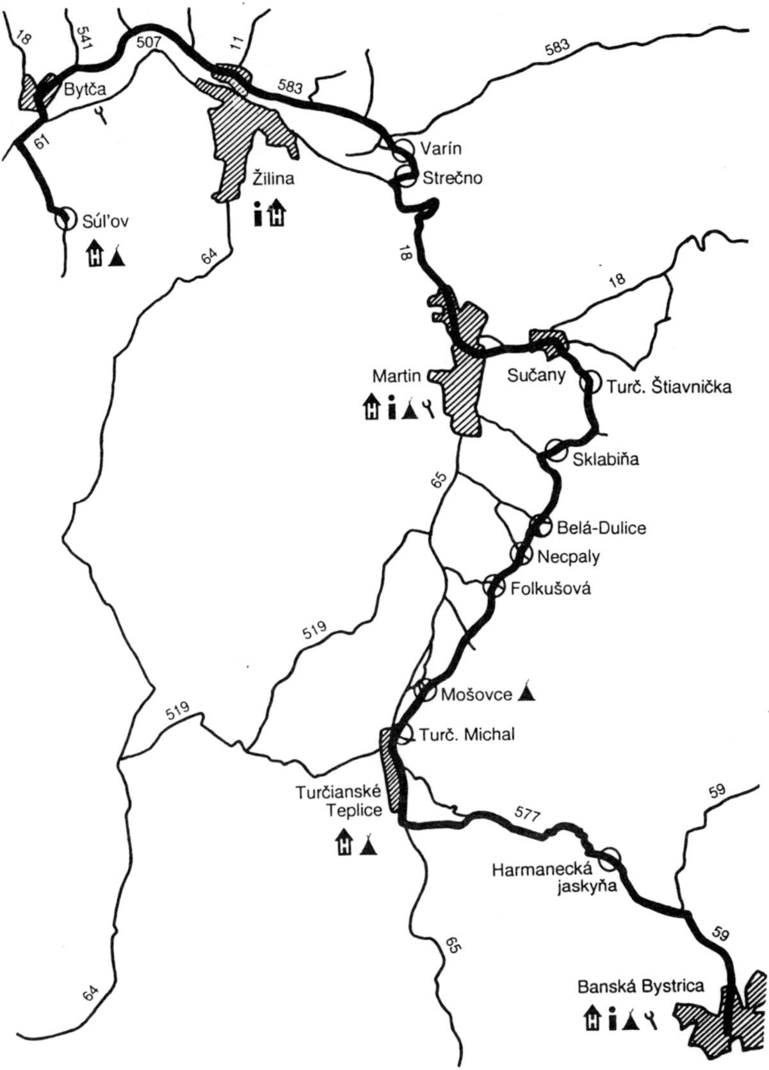

Turčianské Teplice, Mittelslowakei, 518 m, 6.000 Ew., ist trotz seiner bis ins Jahr 1533 zurückreichenden Thermalbad-Geschichte ein ziemlich verschlafener Ort. Hier werden Krankheiten des Bewegungsapparates behandelt. Neben dem verwilderten Kurpark sticht einzig und allein das Badehaus (Modrý kúpel') ins Auge. Ein Bad in einem der Thermalbassins könnte auch "gestählten" Radlerwaden nicht schaden.

Unterkunft: Herberge "Oaza" (preiswerte Mehrbettzimmer, Rezeption in der Massagepraxis), úl. J. Kollára 40, Tel. 3245.

Camping: "Diviaky", ganzjährig, 2 km nordwestlich an der Straße nach Dubové, Tel. Turč. Teplice 2810.

Etappe 95:

Turčianské Teplice - Harmanecká jaskyňa - Banská Bystrica (37 km)

Zwischen Großer Fatra (Veľká Fatra) und Kremnitzer Gebirge (Kremnické Vrchy) "schlüpft" diese Etappe hindurch. Die waldreiche Strecke steigt dabei zwar bis auf 870 m an, ist aber so günstig trassiert, daß sie sich gut bewältigen läßt. Die Steigung ist kontinuierlich und moderat, der Verkehr maßvoll. Eine angenehme Gebirgsetappe.

Fahren Sie von Turč. Teplice auf der 65 zunächst in Richtung Žiar und biegen dann nach 3 km beim Hinweis Banská Bystrica auf die 577 ab. (Hinweis: Die alternative Nebenstrecke über Háj führt über einen schroffen Hügel, der 100 zusätzliche Höhenmeter Kletterarbeit bedeutet.)

Die 577 weist nun zielstrebig, aber maßvoll bergan bis zum Paß (870 m, km 16). 6 km weiter und zugleich wieder 300 m tiefer passieren Sie bei einem Parkplatz den Zugang zur Harmanecká-Höhle.

Im Trias-Kalkstein des Kremnitzer Gebirges befindet sich die 3600 m lange Tropfsteinhöhle **Harmanecká jaskyňa**. Seit der Entdeckung im Jahr 1932 wurden 1050 m für die Öffentlichkeit zugänglich gemacht. Stalaktiten, Stalagmiten, unterirdische Sinterseen und "Höhlenperlen", wer Tropfsteinhöhlen mag, wird nicht enttäuscht werden. Besichtigungen: Juli/Aug, Di-So, 10-16 Uhr; Mai/Juni u. Sep/Okt, Di-So, 10-14 Uhr.

Radeln Sie auf der 577 weiter talwärts, und biegen Sie schließlich rechts auf die 59 ein, auf der Sie nun den Rest des Weges bis **Banská Bystrica** bestreiten.
(*In Gegenrichtung:* Verlassen Sie B. Bystrica auf der 59 in Richtung Ružomberok, biegen Sie dann nach Žilina/Martin auf die 577 ab.)

Register

Bei mehreren Seitenangaben ist ggf. die jeweilige Hauptnennung **halbfett** gesetzt; die Seitenzahlen der Abbildungen sind *kursiv* gesetzt.